井筒俊彦

Toshihiko Izutsu: The Deep Structure of Oriental Philosophy

東洋哲学の深層構造

澤井義次

慶應義塾大学出版会

はじめに

近年、『井筒俊彦全集』（全十二巻・別巻）および『井筒俊彦英文著作翻訳コレクション』（全七巻・全八冊）が慶應義塾大学出版会から刊行された。言語哲学・イスラーム哲学・東洋哲学の研究領域において、世界的に知られる井筒俊彦（一九一四―一九九三）が、二〇年にわたる海外での研究生活のあいだ、英語で出版した著作も含めて、私たちは井筒哲学の全貌を日本語で読むことができるようになった。そのことは、わが国において、井筒哲学の包括的で本格的な研究を展開する時期が到来したことを示唆している。本書は、井筒が精魂を傾けて構築しようとした「東洋哲学」の深層構造を、可能なかぎり井筒の意図に沿って解明しようとする一つの宗教解釈学的な試みである。

井筒は晩年、東洋思想の古典テクストを新たな視点から読み直すことによって、伝統的な東洋思想に通底する「東洋哲学」の構造を読み解こうと試みた。ここで「東洋哲学」と言えば、だれもがすぐに「西洋哲学」と比較できるだけの纏まりをそれなりにもっているかのような印象を抱くかもしれない。ところが、実際には東洋において、西洋哲学と並置できるような統一体は存在しない。

具体的には、「インド哲学」とか「中国哲学」のように、複数の哲学伝統が複雑に錯綜しながら並存しているだけである。井筒は東洋において、こうした状況にある哲学思想の伝統を、「東洋哲学」の名に値する一つの纏まりをもつ有機的統一体にまで展開させようとした。

井筒の名が日本で広く注目されるようになったのは、一九七九年、彼がイラン革命のためにテヘランから帰国して以後である。それ以前、井筒はすでに『コーラン』の邦訳書（岩波文庫）のほか、数多くの英文著作を出版していた。海外では、井筒の名はイスラーム哲学や東洋思想の研究者などを中心に幅広く知られていたが、帰国後、主著『意識と本質』を出版した後、次々と日本語で著書を刊行するようになって、彼の哲学的思惟は日本でも広く知られるようになった。もしイラン革命が起こらなければ、井筒はテヘランに滞在して、イスラーム哲学の未刊のテクストの編纂・註解作業やスーフィズムの形而上学的基礎づけなどの研究を中心に、海外を舞台に活躍していただろう。そうすれば『意識と本質』も、また『意味の深みへ』や『コスモスとアンチコスモス』などの代表的な著作も、さらには遺著の『意識の形而上学』も書かれることはなかったはずである。

井筒は一九六〇年代から七〇年代にかけて、海外で研究生活を送るあいだ、東洋哲学をめぐる自分の哲学的思惟を徐々に英語で展開するようになった。具体的には一九六七年、エラノス会議（Eranos Conference）に講演者として招かれて以降、それまで蓄積していたイスラーム哲学や言語哲学の研究成果をふまえ、次第にライフワークとして彼独自の「東洋哲学」の意味論的構築を意識するようになった。エラノス会議とは、一九三三年、オランダ人女性のオルガ・フレーベ＝カプテイン（Olga Fröbe-Kapteyn 一八八一―一九六二）によって創設されたものである。この会議を「エラノス」と命名したのは、『聖なるもの』（*Das Heilige*）の著者として世界的に有名な宗教学者、ルードルフ・オットー（Rudolf Otto 一八六九―一九三七）であった。

井筒の哲学的思惟の展開は、彼の人生と織り交ぜながら捉えなおすとき、なお一層、彼が構想した「東洋哲学」の特徴を明らかにできるだろう。井筒が「東洋哲学」構想のなかで取り扱った思想伝統は、古今東西にわたっており、あえて「東洋」と限定する必要はないと言えるだろう。ところが、それでもなお、井筒が自らの哲学的思惟を「東洋」と形容したのは、ある意味で、従来の哲学が「西洋」に偏してきたその偏りを正す意味もあったのかもしれない。井筒はあえて「東洋」の語を冠してはいるが、それが必ずしも地域的な限定を意味しないことを了解しておくことは、井筒哲学を理解するうえで重要であろう。

ここでは、まず、本書の構成に言及しておこう。本書は六章で構成されている。序章「生涯と哲学研究」では、井筒が人生のなかで、いかに哲学的思惟を展開していったのかを、彼自らの述懐や豊子夫人の回想などをふまえて探究する。その考察をふまえて第一章「哲学的思惟とその意味論的地平」では、井筒の哲学的思惟が提示する意味論的地平とその特徴を論じる。彼の哲学的意味論とその特徴を明らかにすることで、本書における議論の基盤を築きたい。

次に第二章「「東洋哲学」の構築と展開」では、井筒「東洋哲学」のおもな成立経緯を論じる。とりわけ、彼がイスラーム思想をいかに捉えていたのかに注目しながら、井筒「東洋哲学」の根源的思惟パターンとその特徴を明らかにする。第三章「エラノス会議と「東洋哲学」」では、井筒がエラノス会議で講演するようになって以降、彼がいかに「東洋哲学」構想を意識するようになったのかを論じる。第四章「東洋思想の創造的な〈読み〉」では、エラノス講演をとおして展開した東洋思想の創造的〈読み〉とその特徴を探究する。

さらに第五章「「東洋哲学」の意味論的世界観とその構造」では、八〇年代以降の思想の円熟期に光を当て、東洋思想における存在と意識の構造的連関に着目し、「東洋哲学」の意味論的世界観の構造を分析する。そのうえで第六章「ヴェーダーンタ哲学の意味論的〈読み〉」では、「東洋哲学」構想において、特にインド哲学におけるシャンカラの不二一元論ヴェーダーンタ哲学を、井筒がいかに意味論的に読み解いたのかという視点から、井筒の哲学的思惟を支える根源的特徴を明らかにする。結論では、本書が明らかにする井筒の「東洋哲学」の可能性と課題を論じる。井筒は言語哲学の立場から、方法論的柔軟性をもった言語的意味分節理論を展開したが、「東洋哲学」的パースペクティヴには、彼独自の「東洋的現象学」とも呼ぶべき相貌を見いだせるだろう。

目次

はじめに　i

序章　生涯と哲学研究　1

1　「東洋的無」の家庭的雰囲気　3
2　西脇順三郎と二人のタタール人との出合い　9
3　ウィルフレッド・C・スミスとの親交　14
4　フンボルト学派からの影響　23
5　鈴木大拙とエラノス会議　27
6　「東洋哲学」構想とその展開　32

第一章　哲学的思惟とその意味論的地平　41
1　哲学的意味論の地平　42
2　形而上的実在体験の言語化としての哲学的思惟　46
3　言葉以前の言葉――コトバとイデオグラム　50
4　コトバと言語アラヤ識　54
5　哲学的意味論の視座から見た意味の深層　57
6　哲学的意味論とその理論的基盤　60
第二章　「東洋哲学」の構築と展開　69
1　言語哲学と「東洋哲学」　70
2　イスラーム思想の意味論的研究　74
3　「東洋哲学」構想とその構築　79
4　エラノス講演における東洋思想の〈読み〉　81
5　「東洋哲学」の意識構造　87
6　「東洋哲学」の立場――イスラーム哲学の「本質」の視座から　94

第三章　エラノス会議と「東洋哲学」　105
1　エラノス会議とは　106
2　エラノス会議とユング派心理学　110
3　エラノス講演テーマ　115
4　東洋思想の「共時的構造化」　122
5　「東洋哲学」と哲学的意味論　128
6　存在と意識の多元的・重層的構造　130

第四章　東洋思想の創造的な〈読み〉　139
1　東洋思想の創造的な〈読み〉へ　140
2　禅思想とその哲学的思惟　141
3　「存在はコトバである」　145
4　言語的意味分節とその哲学的思惟パターン　150
5　「意識のゼロ・ポイント」と「存在のゼロ・ポイント」　156
6　「コスモスとアンチコスモス」　162

第五章　「東洋哲学」の意味論的世界観とその構造　167
1　『意識と本質』の構成とそのキーターム群　168
2　「分節（Ⅰ）→無分節→分節（Ⅱ）」モデル　178
3　表層・深層の意識構造モデル　185
4　メタ・ヒストリカルな「対話」モデル　190
5　「意味分節・即・存在分節」　195
6　「東洋哲学」の根源的思惟パターン　207

第六章　ヴェーダーンタ哲学の意味論的〈読み〉　215
1　哲学的意味論の視座から見たインド哲学の特徴　216
2　ヴェーダーンタ哲学の意味論的世界観　221
3　古ウパニシャッドの意味論的〈読み〉　228
4　シャンカラの不二一元論哲学の意味論的〈読み〉　233
5　「マーヤー的世界」の意味論　237
6　哲学的意味論が拓く知の地平　243

結論　251

注　257
参考文献　285
あとがき　299
索引　*1*

序章　生涯と哲学研究

井筒俊彦（一九一四―一九九三）の生涯と哲学研究の歩みを語るとき、筆者がまず、本書における井筒研究の主要な指針としたいのは、井筒自身の著作ばかりでなく、井筒豊子『井筒俊彦の学問遍路――同行二人半』（慶應義塾大学出版会）である。その著書では、妻豊子が日々、井筒と生活を共にしながら、自分の目で捉えた井筒のものの見方や学問的姿勢を見事に描写しており、井筒俊彦という一人の哲学者を私たち読者にも身近な存在として感じさせてくれる。この著書によって、妻豊子の目から見た井筒の生涯とその哲学研究の一端を窺い知ることができる。井筒「東洋哲学」の理解をめざす私たちにとって、妻豊子の著書は井筒哲学研究の貴重な研究ガイドとなるだろう。

井筒俊彦は一九一四（大正三）年五月四日、東京の四ツ谷で父信太郎と母シン子の長男として生まれた。父信太郎は新潟の出身で、米問屋の次男であった。ビジネスマンになった父信太郎は、碁や書さらに禅に強い関心を抱いていた。在家の禅修行者として、曹洞宗本山の永平寺で参禅したこともあった。父信太郎は書を書いていると、自分の心が筆先に伝わって、紙の上に全部流れ出すのを実感したという。井筒は幼少の頃から、父親から独特の修道の薫陶を受けて育った。こうした幼少期の体験は、後になって彼の生涯と哲学的思惟に大きな影響を与えることになった。

妻豊子（一九二五―二〇一七）は、大正一四年（一九二五）年、大阪に生まれている。昭和二七年（一九五二）に東京大学文学部を卒業し、同年、慶應義塾大学の文学部助教授であった井筒俊彦と結婚した。妻豊子は小説家を目指していた時期があり、「井筒真穂《まほ》」という筆名で、短編集『白磁盒子』（中央公論社、一九九三年。原書は小壺天書房より一九五九年刊）を刊行している。また翻訳も何冊か手掛け、中にはハミルトン・A・R・ギブ『アラビア文学史』（人文書院、一九八二年）やマーク・テイラー『さまよう』（岩波書店、一九九一年）などがある。さらに日本文学の研究者をこころざし、和歌を詩的言語としてとらえ、その思想構造の分析にも取り組んだ。妻豊子は、晩年に親交のあった作家の司馬遼太郎も記しているように、井筒の思想的影響を最も深く受けた人であり、井筒の海外研究や国際会議にも常に同伴した、まさに国際人の一人であった。[01] 妻豊子は最愛の伴侶として、また哲学的思惟の最良の理解者として、井筒の哲学研究を支えた。『井筒俊彦の学問遍路』をとおして、私たち読者はそのことを生き生きと読みとることができる。妻豊子が井筒との人生行路を思い出しながら記した『井筒俊彦の学問遍路』は、井筒哲学研究の一つの重要な手がかりである。

井筒の生涯は、哲学研究の歩みという視点から見れば、彼自身も述懐しているように、大きく次の三つの時期に分けられる。まず第一期は、慶應義塾大学における学生時代に始まり、同大学の助手を経て教授であった一九三四年から一九五九年の時代。彼は学生時代、文学部では指導教授として西脇順三郎に学んだ。第二期は、慶應義塾大学を離れて、カナダのモントリオールにあるマッギル大学、同大学テヘラン支所、イラン王立哲学アカデミーで研究を続けた一九五九年から一九七九年までの二〇年。一九六八年には、慶應義塾大学教授を退任している。また、その時期にエラノス会議で、一二回にわたり講演をおこなっている。さらに第三期は、一九七九年にイラン革命のために日本へ帰国し、その後、『意識と本質』などの著書を次々と出版し、一九九三年一月に亡くなるまでの時期。生活の拠点を鎌倉に戻し、日本語で執筆活動することで、独自の「東洋哲学」構想を展開していった。[02]

井筒は昭和三四（一九五九）年、ロックフェラー財団の基金で、海外研究生活を始める。その後の海外渡航について、妻豊子が語る井筒の生活と研究の様子は、井筒哲学の全貌を掘り下げて理解するうえで極めて貴重である。井筒のさまざまな研究者との出合いや、マッギル大学やエラノス会議、さらにイラン王立哲学アカデミーなどにおける研究生活の一端を、妻豊子の視座をとおして把握することができる。この序章では、妻豊子が語る井筒の海外渡航や研究生活の様子をふまえ、井筒の人生において重要な出合いを示唆する六つの項目に焦点を絞って、彼の生涯のなかで意義深いと思われる事象を浮き彫りにする。そのことによって、井筒の哲学的思惟とその展開をより深く理解する糸口を得ることができるだろう。

1　「東洋的無」の家庭的雰囲気

井筒は一九四九年に出版した『神秘哲学』の「序文」の中で、幼少の頃を振り返って、次のように言う、「私は東洋的無とでもいうべき雰囲気の極めて濃厚な家に生れ育った。「日々是好日」――私の少年時代から青年時代にかけて、家では全ての時間が或る目に見えぬ絶対的なものの日常的実現をめざし、且つそれをめぐって静かに流れていた」。鎌倉郊外にある井筒家の玄関には、今もなお、「日々是好日」という木簡が掛けられている。井筒はさらに言う、「子供のころ無理矢理に父に強制されて、うちの茶室に座らされたりなんかして散々やらされましたので、反撥を感じたということもあって、青年時代には西洋一辺倒になってしまったのですが、やはり年をとると子供に戻ってくるとでもいうんでしょうか。だんだんいつのまにか東洋志向になってきたのです。結局自分がずっと求めてきたものは、西洋よりも東洋のほうにもっと自分の性向に適した形で存在しているのではないかという考えが出てきたんです」。このように子供の頃を振り返り、晩年、「東洋志向」になった心の変化を語っている[03]。さらに、父信太郎が烈々たる求道精神にもとづいて修道する様子も、井筒は『神秘哲学』（一九四九年）「第二部　神秘主義のギリシア哲学的展開」の「序文」に、次のように記述している。「古葦屋釜の湯のたぎりを遠松風の音と聞く晩秋深夜の茶室にただ独り湛坐して、黙々と止息内観の法を修している父の姿には一種凄愴の気がただよっていた[04]」。この文章を読むだけで、井筒がいかに「東洋的無」の雰囲気のなかで、父親の薫陶を受けて幼少時代をすごしたのかを想起することができる。

　そうした「東洋的無」の家庭的雰囲気のなかで、彼は幼少時、父信太郎から「彼独特の内観法を教わった。というよりもむしろ無理やりに教えこまれた」。さらに父親から、『臨済録』、『碧巌録』、『無門関』さらに禅宗祖師たちの語録などの禅籍の素読も強いられ、ごく自然に禅思想に通じていった。父親から教わった内観法について、井筒は同じく『神秘哲学』の「序文」に、次のように記している。

彼〔井筒の父信太郎〕の方法というのは、先ず墨痕淋漓たる『心』の一字を書き与え、一定の時間を限って来る日も来る日もそれを凝視させ、やがて機熟すと見るやその紙片を破棄し、「紙上に書かれた文字ではなく汝の心中に書かれた文字を視よ、二十四時の間一瞬も休みなくそれを凝視して念慮の散乱を一点に集定せよ」と命じ、更に時を経て、「汝の心中に書かれた文字をも剰すところなく掃蕩し尽せ。『心』の文字ではなく文字の背後に汝自身の生きる『心』を見よ」と命じ、なお一歩を進めると「汝の心をも見るな、内外一切の錯乱を去ってひたすら無に帰没せよ。無に入って無をも見るな」といった具合であった。[05]

さらに、井筒は次のようにも述懐している。こうした「内観の道」では、心が深化していくにつれて、日常生活において「内的自由」が発露すべきであり、「知的詮索を加えることは恐るべき邪解である」と父信太郎は教えた。井筒の述懐によれば、父信太郎は「嫌がる私の手をひいて此の道に私を引き入れてくれた」という。彼は『臨済録』、『碧巌録』、『無門関』さらに禅語録などの禅籍が「思惟すべからず、思惟すべからず」と知解の葛藤に堕す危険を戒めているように思った。つまり、「私は、観照的生 Vita Contemplativa は登り道も下り道も共に徹頭徹尾、純粋無雑なる実践道であって、これに就いて思惟することも、これに基いて思惟することも絶対に許されないと信じていた」[06]。井筒は幼少時代、「内観の道」こそが、思惟することを許さない「徹頭徹尾、純粋無雑なる実践道」であると思い込んでいた。親しんでいた禅籍が「思惟すべからず、思惟すべからず」と「知解の葛藤に堕す危険を戒めている」と思っていた。井筒にとって、「知的詮索を加えることは恐るべき邪解である」との父信太郎の言葉は、「観照的生」を捉えるうえで、彼の心の指針となっていた。

井筒は青年時代に入って、幼少時代に『無門関』や『碧巌録』を意味も分からずに素読したことについて、「わけがわからないのに座らされて、本当に閉口しました。しかし、後になってから非常に役に立ちましたね。本当に自分の世界みたいで、禅の語録なんか、何の違和感もないんです」と語っている（「思想と芸術」〔安岡章太郎との対談〕）。当時、彼は純粋無雑なる実践道について思惟することも、実践道にもとづいて思惟することも絶対に許されないと思っていた。さらに「ましてや人間的思惟の典型的活動ともいうべき哲学や形而上学が観照的生の体験に底礎されて成立し得るであろうとは夢にも思ってはいなかった」。ところが西洋哲学と出合い、「西欧の神秘家達は私にこれと全く反対の事実を教えた。そして特にギリシアの哲人達が、彼等の哲学の底に、彼等の哲学的思惟の根源として、まさしくVita Contemplativaの脱自的体験を予想していることを知った時、私の驚きと感激とはいかばかりであったろう。私はこうして私のギリシアを発見した」と言う[07]。ここで「私のギリシアを発見した」という井筒の言葉は、彼がギリシア哲学を「観照的生の体験」に裏打ちされた哲学的思惟として理解するようになったことを示唆している。

井筒によれば、哲学的思惟の根源には、「観照的生の体験」すなわち「Vita Contemplativa の脱自的体験」が伏在している。哲学や形而上学は「観照的生の体験に底礎されて」いる。彼の言葉のなかに、生涯にわたって展開した哲学的思惟の根本的な視座を見いだすことができる。哲学的思惟の根源に「観照的生の体験」が伏在しているというものの見方については、次章で詳しく論じるが、井筒はルードルフ・オットーから影響を受けていた。オットーはルター派神学者、宗教哲学者、宗教研究者という三つの〈顔〉をもっていたが、井筒は生涯にわたってオットーの『聖なるもの』(*Das Heilige*)などの著書を愛読し、彼のものの見方に共鳴していた。哲学の根源に「観照的生の体験」が伏在しているという理解は、オットーが聖なるものの根源に「ヌミノーゼ」体験を据えたことと共通の思想構造をもっている。

このように「東洋的無」の雰囲気で育った井筒は、青年期を迎えて、ヨーロッパの文学や哲学に感動し、そのなかへと情熱的にコミットしていく。彼が西洋への関心を強く抱くようになった背景には、幼少時から父親から強いられた厳しい修道への反発があった。そうした反発の過程で、井筒は「私のギリシアを発見した」。ギリシア哲学も「観照的生の体験に底礎されて」いることを発見したのだ。このことは、ギリシア哲学を彼自身の「観照的生の体験」にもとづいて捉えなおすことができたことを意味する。そのことが当時、いまだ萌芽的ではあったものの、その後の「東洋哲学」構想の展開において、「私の東洋を発見する」(『意識と本質』後記)という「精神的東洋」の模索へとつながっていく。

井筒は、中学校を選ぶとき、それがキリスト教プロテスタントのメソディスト派の学校とは気づかず、青山学院中学部に入学した。生まれ育った「東洋的無」の環境とは全く異なるキリスト教信仰の環境に、井筒は深い戸惑いを覚えた。彼は作家の遠藤周作との対談（「文学と思想の深層」）のなかで、キリスト教との出合いの体験を振り返っている。[08]学校では毎朝の礼拝の時間が、しばらくの間、「いちばん嫌だった」という。最初の一学期は何とか我慢していたが、秋になると急にひどくなり、「ごく幼稚な形での心身症」になった。ある日、全校の生徒が大講堂に集まって礼拝していたとき、担当の先生が聖書を読み、お祈りをするのが、「その日は特別に偽善的な感じがした」。ついに胸が悪くなり、我慢できなくなって嘔吐した。ところが、「妙なことに、それをやってから、礼拝嫌いがケロッと治ってしまった」。「結局、キリスト教が好きになったというわけではないけれども、中学を終わるまでとにかく興味をもってキリスト教との付き合いを続ける」ことができた。さらに井筒は「あとになって考えてみると、あれは私の生涯の方向を決定した重要なことだったと思うのです」と語っている。幼い頃から、父親に漢籍の素読を強いられた井筒は、このように中学生時代、学校生活をとおしてキリスト教の信仰に肌で触れることになったのだ。

　キリスト教に身体感覚的に触れることができたことで、井筒は「一神教とか人格神という考え方、およそ夢にも考えなかったような絶対者の考え方」を知った。そのことがきっかけで、大学時代に旧約聖書を読むために、神田の夜学に通ってヘブライ語を習った。親友で後に旧約学研究者となる関根正雄が「旧約聖書を徹底的に勉強するにはアラビア語をやらなければだめだ」と言ったこともあり、ハルダーの「アラビヤ語文法」をドイツから取り寄せて、二人で勉強した。関根によれば、井筒のイスラム研究の始まりは、関根との勉強から始まったという。「二人ともヘブライ語をやっているので、同系統の一番大事な言語としてアラビヤ語をやろう」ということになった。さらに文法書を学び終えて、「一月程経って井筒さんは「コーラン」を全部読んでしまったのには驚いた」と述懐している。[09] 井筒は旧約聖書のヘブライ語原典を通読していたが、旧約聖書ばかりでなくユダヤ教にも興味をもった。その延長で、ユダヤ教と姉妹関係のイスラームに興味を抱くようになった。

2　西脇順三郎と二人のタタール人との出合い

井筒は慶應義塾大学文学部に学び、詩人の西脇順三郎教授（一八九四―一九八二）に師事した。西脇の言語学講義のなかで、特にシュルレアリスム詩論に触発された。晩年の井筒は西脇を「生涯ただひとりの我が師」と呼んでいる。井筒の言語哲学の根幹は、西脇の影響のもとで形成された。彼は西脇から「純粋詩《ポエジー・ピュール》」などの、当時としては斬新な感覚に満ちた用語を初めて習うなかで、「言語学こそ、わが行くべき道」だと確信するようになる。[10] 西脇の言語学講義の理論的中心軸はF・ソシュール（一八五七―一九一三）であった。その当時、ソシュールの記号学的構想はとても新しかったし、西脇の心を濾過したソシュールの思想に、井筒は「当のソシュールに見られない華麗な感性の迫力」を感じていた。卒業後、西脇の助手となり、やがて西脇が教えていた「言語学概論」の講義を担当することになる。そのほか、「ギリシア神秘思想史」、「ロシア文学」などの講義も行なっている。井筒の講義は大教室から人が溢れるほど人気を博したという。

その当時、文学部の二年生であった詩人の村上博子（一九三〇―二〇〇〇）は、井筒のこの講義に五年間出席し、ノートを残している。そのノートによれば、「〈言語学概論〉を私は卒業までの三年間聴き、なおあきらめきれないであと二年間聴講した」と述べている。村上が聴講した一九五一年、この講義はポール・ヴァレリーの言葉で始まり、「言葉が人間存在の深淵に根ざして」おり、それゆえに「言葉を問うことは人間を問うことである」と井筒は語ったという。[11] この時期に、井筒は言語哲学の原点を示す英文著書『言語と呪術――発話の呪術的機能に関する研究』(*Language and Magic: Studies in the Magical Function of Speech*, 1956)を刊行し、自らの言語哲学の基盤を構築した。この著書のもとになったのが慶應義塾大学での講義、「言語学概論」の講義であった。この著書において、井筒は言語の論理的な次元の深みに、心に作用して感情を喚起させる呪術的な次元が存在することを論じた。その後、井筒の学問的関心は、言語哲学の意味論的な展開、さらに哲学的意味論へと進展していく。

西脇は哲学者フレデリック・ポーラン(Frédéric Paulhan 一八五六―一九三一)の『言語の二重機能』(*La double function du langage*, 1929)がかなり気に入っていたという。井筒の「西脇先生と言語学と私」(一九八三年)によれば、言語の二重機能の一つは、「事物、事象を、コトバが概念化して、それによって存在世界を一つの普遍妥当的な思考の場《フィールド》に転成させる知性的機能」である。もう一つは「語の意味が心中に様々なイマージュを喚び起す、心象喚起の感性的機能」であって、西脇は両者の鋭角的対立を説いた。西脇は「コトバのこの心象喚起機能の理論に、シュルレアリストとしてのご自分の内的幻想風景の根拠付けの可能性を見ておられるようだった」と井筒は言う。さらに井筒は西脇が気に入っていたポーランの『言語の二重機能』は、「読み方次第では、現代的記号論の見地からしても、なかなか示唆に富む小冊子である」という。井筒がこのように言うだけあって、西脇が強調した言語の二重機能は、ある意味では、井筒の「東洋哲学」構想において、コトバの表層と深層から成る意味構造論に対応している。井筒は晩年、「思えば、ずいぶん出発点から離れ、西脇先生の世界から遠ざかってしまったものだ。だが、コトバにたいする関心だけは、始終守り続けてきた」と記し、さらに「コトバにたいする、やむにやまれぬこの主体的関心の烈しさを通じて、結局、私は今でも西脇先生の門下生の一人なのだ、と思う」と述べている。[12] 井筒の言語哲学に注目するとき、西脇が井筒に与えた影響の大きさを見てとることができる。

また、井筒は晩年、作家の司馬遼太郎との対談「二十世紀末の闇と光」(『中央公論』一九九三年一月号)の中で、井筒が実践的にアラビア語を学んだのは、二人のロシア生まれのタタール(韃靼)人からであったと言う。慶應義塾大学の助手になったばかりの井筒は、アブド・ラシード・イブラーヒームという高齢の人物に出合った。昭和一二年(一九三七)のことであった。井筒は二年ほど、ほとんど毎日のように彼のもとに通って、アラビア語とイスラームを学んだ。彼は井筒に「アラビア語をアラビア語としてだけ学ぶなんてことはばかげている。イスラム抜きにアラビア語をやることは愚劣だ。アラビア語をやるならイスラムも一緒に勉強しなければだめだ」と言ったという。[13] イブラーヒームはジャーナリストであったが、イスラームの礼拝の指導者(イマーム)でもあった。二人は親子であるかのように親しくなり、井筒はイブラーヒームについて、次の言葉を残している。「しまいに向こうが私のことを好きになってしまって、「おまえは、私の息子だ」「わが子よ」なんて呼びかけるんですよ」。さらに「おまえは、生まれつきイスラム教徒だ。生まれたときからイスラム教徒なんだから、おれの息子だ」というわけです[14]」。

井筒によれば、イブラーヒームはクルアーンや基礎的なテクストについては暗記していたが、全てのテクストを知っていたわけではなかった。ところが、後にイブラーヒームから紹介されたもう一人のタタール人との出合いが、井筒のその後の研究に決定的な影響を与えた。その人物とは、ムーサー・ジャールッラーという六〇歳過ぎのタタール世界で随一の学者であった。[15] 井筒はムーサーとの思い出を、一九八三年三月、『読売新聞』夕刊のエッセイ「行脚漂泊の師 ムーサー」の中で記している。「ひとたび学に志を立てた青年が、無条件で敬愛できる先生に出逢う。もうそれだけで学問の第一の関門は突破したことになる。だが幸運は稀にしかやってこない。そんな先生が、大学を出たばかりの私の前に突然現れた」。[16] ムーサーも学者であると同時にイマームでもあった。ムーサーはわが国に二年間滞在したが、その期間中、かなりの時間を井筒と一緒に過ごしたようだ。

このムーサーのもとで、井筒はアラビア文法学の「シーバワイヒの書」（八世紀の文献で、重要なアラビア文法書）やイスラーム哲学の初段階を学んだ。ムーサーについて、「必要な書物はただの一冊も手もとになかった。そのかわり、何千ページの古いアラビア語の書物が何百冊もそっくりムーサーの記憶のなかに畳みこまれていた。ムーサーとの出逢いが私の学問の方向を決定した」と井筒は記している。[17]「ムーサーとの出逢いが私の学問の方向を決定した」と言うぐらい、その師との出合いが大きな影響を与えた。イスラーム世界にその人ありと知られたムーサーは、書物を一冊も手もとに持っていなかった。クルアーンやハディース（ムハンマドの言行録）をはじめ、神学、哲学、法学、詩学、韻律学、文法学など、主要なテクストのほとんどを記憶していた。

筆者が井筒から直接、ムーサーのことを聞いたのは、一九八四年の晩秋、井筒宅を初めて訪問したときだった。井筒夫妻との話の中で、私がインドへ留学した折、インド哲学を教えてもらったパンディット（伝統的な教師）、シュリーニヴァーサ・シャーストリーとの出合いについて話したところ、井筒はムーサーとの体験を語った。シャーストリー師は、当時、インド知識人のあいだでも、三本の指に入ると言われるほど、よく知られたパンディットであった。幼い頃からヒンドゥー教の伝統的教育を受けて、主要な聖典テクストを記憶していた。私はシャーストリー師からシャンカラ（約七〇〇―七五〇）の哲学を学んだが、師の自宅の書斎には、一冊の書物もなければ机もなかった。ただ部屋の真ん中に、師が座る座布団が一つ置かれていただけであった。井筒の師ムーサーにとっても、シャーストリー師にとっても、イスラームとヒンドゥー教という宗教の違いこそあるものの、聖典テクストは口から語り出される、まさに「語られる聖典」であった。聖典テクストの記憶による伝承という東洋の伝統は、「東洋哲学」に見られる顕著な特徴の一つであると井筒は私に言った。

井筒は、あるとき、ムーサーから「おまえ、旅行するときはどうして勉強するんだ[18]」と尋ねられたという。井筒が「必要な本を持っていって読むんだ」と言うと、ムーサーからは「おまえみたいなのは、本箱を背負って歩く、いわば人間のカタツムリだ。そんなものは学者じゃない。何かを本格的に勉強したいんなら、その学問の基礎テクストを全部頭に入れて、その上で自分の意見を縦横無尽に働かせるようでないと学者じゃない」と言われた[19]。このムーサーの言葉が示唆しているのは、クルアーンなどの暗誦がイスラームの信仰において極めて重要であるという伝統的な聖典理解である。クルアーンは、イスラーム教徒にとって「神の書物」として「書かれた聖典」である。それと同時に、「クルアーン」の原義「読誦されるもの」が示唆するように「語られる聖典」でもある。

井筒は『コーラン』の「解説」（一九五八年）の中で、「考えてみるともう一昔も前になるが、初めて本格的な「カーリウ」（コーラン読み）の朗誦を聴いた時、私はやっとこのイスラームという宗教の秘密がつかめたような気さえしたものだ」と記している。[20]井筒がムーサーから学んだのは、クルアーンなどのまさに「語られる聖典」であった。イスラームでは、クルアーンなどの聖典を記憶し暗誦するための学校、すなわち「マドラサ」（madrasa）が伝統的な教育の役割を担ってきた。「マドラサ」とはアラビア語で「学ぶ場所、学校」を意味するが、その教育機関はモスクと併設される場合も多く、イスラームの聖典テクストの暗誦をふまえた教育をおこなっている。ムーサーの言葉をこうした伝統的教育を視野に入れて捉えなおすと、イスラームの伝統における「語られる聖典」の意義がいっそう明らかになる。

3　ウィルフレッド・C・スミスとの親交

井筒は一九四一年、最初の著書『アラビア思想史』（博文館）を刊行している。その後、一九四九年には初期の代表的な著書『神秘哲学』（光の書房）を出版し、さらに一九五六年、英文による最初の著書『言語と呪術』を出版している。『井筒俊彦の学問遍路』によれば、この英文著書がローマン・ヤコブソン（Roman Jakobson 一八九六—一九八二）の目に止まり、彼の推薦を得てロックフェラー財団のフェローとして、一九五九年から二年間、海外渡航することになる。井筒にとって、これが人生で初めての海外渡航であった。渡航では、まずレバノンに半年間滞在し、その後、エジプトのカイロ、シリア、ドイツ、パリ、モントリオールなど、中近東や欧米で研究生活をすごした。ちなみに、レバノンに滞在しているあいだに、『言語と呪術』と井筒が八年間をかけて邦訳した『コーラン』(岩波書店、一九五七年刊行開始)が、文学博士号申請論文および副論文として審査され、一九五九年に慶應義塾大学から文学博士号を授与されている。

この海外渡航を機に、井筒は日本から世界へと活躍の場を広げていく。ロックフェラー財団の奨学金によって実現した海外渡航のおもな行き先とその目的を、『井筒俊彦の学問遍路』によって振り返ってみよう。

ロックフェラー財団の指示は、言語学の意味論の学問的拠点でもあったボン大学の、ヴァイスゲルバー教授(Leo Weisgerber)に会いに行くことでした。当時、後に出てくるチョムスキーなどの統語論、システム論に対立するサピア＝ウォーフのハイポセシス(仮説)、言語意味分節論のフンボルト、ソシュール、ヴァイスゲルバー等に触発されて、井筒は独自の意味論を考えているころでした。ベイルートとカイロを選んだのは「コーラン」研究のためです。その次に、カナダのモントリオールのマギル大学のイスラム・インスティチュートへ行って、ハーバードに行って帰るというのが、二年間の予定です。(中略)

マギル大学では、そのころ、後にハーバード大学の世界宗教研究所長になられたウィルフレッド・キャントウェル・スミス(Wilfred Cantwell Smith)さんがイスラム研究所の所長をしていらして、井筒のことを大変評価してくださり、日本に帰国した上で、すぐ引き返して改めてマギル大学のイスラム研究所に訪問教授として来てほしいと提案してくれました。そこで、七月ごろ日本に帰り、その年の九月には、もう一度モントリオールに参りました。[21]

妻豊子も述懐しているように、この外遊が井筒にとって大きな転換期となって、[22]その後、一九六一年からは、マッギル大学客員教授となり、一九六九年からは同大学イスラーム学研究所に正式に教授として迎えられる。さらに同大学イスラーム学研究所テヘラン支部の開設に伴い、同大学のテヘラン支部教授となる。また一九七五年には、イラン王立哲学アカデミー教授として迎えられている。

井筒をマッギル大学のイスラーム学研究所へ客員教授として、さらに正式の教授として招いたのは、宗教学者のウィルフレッド・キャントウェル・スミスであった。スミスは二〇世紀後半、シカゴ大学の宗教学者ミルチャ・エリアーデとともに、アメリカの宗教学界はもとより世界の宗教学界をリードしたことで知られ、イスラーム研究でも業績を残した。妻豊子によれば、井筒はそれまでスミスとは一面識もなく、井筒夫妻は一九六〇年にパリを経て、マッギル大学のスミスを初めて訪問したという。「後にハーバードの世界宗教研究所長のトップになったキャントウェル・スミスさんの秘書の方が空港にちゃんと迎えに来てくれて、すぐ小さなアパートメントホテルのようなところに連れていってくれました。受け入れ準備ができていたわけです[23]」。いち早く井筒のイスラーム研究の意義を見いだしたのがスミスであった。

井筒はマッギル大学イスラーム学研究所に滞在中、スミスの依頼を受けて特別講義をおこなっている。彼が海外渡航を終えて、日本へ帰国した後、スミスは出来るだけ早くマッギル大学イスラーム学研究所へ客員教授として戻ってきてほしい、と井筒を招聘している。そうした経緯もあり、井筒は帰国後、マッギル大学と慶應義塾大学での講義をそれぞれ半年ずつおこなう生活を、三年ほど続けた。一九六九年にスミスが井筒をマッギル大学の正教授として迎える前にも、一九六二年と一九六三年の春、井筒はマッギル大学イスラーム学研究所において、スミスの要請を受けて講義をおこなっている。その一連の講義内容にもとづき、一九六四年に慶應義塾大学言語文化研究所より出版したのが、英文著書『クルアーンにおける神と人間――クルアーンの世界観の意味論』（*God and Man in the Koran: Semantics of the Koranic Weltanschauung*）である。この著書において、井筒は意味論的な方法論から捉えたクルアーンの世界観について、長年の研究成果を纏めて論じている。また一九六四年、マッギル大学イスラーム学研究所からの要請によりおこなった特別セミナー講演は、『イスラーム神学における信の構造――イーマーンとイスラームの意味論的分析』（*The Concept of Belief in Islamic Theology: A Semantic Analysis of Īmān and Islām*）として出版された。この著書では、イスラーム神学における「信」あるいは「信仰」の概念の理解が、いかに変化し多様な展開を示していったのかをめぐって意味論的分析をしている。

井筒のイスラーム研究は、クルアーン、イスラーム神学、イスラーム哲学の意味論的分析に大別できる。彼はクルアーンなどのテクストにおいて、様々な語彙群が相互連関して構成する意味論的な場《フィールド》における意味ネットワークの構造を明らかにしている。井筒の聖典の意味論的分析は、イスラーム思想研究で知られる鎌田繁の言葉を援用すれば、「いわば、神の言葉を神の言葉で説明するということであり、他のものを参照することなく、クルアーンのテクストの意味をクルアーンの文脈のなかで取り出すことに専心している。これは神の言葉は神の言葉としてそれには余計な判断を加えないというアプローチであるともいえるだろう[24]」。たしかに井筒の意味論的方法はイスラームの信仰に沿ったかたちで組み立てられている。彼の著作はムスリムたちに広く受け入れられているが、そのことはもっともなことであると言えるだろう。井筒の聖典テクストの意味論的方法は、スミスが強調した宗教の「共感的理解」と共鳴し合っている。井筒が当初、マッギル大学でクルアーンに関する解釈を講義で示したとき、クルアーンを言語学的に分析することに関心があった。その言語学的分析は宗教学的な視点からみると、少なくともスミスの目からみれば、イスラーム理解には不十分な内容であったようだ。そこでスミスは、イスラームの宗教伝統におけるクルアーンの意義に関する研究を井筒に求めた。妻豊子が語っているように、「イスラムに関しては、もっと宗教学的、形而上的な方向をとってもらいたいというのが、スミスさんの希望でもありました[25]」。そこで井筒はスミスの希望に沿って、「一つの転換をした」という。妻豊子は当時の様子を次のように語っている。

初めは言語学に行くか、イスラムに行くかという選択で、あのときにモントリオールへ行くことを何となく躊躇したのは、今から考えれば、そういうことだったと思うのです。モントリオールへ行ったら、イスラム宗教学とかそういうことになってしまう。ですから、むしろヴァイスゲルバーのいるドイツとか、そういう方向にコンタクトがあるような仕事をしたかったのだと思うのです。[26]

この妻豊子の言葉は、井筒がロックフェラー基金による海外研究の後、言語学者のヴァイスゲルバーのいるドイツへ行くのか、それともマッギル大学イスラーム学研究所のスミスから提示された客員教授の招聘を受け入れるかどうかで、最初は躊躇したことを示している。ところが妻豊子は「考えてみれば、彼は一種、運命に従順だったといいますか、抵抗しないたちだったのです」と語っている。[27] 結果として井筒は、スミスの招聘を受け入れた。その判断は井筒の人生に大きな転換をもたらした。彼は一九六二年、マッギル大学客員教授として再度、モントリオールへ渡航し、その後、イスラームのクルアーンとその思想研究を意味論的な視座から掘り下げて研究していった。このようにして井筒は、スミスの要請を受け入れることで、イスラーム哲学研究に本格的に取り組むことになった。

こうした経緯をふまえるとき、井筒が自分自身を言語哲学者とは言っても、どうして積極的にイスラーム研究者とは言わなかったのか、あるいは少なくとも、そのように表現することに慎重であったのかを推測することができる。今日、井筒はイスラーム哲学研究の世界的碩学として知られているが、彼にとってイスラームは、少なくともスミスに出合うまでは、自らの意味論的方法論にもとづいて独自の言語哲学を展開するうえで豊饒な思想伝統の一つにすぎなかった。妻豊子は晩年、「井筒はイスラーム研究で世界的に知られていますが、当初は『言語と呪術』に纏めた方法論をイスラームのクルアーンに適用したにすぎないのです」と、しばしば井筒ライブラリー・東洋哲学の編集会議などの場で語っていた。井筒の人生を語るとき、生涯にわたる親友であったスミスとの出合いが大きな転機になった、と言わなければならない。

井筒の哲学的意味論の方法論は、スミスの宗教学的視座と共鳴していた。両者がいかに共鳴していたのかを理解するためには、スミスの宗教論に言及しておくことが不可欠だろう。スミスによれば、私たち人間は全て「宗教的《レリギオースス》」(religiosus) であり、本来的に「超越性」に関わっている。人間存在にとって「宗教」(religion) がもつ意味を探究するとき、スミスは特に宗教の「人格的」(personal) な理解の重要性を強調する。彼によれば、宗教伝統の構成要素には、「信仰」(faith) と「累積的伝統」(cumulative tradition) という二つの側面がある。両側面を結びつけるのは「生きている人間」である。人間存在は超越的なものと累積的伝統のあいだの「相互行為の場」であるという。つまり、象徴、制度、教説さらに慣行などの「宗教の外形」はそれ自体が宗教なのではなく、「宗教はむしろ、これらのものがそれに関与している人びとに対してもつ意味の中にある」。宗教の外形は目に見える宗教の累積的伝統を意味し、その累積的伝統への信仰者の関わりかた、目には見えない人格的な「信仰」を共感的に把捉することによってはじめて、宗教理解が可能になるとスミスは言う。[28]

したがって、スミスにとって聖典理解は「人間であることが究極的に何を意味するのか」を掘り下げて理解することを意味した。当時の多くの宗教学者は、人々の聖典への関わりかたをほとんど考慮してこなかったが、「クルアーンを聖典にしたのは、厳密には、それがムスリムにとって神の言葉として受け取られたということである」とスミスは言う。このことを真摯に把握するとき、イスラームにおける聖典の意味をはじめて理解することができる。つまり、「聖典としてのクルアーンの意味は、そのテクストのなかにあるのではなく、ムスリムの心や心情のなかにある」とスミスは強調する。テクストの聖性は、そのテクストが人々によって「聖なるもの」として信じられている事実に依拠している。テクストは人々との主体的な関係性において、「聖典」として受け入れられるのであって、宗教伝統の人々から切り離されたままでは、決して「聖なるもの」あるいは「権威あるもの」ではない。つまり、宗教伝統において、そのテクストが「聖なるもの」として信じられるかぎりにおいてのみ、そのテクストは「聖典」として理解されるのだ。スミスの弟子である宗教学者のウィリアム・A・グラハム（William A. Graham1943-）も指摘するように、聖典はまさに「関係性の概念」（relational concept）である。[29] 聖典は宗教伝統に生きる人々とテクストとの関わりにおいて、はじめて「神の言葉」としての意味をもつ。そのとき、テクストはその宗教伝統の「聖典」になるのだ。このスミスの宗教解釈学的な立場は、井筒の意味論的方法と共通の問題意識をもっている。井筒もスミスも、宗教を宗教そのものに即して理解しようとした。聖典テクストの内容にもとづき、その理解の方法を洗練さ

右側から、スミス、井筒、豊子夫人
天理国際シンポジウム '86の会場にて（1986年12月14日）
写真提供　天理大学

せる仕方で、宗教を理解しようとしたのだ。

スミスが特定の方法論的視座にもとづく宗教研究の姿勢を厳しく批判したことはよく知られている。それにも拘わらずそのスミスが井筒の意味論的研究を高く評価していたことは注目すべき点である。そのことは、二人の宗教研究の方法論的立場が非常に類似していたことから理解できるだろう。この井筒の聖典理解の方法はこれ以降の井筒哲学の方向性を決定づける。このことは後の章でも議論する。

井筒とスミスはマッギル大学イスラーム学研究所で初めて出合って以降も、生涯にわたり親交を深めていった。一九八六年一二月、天理大学が主催した天理国際シンポジウム'86「生命・コスモス・宗教――ヒューマニズムを超えて」には、スミス夫妻と井筒夫妻が招かれ、それぞれ公開講演をおこなっている。その国際会議の折、スミスと井筒が談笑する様子を、妻豊子は次のように記している。

> この講演に招かれた天理のシンポジウムで、同じく澤井さん〔筆者〕が呼んだキャントウェル・スミスさん夫妻と私どもは本当に久しぶりに再会したのです。井筒には、生涯の喜びだったのです。私はこのときのスミスさんと交わす井筒の喜びの顔を見て、心を打たれました。こんなにうれしい顔を、井筒は一度も見せたことはありませんでした。心からの破顔一笑でしょうか。スミスさんと出会ってから二十六年、井筒の内に秘められていた何か、まったく見たこともない井筒が自然にあらわれていて、私もうれしくなりました。[30]

その国際会議の期間中、準備や運営に追われていた筆者も、スミス夫妻と井筒夫妻が夕食を終えて、ゲストハウスの談話室のソファーに座って、楽しそうに談笑する様子を見かけた。井筒とスミスの様子を撮影した写真からも、二人の長年にわたる親交の深さを窺い知ることができる。

4　フンボルト学派からの影響

スミスと共鳴してイスラーム研究の方法論を深化させた井筒は、意味論的アプローチも同時に深化させていった。そのプロセスを見ていこう。井筒の言語観を理解するうえで重要なのは、禅とフンボルトの関わりである。言語に対する禅の立場は、フンボルトやその系譜を引く意味論者たちの立場に非常に近いと考えていた。ドイツの言語哲学者ヴィルヘルム・フォン・フンボルト（Wilhelm von Humboldt 一七六七—一八三五）は多くの言語に通暁し、彼自身の言語知識を哲学的な立場で捉えなおして、包括的な言語哲学を構築しようとした。フンボルトは言語と思考の相即性を説き、その相即性のなかに潜む言語の社会性の契機を追究した。言語は「精神活動」（eine Albeit des Geistes）であるというのがフンボルトのテーゼであった。その点については、井筒も同様の確信を抱いていた。フンボルト研究で知られる言語哲学者の亀山健吉も指摘するように、フンボルトにとって言語は、「単に人間の相互理解のための伝達手段であるばかりでなく、〈精神が、自己と対象との間に、精神の力の内的活動に基づいて定立するひとつの真正な世界〉であることを説く」ものであった。つまり、言語構造の相違はそのまま「世界」の相違につながることをフンボルトは説いた。[31] さらに、先述したフンボルトの後継者として評価される言語哲学者レオ・ヴァイスゲルバー（Leo Weisgerber 一八九四—一九八五）は、それまでの先行研究に新たな解釈を加え、いわゆるフンボルト・ルネサンスを推進し、現実に生きて働いている言語を「母語」（Muttersprache）として把握し、その母語の機能を探究した。ヴァイスゲルバーによれば、母語は現実を精神の所有へと造り変えるような「精神の創造的な力」（eine geistschaffende Kraft）をもっている。ここで二つのことが明らかになる。まず、言語と連関して、至る所に精神の力にもとづいて「精神的な中間世界」（geistige Zwischenwelt）が現れてくる。さらにこの「精神的な中間世界」は、根本的に言語に属しているために「言語の本質」（das Wesenliche an der Sprache）であり、言語の存在の基盤を形成している。したがって、言語が異なるとき、言語による現実の捉え方も異なり、「精神的な中間世界」も異なる。[32] 井筒はこうしたフンボルトおよびレオ・ヴァイスゲルバーのものの見方に大きく影響を受けて、彼独自の意味論を展開していった。

フンボルト学派のおもな見方について、井筒は次のように言う。「言語は第一義的には認識範型あるいは分節形態の体系」である。「ある言語社会に生れた人は、無意識のうちに、その言語の分節形態を通して「現実」を分節し、それの提供する認識パターンによって世界を見る、というより、むしろ世界を創り出す」。このように、それぞれの言語は「一つの独自な世界像」を確立している。したがって、その言語を母国語とする人々の心に「既成の、つまりあらかじめ分節された世界のヴィジョンを押しつけることにならざるを得ない」。

この見方によれば、禅が独特の言語学を展開するとき、それはフンボルト学派の意味論と同じような考え方になる。ただし、禅はフンボルト学派の意味論と違って、存在に対する言語分節の影響力をただ観察・分析するばかりでなく、もっと積極的にこの事実に対処しようとする。つまり、井筒によれば、禅は言語の意味分節の枠組みをとおして見られる世界が「現実」の完全な歪曲であると考え、人間の意識構造を根本的に練り直して、事物事象の深みを把握しようとする。禅の宗教伝統における坐禅は、「言語の分節作用」が働かないところで、在るがままの「現実」を体験するための修行方法であるという。[33]

フンボルト学派が説く意味論的視座から、クルアーンの世界観を分析したのが、一九六四年に刊行された英文著書『クルアーンにおける神と人間』（*God and Man in the Koran*）である。その著書では、イスラームの特徴をジャーヒリーヤとの関連において探究している。この著書を刊行した時期に、井筒はフンボルト学派の意味論を展開させて、彼独自の意味論的解釈学を創出しようとしていた。そのことについて、井筒は『イスラーム生誕』（一九七九年）の「はしがき」に記している。

この本〔*God and Man in the Koran*, 1964〕を書いた頃、私はヴァイスゲルバーなどに代表されるドイツ言語学系の意味論を展開させて、意味論的社会学、あるいはより一般的に文化の意味論的解釈学とでもいえるようなものを方法論的に作り出してみたいと考えていた。そして、まだおぼつかないながらもようやく輪郭が見え始めて来ていたその分析方法を、具体的資料に適用することによって明確なものにするために、私はイスラームの聖典コーランを対象として取り上げた。この著書はそういう目的で書かれた、つまり意味論的解釈学の方法論的射程を私なりに決定するための一試論だったのである。[34]

ここで井筒が言う「意味論的解釈学の方法論的射程」とは、後に「意味分節（semantic articulation）理論」と彼自身が呼ぶものである。言葉は存在リアリティを「意味」として分節する。したがって、意味分節はそのまま存在分節である。彼は一九九〇年、『イスラーム生誕』が文庫版として再版されるに際し、「文庫版後記」で次のようにも記している。

この論文を執筆した頃〔一九七九年ごろ〕、私は、イスラームをはじめとする諸他の東洋思想の哲学的研究方法として、「通常概念という形で扱われているものを意味分節単位群に分解・還元し、それを意味連関組織として構造的に考察しなおす」ところの意味分節理論ともいうべきものの確立を考えていた。私はその理論を実験的にイスラームという世界宗教の分析に適用してみたのだった。[35]

つまり、井筒はこの時期、フンボルトに始まりヴァイスゲルバーによって深められたフンボルト学派の意味論を展開させて、彼独自の「意味分節理論」を確立し、その理論を具体的にイスラームに適用することによって、「イスラーム」の語のまわりの諸意味単位の内部構造を分析したのである。井筒は、言語には二つの根本的機能があると考えていた。それは意識内容の伝達機能と「現実」の意味分節機能である。それら二つの機能のうち、禅思想で中心的位置を占めるのは後者である。古来の禅の伝統には、別に纏まった言語論があるわけではないが、フンボルト学派が説くような意味論を内包している。したがって、禅が独特の言語学を発展させるとすれば、フンボルト学派の意味論に近い考え方になると井筒は考えていた。

井筒が独自の言語哲学を形成するうえで、フンボルト、ヴァイスゲルバー、ヤコブソンさらにソシュールなどの言語学との出合いは、極めて重要な意義をもっている。フンボルト学派が提示した言語的「分節」の思想、すなわち、言語が存在リアリティを意味として「分節」するという思想は、井筒の言語哲学の枠組を構築するうえで不可欠なものであった。妻豊子が述懐しているように、井筒は「「言語分節は即ち存在分節に他ならない」という東洋的言語哲学として成立させること」を目指していた[36]。つまり、「意味分節理論」によって特徴づけられる井筒の東洋的言語哲学の方法は、彼の「東洋哲学」構想の理論的基盤を成している。

5　鈴木大拙とエラノス会議

井筒の「東洋哲学」を理解するうえで重要なもう一つのファクターは、鈴木大拙の存在である。井筒がエラノス会議の講演者の一人としてはじめて招かれるのは、鈴木大拙が亡くなった翌年（一九六七年）であった。鈴木大拙は、彼を敬愛していた心理学者のユングに招かれて、エラノス会議で一九五三年と五四年に二回講演した。井筒はエラノス会議では、鈴木大拙の後継者という位置にあった。大拙による禅思想の講演は、人々に深い感銘を与えた。ところが、聴衆の大部分は大拙の講演を聴いて、「煙に巻かれたような感じで、本当はよくわからなかったのだ」という。井筒には、「そこのところを、なんとか説き明かしてはもらえないだろうか、という要求」が、エラノス会議の主催者から出されていた。[37] 井筒は大拙の著作をよく読んでいた。エラノス会議の主催者の「要求」をふまえて、講演原稿を準備するに際して、大拙の著作をいっそう深く読み込んでいった。禅的経験を実践していた井筒は、人間存在の本質認識において大拙と共通の考え方をもっていた。ところが、井筒は大拙とちがって禅思想の「霊性」次元を強調するばかりでなく、日常経験的次元の意識にも絶えず目配りしながら、東洋思想の古典テクストが包蔵する、示唆に富む意識の多元的かつ重層的な構造を意味論的に論じることを試みた。

鈴木大拙のことを、井筒は「近年の日本が生んだ第一級の国際人」と呼んでいる。井筒が言うように、昨今、「東と西との思想的対決と対話とが問題となり、我々日本人としても東洋的精神文化の意義をあらためて考えなおす必要にせまられている」。[38] こうした状況のなかで、大拙が描いた「禅の世界」をもう一度、捉えなおすことの意義を井筒は痛感していた。エラノス会議の講演者として招かれた一九六七年、彼は五三歳であった。その年以降、毎年八月下旬に開催されるエラノス会議に正式な講演者として招かれた。このことがきっかけとなり、エラノス会議の参加者たち、たとえば、宗教学者のミルチャ・エリアーデ（Mircea Eliade 一九〇七—八六）やイスラーム哲学者のアンリ・コルバン（Henry Corbin 一九〇三—七八）、ユング派心理学者のジェイムズ・ヒルマン（James Hillman 一九二六—二〇一一）などの第一線の研究者たちと幅広く親交を結ぶなかで、井筒は東洋思想を新たな視点から読み解くことの意義を痛感した。

大拙の講演後の交流について、コルバンは次のように記している。

私たちは彼〔鈴木大拙〕に、西洋の霊性（spirituality）との最初の出合いがどのようなものであったのかを尋ねた。そうすると、鈴木は約五〇年前にスウェーデンボリの著作四冊を日本語に翻訳したが、これが最初の西洋との出合いであったという。談話の後半で、私たちは彼に、大乗仏教とスウェーデンボリのコスモロジーとのあいだに、シンボリズムと諸世界の対応性に関して、どのような構造的な類似点を見いだしたのかを尋ねた（鈴木大拙の *Essays in Zen Buddhism*, First Series, p.54, n. を参照）。もちろん、私たちは理論的な回答を期待していたわけではなかったが、一人の具体的な人物に、仏教とスウェーデンボリの霊性に共通する経験を示すサインを期待していた。すると突然、鈴木がスプーンを振り回し、微笑んで「このスプーンは今、天界（Paradise）にあります。……」と言ったことを、私は今もなお覚えている。「私たちは今、天国にいます」と彼は説明したのだ。[39]（引用者による邦訳）

スウェーデンの神秘家スウェーデンボリ（Emanuel Swedenborg 一六八八―一七七二）のことを、大拙が「北方の、あなたがたのブッダ」（your Buddha of the North）であると述べたとコルバンは付記している。大拙は明治末から大正時代にかけて、スウェーデンボリに関する評伝『スエデンボルグ』（一九一三年）と四冊の邦訳書、すなわち『天界と地獄』（一九一〇年）、『新エルサレムとその教説』（一九一四年）、

『神智と神愛』（一九一四年）、『神慮論』（一九一五年）を刊行している。これらの大拙の著書には、「霊性」の語が頻出している。「霊性」とは、大拙にとって「精神の奥に潜在して居るはたらきで、これが目覚めると精神の二元性は解消して、精神はその本体の上において感覚し思惟し意志し行為し能うもの」（『日本的霊性』）であり、人間の内部に拡がる精神的な世界こそがあらゆるものの土台を成している。コルバンには、大拙のこのときの話がよほど印象深かったようだ。この大拙の話を、井筒はエラノス会議に参加した折、コルバンから聞いた。井筒は次のように記している。「誰かが尋ねた、「我々が神というところを、あなたは無という。無が神なのか」と。深い眉毛の奥で大拙の目がキラッと光り、彼は食卓のスプーンを取り上げて、いきなり前に突き出すと、ただ一言、「これだ。わかるかね」と言ったそうな」[40]。このエッセイのなかで、井筒がコルバンから聞いた思い出として語っているのは、大拙が説いた禅の本質、すなわち、禅の視座から捉えた世界の真相である。

　エラノス会議での講演を準備する過程で、井筒は次第に伝統的な東洋思想に関する独自の解釈をおこない、「東洋哲学」構想を展開していく。たとえば、『大乗起信論』は大乗仏教屈指の論書として名声を恣にしてきたが、大拙も井筒もその論書の意義をよく知っていた。大拙はアメリカ滞在中、『大乗起信論』を日本語（漢語）から英語に翻訳した（*Açvaghosha's Discourse on the Awakening of Faith in the Mahâyâna*, 1900）。大拙の後半生は、如来蔵思想を基盤とした禅思想の成立を、歴史的かつ理念的に跡づけていくことに費やされた。文芸評論家の安藤礼二も著書『大拙』で指摘するように、「『大乗起信論』に説かれた一元論、「心」こそが主体と客体、精神と物質の分割以前に存在するものであり、

「真理」（真如）であり「仏」（如来）でもあるという、「心」＝「真如」＝「如来」という未曾有の連関を、大拙はただ一言、「あるがまま」（Suchness）という英単語であらわす」。つまり、人間存在ばかりでなく事物事象全ては、あたかも如来になる種子を孕むように、「心」のなかに「真如」を蔵している。大拙にとって「心」とは「如来蔵」であり、意識の「母胎」にして宇宙の「子宮」（Womb）そのものであった。[41]一方、井筒は「年来考え続けている東洋哲学全体の、共時論的構造化のための基礎資料の一部」として、『大乗起信論』の一書を取り上げたが、彼の意図はその論書を読みなおし解体して、その哲学的問題を分析し、かつそのなかに含まれる哲学思想的可能性を主題的に追究することで、「それの意識形而上学の構造を、新しい見地から構築してみようとする」ものであった。[42]井筒のこの試みは『大乗起信論』の哲学」という副題が付された遺著『意識の形而上学』（一九九三年）に結実した。大拙と同じように、井筒も『大乗起信論』における如来蔵思想の可能性を熟知していた。

井筒がエラノス会議で約一五年間、ほとんど毎年、東洋の宗教思想について講演を続けたことは、彼の哲学研究にとって実り多い時期であった。井筒「東洋哲学」の世界を真に理解するために、本書では、井筒が禅思想をふまえて展開したエラノス講演の内容、さらに彼がその講演内容を加筆修正して纏めた著作を丹念に読み解いていく。

6 「東洋哲学」構想とその展開

井筒「東洋哲学」を読み解く六つのファクターの最後は、彼の哲学的基盤とその展開である。ここまでの議論をまとめると、井筒の「東洋哲学」構想の意図を理解するためには、思想形成の初期に書いた『神秘哲学ギリシアの部』において、古代ギリシア哲学を「神秘哲学」として捉えた点に注目しなければならない。前述のとおり、この著書が、井筒が「東洋哲学」に関心を抱くようになる哲学的基盤となったからである。『神秘哲学ギリシアの部』は、ホメロスの時代から古代末期のプロティノスまでのギリシア思想を扱っている。同書は当初予定されていた三部構成の第一巻に当たり、井筒は第二巻として「ヘブライの部」を扱い、第三巻では西洋のキリスト教神秘主義を扱う予定であった。すでに見たように、幼少の頃から「東洋的無」の雰囲気のなかで育った井筒は、青春時代、父親への反発を経て、「東洋」よりも「西洋」に魅力を感じ、古代ギリシアの哲学や文学をはじめ、「西洋哲学」に強い関心を抱いた。[43] ところが、西洋文化のなかで、研究者たちとの学術交流を体験し、西洋哲学の深みを次第に学ぶにつれて、井筒は自分自身の実存が「東洋」にあることに気づく。

言うまでもなく、ギリシア哲学は一般的に「西洋哲学」の基盤をなしていると言われる。ところが井筒は、西洋哲学を掘り下げて学ぶことで、ギリシア哲学の思惟の根源に「観照的生」の脱自的体験があることを知った。先に述べたように、幼少の時期から、父親の薫陶を受けて禅語録に親しんでいただけに、西洋の哲学的思惟が「観照的生」に基づいていることを知ったとき、井筒はその事実に驚くと同時に感激した。そのことによって、生きた「ギリシア哲学」の深層構造、すなわち、ギリシア哲学が「観照的生」すなわち形而上的体験に根ざしていることを実感することができた。このように井筒は、西洋哲学の基盤であるギリシア哲学のなかに、禅語録などの東洋思想とも通底する哲学的思惟の根源、すなわち「観照的生」の脱自的体験の存在を見いだした。つまり、西洋哲学の基盤であるギリシア哲学の深みを体験することによって、彼自身がその後、生涯をかけて探究していく「精神的東洋」の発見への糸口を見いだしたと言えるだろう。

　ギリシア神秘哲学を明らかにすることから始まった『神秘哲学』の刊行は、結局、第一巻のみで、出版予定であった続巻は出版されなかった。このことは哲学者の納富信留も指摘しているように、「井筒の関心がアラビア、イスラームにより傾斜していった」ことを示唆している。[44]ただし、井筒は晩年の一九九一年九月、「井筒俊彦著作集」第一巻を中央公論社から刊行し始めるに当たり、エッセイ「「著作集」刊行にあたって」において、『神秘哲学』を書き始めた当時の思いを振り返っている。

> プリソクラティックからネオプラトニズムに至るギリシャ哲学の展開の中に、東洋的とも言えるその、情意《パトス》的・「心《プシュケー》」的、な主体性の哲学の典型的な顕現の一例、を私は見たのであったが、今でもその考えのおおよそのところは変らない。その意味ではこの「神秘哲学」が、学問にかかわる私の主体的態度とその志向性の方向を決定づけたものであり、多分、私の無垢なる

原点、とも言えるものであったのかも知れない。[45]

こうした哲学的思惟を経て、井筒は次第に従来の「西洋」と「東洋」という伝統的な枠組みを再考していく。井筒は「精神的東洋を索めて」という副題を付けた晩年の主著『意識と本質』の「後記」(一九八二年八月記)において、「ここ十年ばかり、しきりに東洋思想とか東洋哲学とかいうことを考えるようになった」と記している。「ここ十年ばかり」と言えば、一九七二年頃からということになるが、井筒は続けて「それは私にとって、まだ漠然としてとりとめもない形ながら、自分自身の内面に私の東洋を発見することでもあった」と述懐している。[46]

東洋哲学の主流は、後で詳しく論じるように、井筒によれば、伝統的に「アンチコスモス」の立場を採ってきた。「コスモス」が「有意味的存在秩序」(有意味的に秩序づけられた存在空間)であるのに対して、「アンチコスモス」は「コスモスを外側から取り巻き、すきあらば侵入してこれを破壊しようとする敵意にみちた力としての性格」をもつ「否定的・破壊的エネルギーに変貌したカオス」であると井筒は言う。[47] 井筒と長年にわたり親交を結んだ京都学派の宗教哲学者、西谷啓治(一九〇〇—九〇)や上田閑照(一九二六—二〇一九)も、禅思想に根ざしながら哲学的思索をおこなったが、思索の根源では、井筒とものの見方を共有していた。西谷啓治は、主著『宗教とは何か』において、いわゆる「空の哲学」を説いた。西谷の省察は、「従来の宗教哲学の立場が破れたところ、乃至はその立場が突破されたところに立脚してゐる」。つまり、西谷にとって、ニヒリズムの問題が彼の哲学的発足点であり、哲学的思惟の根幹をなす根源的主体性は「絶対無」の立場であった。「空」

はニヒリズムにおける虚無と同じではない。このように彼にとって、「ニヒリズムを通してニヒリズム超克の道」を求めるなかで、仏教の「空」の立場がニヒリズムの超克という意味をもったのだ。さらに上田閑照は、西谷に従って「ニヒリズムを通してのニヒリズムの超克」を「虚無／空」の出来事として素描している。上田は「経験を可能にする（世界）地平には必ず地平の彼方がある」と言う。つまり、「地平と地平の見えない彼方との重なり」が経験の真の地平であり、世界とはその真相において「世界／限りない開け」である。つまり、世界は「「限りない」開けに於いてある「限られた」開け」として、私たち人間に開かれていることを強調した[48]。このように西谷も上田も、ふだん日常言語の意味次元では理解できない形而上的体験を何とか表現しようとする言葉の深みに注目したのだ。

公開講演をおこなう井筒俊彦
（天理国際シンポジウム'86にて、1986年12月13日
会場：都ホテル大阪）
写真提供　天理大学

井筒が自ら構想した東洋哲学の視座をいっそう鮮明に論じたのは、一九八六年一二月に開催された天理国際シンポジウム'86「コスモス・生命・宗教——ヒューマニズムを超えて」での公開講演「コスモスとアンティコスモス——東洋哲学の立場から」においてであった[49]。井筒は後日、その公開講演の原稿に加筆した講演録を『思想』に掲載しているが、その原稿を発表するに当たって、井筒は論題の「アンティコスモス」の語を「アンチコスモス」に

修正して、「コスモスとアンチコスモス——東洋哲学の立場から」と若干、改題している。

「東洋哲学」の立場は、「空」とか「無」を存在空間の原点に据えることによって、存在の構造を根柢から揺るがそうとすると井筒は言う。「東洋哲学」における存在解体の視座は、日常経験的世界の非現実性あるいは仮象性を明らかにし、たとえば、中国の「荘周胡蝶の夢」の話やインド哲学のシャンカラの「マーヤー」（幻妄）説のように、日常経験的世界を「夢」とか「幻妄」という比喩で説く。こうした「東洋哲学」の流れに対応して、井筒は西洋思想におけるアンチコスモス的傾向をもつポスト・モダン哲学に注目した。とりわけ、ジャック・デリダ（Jacques Derrida）の「脱構築」（déconstruction）哲学に言及した。デリダはコスモスへの反逆、「ロゴス中心主義」的秩序の解体を説く。デリダのアンチコスモス的な思想は「現代哲学の最前線」に位置するが、井筒はそうした思想の動向に「現代という時代そのもののアンチコスモス的性格」の反映を見て取った。西洋哲学のそうした動向に、「東洋哲学」との対応性を見たのだ。

西洋哲学の主流は、デリダが言うように、古代以来、根本的に「ロゴス中心主義」的であったと井筒は言う。ロゴスは「有」の原理であり、そこに「無」が入り込む余地はない。ところが、現代のポストモダン哲学において、ようやく「有」の解体が本格的に始まった。一方、東洋哲学の主流は、「「有」を存在の表層に認め、深層に「無」を見る考え方」である。東洋哲学における「コスモス」は「始めから既に内的に解体されている」。これが「東洋哲学の存在解体の真相」であり、「無」と「有」のパラドクシカルな相関性の上に、「解体されたコスモス」が成立すると井筒は言う。[50]井筒の「東洋哲学」構想は、内的に解体された「柔軟なコスモス」の成立を可能とするものであり、現代の哲学が抱える最大の課題に鋭く迫ろうとするものである。

一九九三年一月七日、井筒俊彦は急逝した。その日の朝の七時、二階の寝室に行こうとしていたとき、たまたま絨毯につまずいた。何もなかったかのように起き上がり、妻豊子に「おやすみ」と言って就寝した。井筒は長年、真夜中を過ぎても仕事を続けて、ほとんど毎朝、夜が明けてから寝床に就き、正午すぎに起床することを習慣にしていた。七日の午前九時ごろ、就寝中に脳出血を起こし、意識が回復しないまま、同日の午後四時四五分、鎌倉市の病院で帰らぬ人となった。享年七八歳であった。井筒は筆者にしばしば西谷啓治を引き合いに出して、「私も九〇歳までは、何とか元気に仕事をしたいと思う」と語っていた。その「私も」という言葉には、親友の西谷啓治が九〇歳まで長命で哲学的思索を続けたという含意が込められていた。井筒の哲学的思惟が、まだまだこれから発展していく予定だったことが窺える。

井筒「東洋哲学」構想については、すでに示唆したように没後、「東洋哲学覚書」として刊行された『意識の形而上学――「大乗起信論」の哲学』（中央公論社、一九九三年）に見られる。しかしこの著書は、井筒が思索していた「東洋哲学の共時的構造化」の構想へ向けて、まだ第一歩を踏み出したにすぎなかった。当時、井筒俊彦著作集（中央公論社）の編集担当であった小林久子は、井筒から「東洋哲学覚書」の今後の展開を聞いて、次のようにメモしていた。[51]

言語阿頼耶識（唯識哲学の言語哲学的可能性を探る）

華厳哲学
天台哲学
イスラームの照明哲学（スフラワルディー・光の形而上学）
プラトニズム
老荘・儒教――このあたり考え中
真言哲学――

『意識の形而上学』は井筒が執筆を予定していた「東洋哲学覚書」の出発点にすぎなかった。井筒は亡くなる直前、「唯識哲学の言語哲学的可能性」に関する論文を構想していた。亡くなる一九九三年の春三月に、その第一回目の論文を完成させて『中央公論』に発表する予定であったという。そのために、「彼は彼の死ぬその日、一月七日の午後から書き始めようとしていた。ノートとテクストを積み上げ、万年筆も二本、机上に選んであった」と妻豊子は記している。[52] 井筒は最後の最後まで、「東洋哲学」という独自の哲学的思惟テクストを紡ぎ出し織り出し続けていた。井筒は初期の英文著書『言語と呪術』を言語哲学の方法論的視座としながら、クルアーンや東洋の伝統的思想テクストをそのテクストに則しつつ意味論的に読み解き、さらに晩年には『意識と本質』などの一連の論考へと独自の思索を「東洋哲学」として、常に創造的に未来志向で展開していった。井筒の人生において、伝統的な東洋思想を未来志向的に読み解いていく言語哲学あるいは哲学的意味論の姿勢は、最後まで首尾一貫しており、全くぶれることはなかった。井筒のそういう哲学的思惟の歩みを、次章から辿っていくことにしよう。

第一章　哲学的思惟と意味論的地平

井筒は一九七九年、イランから帰国した後、まもなく『イスラーム哲学の原像』（一九八〇年）や『意識と本質』をはじめ、次々と著書を刊行する。哲学的意味論の視座から、東洋思想の古典テクストを〈読む〉ことで、それまで醸成していた伝統的な東洋思想の共時的構造化の試みを次々と形にしていく。その試みは長年にわたるエラノス講演の内容をふまえたものであった。彼は「意識と本質」の論考を、一九八〇年六月号から一九八二年二月号まで、雑誌『思想』（岩波書店）に連載した。その時期と重なるように、一九八二年一月から三月に、「岩波市民セミナー」で連続講演「コーランを読む」をおこなっている。『意識と本質――精神的東洋を索めて』が一九八三年一月に出版されたのに続いて、『コーランを読む』は同年六月に出版されている。

井筒は「東洋哲学」構想を展開していく中で、『意識と本質』を執筆すると同時に、クルアーンの意味論的な解釈も進めていた。晩年のクルアーン研究である『コーランを読む』が「東洋哲学」構想を反映したものになっていることは興味深い。井筒の意味論的地平から見れば、人間意識と存在世界は相互に対応し合っている。本章では、井筒の「東洋哲学」構想を支える方法論的視座、すなわち哲学的意味論の地平とその特徴を明らかにしたい。

1 哲学的意味論の地平

井筒俊彦が構想した哲学的意味論の視座は、独自の「東洋哲学」の理論的基盤であり、また彼の言語哲学的な概念的枠組を示している。井筒哲学の本質は、井筒が「意味分節理論」と呼ぶ哲学的意味論にある。「哲学的意味論」には、興味深いエピソードがある。一九六七年、エラノス会議に講師として招かれたとき、この会議の主催者ルードルフ・リッツェマ（Rudolf Ritsema）に自らの専門領域を「哲学的意味論」（philosophical semantics）と表記してよいかと尋ねられたという。それが自分の思索を正鵠に表すものと感心したという。井筒の意味論的視座は、宗教思想を形而上的体験あるいは深層体験の言語的意味分節として捉えることを特徴とする。東洋思想には、このような共通した思想構造が存在する、と彼は言う。深層体験を日常的に使っている言語によって表現しようとするとき、日常言語は内的に変質することを強いられる。ルードルフ・オットーはそうした言語を「イデオグラム」（Ideogramm 解釈記号）と呼んだ。それに対して、井筒は「詩的言語」と呼んでいる。そうした言語を「イデオグラム」と呼ぼうが「詩的言語」と呼ぼうが、その言語は表面的には日常生活で使用される言葉と全く同じものである。ところが、その言葉は存在あるいは意識の深みを示唆する「コトバ」でもある。

井筒が著書のなかで用いる「コトバ」の語は、存在世界の事物事象を表現する記号としての言葉ではない。コトバは、意味分節機能をとおして言葉が事物事象を生起させる存在の根源、すなわち存在それ自体であることを示す。それは必ずしも私たちの言語に限定されない。たとえば、音楽家にとっては、メロディが「コトバ」であり、画家にとっては、色が「コトバ」であると言える。そうした意味を込めて、井筒は「コトバ」の語を用いる。それは日常言語次元の意味を超えた意味の深みを示唆する。ちなみに、サンスクリット語の「シャブダ」(śabda)は、「語(ことば)」であるとともに「音」とか「声」も意味する。それは私たちが語る「語」すなわち「声」を指すと同時に、自然における音響を含めることもある。井筒が「コトバ」の語に込めた意味あいについては後で論じるが、その語はまさに井筒哲学の鍵概念の一つである。

井筒は英文著書『言語と呪術』において、言語の両義性を「外延」(denotation)と「内包」(connotation)として捉えている。「外延」とはコトバの意味を一義的に指示する外的な機能であり、「内包」とはコトバの意味を多義的に暗示する内的な機能である。井筒が初期の代表的著書『神秘哲学』を出版して以降、常に重視してきたのは、言語の「外延」よりも「内包」、「意味」の表層よりも深層であった。[01] 井筒の意味論的視座において、言語は元来、「意味分節(=意味による存在の切り分け)」を本源的機能とする。対象を分節する(切り分ける)ことで、「コトバ」は社会慣習レベルで意味指示的に働く。彼が言う「分節」とは、仏教語「分別」(vikalpa)とほぼ同義であるという。それは全一的な空間の拡がりの表面に、「縦横無尽、多重多層の分割線が走り、無限数の有意味的存在単位が、それぞれ自分独自の言語的符丁(=名前)を負って現出すること」(「意識の形而上学」全集第十巻、四九三頁）を意味する。つまり、経験世界における事物事象は「有意味的存在単位」の有機的連関を成しているが、存在が現象する根源的事態を、井筒は「意味分節・即・存在分節」と呼ぶ。

東洋思想の伝統では、意識の表層と深層を二つでありながら、それら二つを同時に機能させることで、存在世界が「二重写し」に捉えられる。井筒はこれを「二重の見」の同時生起と呼んでいる。表層意識の次元に現われる事物事象、そこに生起する事態を、深層意識の地平から捉えかえす井筒の「東洋哲学」では、意識と存在の重層構造が哲学的思惟の本質構造を成す。日常の意味分節態の世界に在りながら、同時に言語を超えた「無分節の存在《リアリティ》」が二重写しに把握される。こうした事態は「存在の絶対無分節と経験的分節との同時現成」を示す。つまり、「東洋哲学」における意味論的視座のおもな特徴は、「コトバ」の意味が意識の表層と深層のあいだで流動的であり、本質的に固定されていないという点にある。

こうした井筒の哲学的意味論の地平について、現象学者の新田義弘は、井筒の方法的立場を「メルロ＝ポンティから受けた、経験の深層構造に関する現象学的な分析の遂行をかえりみつつ、テクストの構造分析の方法を事象分析で裏打ちしつつすすめたもの」と捉えている。さらに、新田は井筒の哲学的思惟に関する魅力ある叙述が、「自在ともいえる詩的構想力」を発揮したものであるとも言う。いわゆる「二重の見」は、井筒が言う「存在解体」の後に来るものである。「存在無化と意識の空化」は、現象学的な視点からみれば、「現象学の方法的歩みに起きる実体的思惟からの脱却としての自己否定、措定的対象化思惟としての反省的思惟の自己滅却」に当たる。このことは「無の自覚と世界開現の一体化の生起」という事態である。つまり、井筒の言う「二重の見」とは、新田の言葉によれば、「いったん到達した境地が、それ以前の現象風景を、ふたたび取戻すときのありかた、しかし元とは別様にとり戻す仕方である」。その意味では、現象学で言う「還元」に当たる。こうした転回の生起では、「自覚の生起と世界の開現が一体化する」[02]。

井筒が『意識と本質』などの著書において展開した哲学的意味論の考察は、新田が捉えているように「経験の深層構造に関する現象学的な分析」である。新田によれば、井筒の意味論的地平は「神秘主義的思想が主導的」となって、「未分節の一者の分節化」という論理によって貫かれている。井筒の議論を現象学的方法によって再構成すると、井筒が言う「分節」は「多様な現象化」を意味するし、「一者」の概念も必ずしも「古い素朴な実体論的な全一論」を意味するものではない。このように捉えなおすとき、井筒の哲学的意味論の地平は、まさに現象学的方法を示している[03]。

井筒の哲学的意味論の視座から見れば、「現実」は一つのテクストである。「現実」は初めからそこに客観的に在るものではなく、私たち人間が「コトバ」をとおして有意味的に織り出していく一つの意味空間である。井筒は「テクストの構造分析」の方法に沿って、「現実」を一つのテクストとして読み解いた。後章で考察するように、井筒による大乗仏教の華厳思想の〈読み〉には、テクストの構造分析の鋭さと洞察が見られる。「コトバ」の深層的意味構造に気づくとき、私たちが日々生活する日常経験的意味の世界は、「コトバ」の意味転換によって根本的に大きく変容するのだ。

2　形而上的実在体験の言語化としての哲学的思惟

井筒の「東洋哲学」構想を捉えるとき、まず、彼にとって哲学的思惟とは何を意味するのかを明らかにしておかなければならない。その際、彼が全ての哲学的思惟の根源に形而上的実在体験の存在を認めたという事実は注目すべき点である。言いかえれば、形而上的実在体験のロゴス化あるいは言語化が哲学的思惟であると捉えたのだ。心が観想状態に入り次第に深まっていくにしたがって、意識の深層が開かれ、そこに存在の深みが現われてくる。それまで隠れていた存在の深みが見えてくる。したがって、井筒が生涯、探究した神秘主義がこうした観想体験の実在認識的な価値にもとづいているかぎり、神秘主義は哲学的思惟と密接不可分に結びついている。つまり、井筒にとって、神秘主義は「哲学として展開する始点《アルケー》」であった。哲学的思惟が存在のリアリティを真にそれがあるがままに把握することと深く関わるとき、また神秘主義的な観想体験において開かれた意識の深層が事物事象の真のあり方を開示するとき、神秘主義は自ずと哲学的思惟としての価値や意義をもつ。「そういう体験知をのぞいては、存在論も形而上学も成立し得ないとすら言えるのではないか」と井筒は言う[04]。

井筒は『神秘哲学』において、古代ギリシア哲学をこうした視座から捉えなおし、ギリシア思想の根柢に「一種独特な体験のなまなましい生命が伏在している」と考えた。井筒は次のように語っている。

すべての根源に一つの宇宙的体験があって、その体験の虚空のような形而上的源底からあらゆるものが生み出されて来るのである。彼らの哲学はこの根源体験をロゴス的に把握し、ロゴス化しようとする西欧精神史上最初の試みであった。彼らについては「はじめに思想があった」のではなくて、「はじめに直観があった」のである。あらゆることのはじめに有無をいわさぬ絶対的体験があったのである。[05]

このように井筒は、古代ギリシア哲学における哲人たちの根源体験をいわば追体験しながら、ギリシア哲学の発生の過程を主体的に把握する。まさに「「はじめに思想があった」のではなくて、「はじめに直観があった」のである」。井筒も言うように、「イオニアの自然学に始まりアレクサンドリアの新プラトン哲学に至るギリシア形而上学形成の根基には常に超越的「一者」体験の深淵が存在している。この神秘主義的体験は個人的人間の意識現象ではなく、知性の極限に於いて知性が知性自らをも越えた絶空のうちに、忽然として顕現する絶対的超越者の自覚なのである」。[06] つまり、『神秘哲学』は井筒が自らの哲学的関心をギリシア哲学へと織り込みながら、ギリシア哲学に関する独自の解釈を展開したものである。このように哲学的思惟には、形而上的実在体験が伏在しており、哲学が根源体験の言語化であるとの考え方は、後年の『意識と本質』や『意識の形而上学』などの著作をも貫いている。形而上的実在体験の主体が哲学的に思惟し始めるとき、その思惟は特定の構造をもつ哲学として展開していく。その意味で、井筒のものの見方から見れば、形而上的実在体験という体験知がなければ、存在論も形而上学も存在し得ない。井筒にとって、形而上的体験は彼の哲学的思惟の前提であり、また同時にその中核を成しているのだ。

　こうした井筒の哲学的思惟には、ルードルフ・オットーの宗教論からの影響が顕著に見られる。井筒が「東洋哲学」構想について語るとき、ほとんど常にオットーの「ヌミノーゼ」体験も話題に出している。オットーが『聖なるもの』を著したのは一九一七年のことであった。その著書は二〇世紀の宗教学に大きな足跡を残し、世界的に大きな影響を与えてきたことは周知の事実である。その著書が英訳されたのは一九二三年で、最初の邦訳の出版は一九二七年であった。井筒が初めて具体的にオットーに言及したのは、『神秘哲学』（一九四九年）においてである。その著書の中心的な構想は、晩年の主著『意識と本質』に至るまで、井筒の哲学的思惟を貫いている。

　井筒は『神秘哲学』の中で、オットーが神秘主義一般の基本形態として、「神を魂の深奥に求める『魂・神秘主義』」と「神を絶対超越者として無限の彼方に尋ねる『神・神秘主義』」を区別したことに注目している。「神秘主義」の用語は、古典ギリシア語を語源とするが、一八世紀から一九世紀にかけて、宗教現象や宗教思想を理解するうえで、宗教研究における重要な概念として広く用いられてきた。オットーは『西と東の神秘主義』（*West-östliche Mystik*, 1926）において、神秘主義はどの時代や場所でも同一であると論じている。彼は言う、「時代に関わりなく、歴史にも関わりなく神秘主義は常に同じ」である。たとえ言語が異なっていても、神秘主義は「いつでも互いに交換が可能である」[07]。オットーは人類が「共通の宗教感情」を共有しており、東洋と西洋の宗教に類似性があることを説いた。鈴木大拙は、『日本的霊性』において、たとえ東洋と西洋における文化的な様式が異なっていても、私たち人間は本質的に同じ「霊性」を共有していると論じている。大拙がエラノス会議に講師として招かれたことはすでに述べたが、彼が説いた禅思想がエラノス会議の理論的地盤を築いたオットーやユングのものの見方と共通の思想構造を内包していることは、比較宗教学的な視座からも極めて興味深い点である。

オットーは神秘主義の現象を「魂・神秘主義」と「神・神秘主義」に類型化したが、それらは比較宗教学的に見れば、全く対蹠的な性格を示すように思われる。だが、オットーによる神秘主義の区別は、井筒によれば、「本質的には同一事態を目指す精神発展の二側面」にすぎないという。[08] 「魂・神秘主義」と「神・神秘主義」は、井筒によれば、本質的に「同じもの」であって、「なんら優劣の差違は存しない」という。オットーも井筒も、「魂・神秘主義」と「神・神秘主義」は具体的な言語表現こそ異なるが、その本質は同じであると言う。

そうは言っても、ルター派神学者であったオットーは、キリスト教神学の立場から、世界の宗教を具体的に論じるとき、東洋の宗教よりも、キリスト教のほうが勝れていると言う。「合理的要素と非合理的要素の結びつき」というオットーによる宗教の尺度に照らせば、キリスト教は合理的要素と非合理的要素が「健全で完全な調和」のもとにある。つまり、キリスト教こそが世界の宗教の中で「絶対に勝る宗教」であると言うのだ。[09] 一方、幼少の頃から、禅的体験を実践していた井筒は、『神秘哲学』において、「いずれの道を選ぶかは個々の神秘家の性格傾向の如何によるのみであり、いずれの道を辿っても、必ず最後には同一処に到達するのである」と論じている。井筒が構想した彼独自の意味論的視座から見れば、伝統的に継承されてきた東洋思想は、この存在世界が多元的・

多層的構造を成している。それと同時に、存在リアリティの多層的構造に対応して、人間存在の意識も表層から深層に至る多元的・多層的構造を成している。

3 言葉以前の言葉——コトバとイデオグラム

オットーはキリスト教やインド哲学などの宗教思想を比較宗教学の視点から理解するとき、絶対他者（神）と有限な人間存在の関係という有神論的な概念的枠組に依拠している。彼は東洋と西洋の宗教のあいだに本質的な類似性を認めていた。たとえば、キリスト教におけるキリストは、ヒンドゥー教のクリシュナや仏教の阿弥陀仏と同様に、「一神教」的な信仰の対象である。ところが、キリスト教は諸要素が完全な「調和」のもとにあるので、それらは「根本において同じもの」ではないと言う。他方、井筒は東洋と西洋の思想が意味論的に見れば、究極的に「同一処に到達する」と言う。このように井筒とオットーは、比較宗教の視座が根本的に異なる。このことは、井筒がオットーの神秘主義論をふまえながらも、オットーのキリスト教神学的視座をずらし、自らの「東洋哲学」的枠組みに引き寄せてオットー解釈を試みたことを示唆している。

井筒が「コトバ」の語に込めた意味あいを探究することは、彼の言語哲学を理解するうえで不可欠である。その語によって井筒は、「言葉以前の言葉」すなわち言語的に意味分節されていない「根源的非言語」をも射程に入れた意味世界を言説しようとしているからだ。井筒が「コトバ」の語を「言葉」と使い分けるようになるのは、『思想』（一九七九年一月号）に掲載された論文「対話と非対話――禅問答についての一考察」以後のことである。この論文は元々、一九七七年十月、テヘランで開催された国際シンポジウムにおいて、井筒の英語での講演「対話の彼方――禅のものの見方」（"Beyond Dialogue: A Zen Point of View"）の邦訳である。その後、井筒はこの論考を『意識と本質』に収載している。彼は言う、「無言語の場から言葉が出てきて、普通の意味での対話が成立し得ないようなところで、異次元の対話が成立する」と。そうした対話が成立する場として、禅独特の「問答」という言語使用の形式を捉えた。[10] つまり、井筒が言う「コトバ」とは、無言語あるいは非言語でありながら、しかもあらゆる言葉、すなわち、あらゆる存在形態の根源を示すものでもある。つまり、禅問答などの対話では、いわゆる沈黙が最も雄弁な「コトバ」になることもあるのだ。「コトバ」の語には、普通の意味での「言葉」には収まり切らない意味の深みが含意されている。ここで井筒が言う「対話の彼方」（beyond dialogue）の語は、伝統的に禅が「問答」と呼びならわしてきた特殊な対話形式を意味する。「問答」はこの特殊な対話に参加する話者と聴者の二人にとっては、「本源的非言語の垂直的言語化の場」である。それはいまだ言語によって意味分節化されていないリアリティを在るがままに体験し、その生きた体験を言語化する対話の場を意味する。生の深みを体験した禅問答の対話者に生じる言語行為は、「絶対的に無分節なあるものの言語的自己分節の自覚」である。このように二人の対話者は「互いに刻々呼び合い応じ合いつつ、瞬間ごとに全く新しい対話的場面を創造していく」。このことが「対話の彼方」としての禅問答の本質的構造である。[11]
こうした緊迫した精神的状況において、二人のあいだに起こる根源的な形而上的な相関的展開の過程において、普通の意味での「言葉」では収まり切らない「コトバ」が語り出されるのだ。

音や声は、たとえ「言葉」にはならなくても、まさに〈生きた響き〉を伴う「コトバ」となる。井筒の「コトバ」は、フンボルトのいわゆる「内的言語形式」(die innere Sprachform)と共通の構造をもつ。この「内的言語形式」には、個性的な概念構成の仕方のほかに、生き生きとした情感も加わり、その言語を用いる個人や集団の個性や風土性も加わっている。井筒による表現では、「存在はコトバである」。人間も含めて全ての存在者、あらゆるもの**が**「コトバ」であり、「存在は存在性そのものにおいて根源的にコトバ的である」。常識では、存在すなわちもの**が**、「コトバ」に先行すると考えるのがごく自然な考え方である。ところが、井筒は「コトバが存在に先行し、そういう順位で存在とコトバとの間に同定関係が成立する」と言う。言いかえれば、全ての事物事象は「根源的にコトバ的性質のもの、コトバを源泉とし、コトバによって喚起され定立されたもの、つまり簡単に言えば「コトバである」のだ[12]。このように井筒は、存在リアリティの表層を超えて、存在の真相(深層)を示唆する「コトバ」を造語した。

オットーが言う「イデオグラム」(解釈記号)も、井筒の「コトバ」の語と共通した言語哲学的な意味構造をもっている。そうした「コトバ」の意味生成プロセスにおける意味体験の限りない深みを表現するために、オットーは「ヌミノーゼ」(das Numinöse)を造語した。それは聖なるものにおいて、言葉で把握することも表現することもできない非合理的な側面を示唆する。井筒が論じるように、「ヌミノーゼ」のシニフィアン(音声表象)とシニフィエ(意味表象)のあいだには、著しい不均衡性が見られる。既成の言葉には、社会慣習的な意味が結びついているが、オットーの言う「ヌミノーゼ」は、井筒によれば、「意識のゼロ・ポイント」即「存在のゼロ・ポイント」、すなわち、全ての存在分節の根源である絶対無分節の状態を示唆する言葉である。それは言語的にいまだ意味分節されておらず、既成の意味のようなものが一つもない言語意識の深層を示唆する。

井筒は独自の「東洋哲学」を展開する中で、オットーの宗教論の中でも、特に「ヌミノーゼ」にしばしば言及している。このことは結論を先取りすれば、井筒が「東洋哲学」の構造の中に、オットーの「ヌミノーゼ」の語が開示する含意を彼なりに取り込んだことを示している。そのことは、言語の構造が本質的にオットーの言う「聖なるもの」の構造に対応する、と井筒が理解していたことを意味する。オットーの宗教論によれば、宗教の本質は「聖なるもの」の体験であり、その内容は「ヌミノーゼ」の感情である。「ヌミノーゼ」の感情はそれについて論じることは可能であるが、言葉による定義は不可能である。「ヌミノーゼ」は概念的には言説できず、ただ感得することしかできない。「ヌミノーゼ」はまさに非合理的であり、それは概念では解明され得ないものである。したがって、それを体験する心情の中に、それを呼び起こす特殊な感情反応を通じてのみ示唆される。オットーは「ヌミノーゼ」の感情を直観的認識の働きとして、すなわち、宗教の究極的源泉として捉えていたのである。

井筒は言語以前の絶対無分節的な境位が、肯定的に根源的「有」と措定されるか、あるいは否定的に根源的「無」と措定されるかによって、東洋の形而上学は大きく二つに分かれると言う。すなわち、それらは「有」の形而上学と「無」の形而上学である。井筒はそうした根源的思惟パターンを伝統的な東洋思想の諸伝統の中から汲み出した。オットーは宗教の本質を「聖なるもの」の体験として捉え、その体験の内容を言語によっては表現できない「ヌミノーゼ」の感情として規定した。

井筒はオットーのそうした宗教理解の方法に強く惹きつけられ、禅的体験あるいは形而上的実在体験をヌミノーゼ的体験として捉える哲学的思惟を展開した。井筒哲学は、本質的にオットーの宗教論と共鳴する思想構造をもっていると言わなければならない。

4 コトバと言語アラヤ識

井筒の「コトバ」は、「東洋哲学」構想において、社会制度的な「言語」の表層的意味からアーラヤ識的な「意味可能体」の深層的意味に及ぶ、多元的・重層的な意味構造を示唆する。コトバは、文化の底に作動している「言語アラヤ識」と密接不可分な関係にある。社会慣習的な意味コードは私たちの心の中にある「文化的無意識」の領域に沈澱して、私たちの存在認識を枠づける。その「文化的無意識」の領域を、井筒は「言語アラヤ識」と呼んだ。この語も井筒の言語哲学を構成する重要なキータームの一つである。「アーラヤ」(ālaya)とは「貯蔵所」を意味する。したがって、漢訳仏典では「蔵識《ぞうしき》」とも意訳される。「言語アラヤ識」とは過去のすべての経験が「意味」として蓄えられる内的場所(トポス)である。井筒はインドの唯識思想テクストの一つ、『大乗荘厳経論』が論じる意識の最深層(第八番目の次元)、すなわち「アーラヤ識」(ālaya-vijñāna)の概念を援用して、意識の深みを表現するために、「言語アラヤ識」を造語した。唯識の意識論では、「アーラヤ識」に貯蔵される「意味」は「種子《しゅうじ》」(bīja)と呼ばれる。

井筒の意味分節理論によれば、比喩的イマージュとしての「種子」は、表層意識レベルにおける社会慣習的な「意味」ではなく、いまだ分節されていない無数の潜在的「意味」形象を示唆する。意識の深みに蓄えられている「種子」（潜在的「意味」形象）は活性化されて、表層意識の領域に働くからこそ、その都度、世界が有「意味」的な存在秩序として経験される。「意味」と「名」の結びつきは、すでに意識の最深層で始まっているが、「名」の存在喚起は表層意識レベルで生起する。つまり、「意味」と「名」の結びつきは、文化的無意識としての「言語アラヤ識」の中ですでに始まってはいるが、無名の事物事象Xが一定の「名」を得るとき、Xは「もの」として生起し、あたかも初めから存在していたかのように、社会慣習的な「意味」として固定的に捉えられる。

　このように井筒は、意識の働きを多層的に構造化し、唯識思想の意識構造モデルを援用して、「種子」すなわち意味的エネルギーの溜まり場として、「アーラヤ識」という意識下の場所を措定する。このことはユングが、日常的意識の下に集合的無意識という特殊な領域を措定するのと同様に、井筒は意識の構造モデルを提示するのだ。井筒によれば、唯識思想における四階層から成る意識構造モデルにおいて、まず前五識、すなわち五つの感覚器官を通じて生ずる五つの感覚、視覚・聴覚・嗅覚・味覚・触覚が、最上層の表層意識の領域を成している。それから少し深いところに第六識がある。それは五つの感覚器官がもたらす感覚を一つに纏めて、ものについて思惟する働きである。さらにその下に、一切の経験の実存的中心点としての自我意識から成る中間層として、第七末《ま》那《な》識があり、さらに最も奥深い潜在意識の領域として阿頼耶識が立てられる。[13]

　井筒は「言語アラヤ識」の語によって、経験的意識の地平にまだ出現していない「意味可能体」、すなわち社会慣習的な言語（ラング）の意味コードに組み込まれていない「浮動的な意味の貯蔵所」

を表そうとする。「コトバ」を社会制度としての言語（ラング）の側面だけに限定して捉えると、「コトバ」の表層構造だけしか見えない。そこには社会慣習的な意味を担う慣習的な記号システムが存在するだけである。社会慣習的な意味の構造は、深層意識における「言語アラヤ識」にその基底をもっている。こうした心の不可視の奥底に累積されて、下意識的に生き続けている意味慣用を、井筒は「意味のカルマ」と呼ぶ。かつては言語的意識の表層において顕在的に機能していた意味慣用が、時の経過とともに隠在化し、意識の深層に沈み込んで秘かに働いている力を意味する。こうした数限りない「意味のカルマ」が「言語アラヤ識」に蓄積されていると言うのだ。

心的作用の意味論的な構造において、「言語アラヤ識」に集積された「意味のカルマ」は複雑に絡み合って、互いに反発し合い相互に融解し合いながら、新たな「意味」を生み出していく。唯識思想の術語では、それら一つひとつの「意味のカルマ」は「語言種子」と呼ばれる。「種子」は「名」を志向して「名」を得ると、「意味」として発芽する。井筒の言葉によれば、「表層言語（あるいは表層に近い）領野における意味構成要素群の有機的拡がりとしての意味論的「意味」の内部分節構造は、まさしくこの「言語アラヤ識」内部における「種子」の絡み合いを、表層言語にふさわしい形で再現し反映するものにほかならない」[14]。したがって、井筒の意味論的視座から見れば、哲学あるいは哲学的思惟を意識の表層レベルにおける慣習的あるいは概念的な意味に限定して把握しようとするやり方では、「言語アラヤ識」という存在論的中核を構成する深層的な意味を捉えることができなくなってしまう。それは哲学的思惟のなかでも、とりわけ井筒が強調する「東洋哲学」が、社会慣習的な言語的意味の表層レベルから、「言語アラヤ識」の「意味可能体」の深層レベルに及ぶ多元的・重層的な意味構造から構成されているからである。

すでに論じたように、井筒は哲学的意味論の視座から、「存在はコトバである」という命題を提示した。その命題は、存在が存在性そのものにおいて根源的に「コトバ」であることを意味する。その命題はそれ自体としては、全くコトバの異次元性を含意していない。ところが、言語意識の意味次元を表層的意味と深層的意味の重層的かつ多元的な重なりとして捉える「東洋哲学」の意味分節論的な操作を経ることで、この命題は日常言語の次元ばかりでなく、日常言語の彼方の次元においても、意識構造と存在リアリティの深層すなわち真相を明らかにする。このように井筒は、私たちを意味分節理論の領域へ導き入れて、東洋哲学の伝統の意味論的分析を提示することによって、その思想伝統を現代思想のコンテクストのなかで賦活させながら、独自の東洋哲学の構築を目指したのだ。それは未来へ向けて新たな知のパラダイムを探究するうえで、東洋哲学の伝統が積極的に寄与できると考えてのことだった。

5　哲学的意味論の視座から見た意味の深層

井筒は生涯、体験と言語の密接不可分な関わりに注目した。そのテーマが哲学的意味論の核心を成しているばかりでなく、「東洋哲学」構想の根幹でもあった。井筒は晩年、「東洋哲学」構想を本格的に論じた主著『意識と本質』の冒頭で、現代フランスの哲学者サルトルの嘔吐体験を取り上げている。[15] 初期のサルトル、すなわち現象学時代の彼は意識の本源的脱自性を強調した。サルトルは

「存在」の深淵を垣間見る嘔吐体験を描いたが、井筒はその体験の生々しい描写を、東洋の哲学伝統における「言語脱落」、すなわち「本質」脱落によって、どこにも裂け目のない「存在」そのものだけが残る事態と共通した体験として捉え直した。そのことは「本質」というものが原初的に、いかに私たち人間の意識にとって大切であるのかを示している。「……の意識」としての志向性を本性とする意識は、「本質」脱落に直面するとき、志向すべきところを失い混乱状態に陥る。一見したところ、サルトルの嘔吐体験は、井筒の「東洋哲学」のテーマから逸脱しているように見えるが、井筒は「嘔吐」体験について、「本質」が脱落し、絶対無分節の「存在」が裸身のまま現れる体験を描いたものとして捉え直した。このことは同時に、言語による「存在」分節作用が私たちの日常的意識の構造にいかに深く関わっているのかを物語っている。しかし、井筒の深層意識論の視座からみれば、それはあくまで表層意識の立場からの言説であって、深層意識に身を据えた人のものの見方ではない。言うまでもなく、サルトルの「嘔吐」体験の場合、その瞬間に意識の深みが垣間見られたとしても、サルトルあるいは『嘔吐』の主人公は深層意識の次元に身を据えているわけではない。このように井筒は、サルトルの「嘔吐」体験を彼独自の「東洋哲学」構想を論じる糸口として論じている。

私たち人間は、井筒の哲学的意味論の立場からみれば、存在の本源的渾沌（カオス）のなかには生きていない。私たちは存在の渾沌が秩序づけのメカニズムすなわち「文化」として、構造化された意味の世界に生きているからである。存在の渾沌から文化的秩序へと転成するプロセスを支える人間意識の創造的働きの原理を、井筒は「存在の意味分節」と呼ぶ。それは「言語に結びつく意味単位の網目構造による存在カオスの分節」である。[16] 言いかえれば、存在の意味分節とは「言語的意味表象の鋳型」を通じて、存在の渾沌を様々に区切り、そこに成立する意味的分節単位に沿って、第二次的に意味の世界を構築することを意味する。「コトバ」の意味作用とは、本来的に全く分節のない「存在」に様々な符牒を付けて事物を作り出し、それらを個々別々の事物事象として指示することなのだ。そのことについて、井筒は『老子』の詩的表現を援用して、「無」（すなわち「無名」）がいろいろな名前を得て「有」（すなわち「有名」）に転成することだと言う。

井筒の哲学的意味論によれば、「コトバ」は社会制度的な表層レベルに見られるものだけに終始するものではない。意味の深層を射程に入れた井筒の哲学的意味論は、「東洋哲学」構想に関する思索とともに展開した。意味の表層と深層という意味論的構造は、意識の表層と深層という意識構造とそのまま重なっている。井筒は次のように言う。

実は、言語は、従って文化は、こうした社会制度的固定性によって特徴づけられる表層次元の下に、隠れた深層構造をもっている。そこでは、言語的意味は、流動的、浮動的な未定形性を示す。本源的な意味遊動の世界。何ものも、ここでは本質的に固定されてはいない。すべてが流れ、揺れている。固定された意味というものが、まだ出来上がっていないからだ。勿論、かつ消えかつ現われるこれらの意味のあいだにも区別はある。だが、その区別は、表層次元に見られるような固定性をもっていない。「意味」というよりは、むしろ「意味可能体」である。言語縺れ合い、絡み合う無数の「意味可能体」が、表層的「意味」の明るみに出ようとして、言語意識の薄暮のなかに相鬩《せめ》ぎ、相戯《たわむ》れる。「無名」が、いままさに「有名」に転じようとする微妙な中間地帯。無と有のあいだ、無分節と有分節との挟間《はざま》に、何かさだかならぬものの面影が仄かに揺らぐ。[17]

つまり、意味生成の過程において、いまだ「名」をもたないものは、いまだ存在していない。「無名」は「無」ではあるが、必ずしも絶対無条件的に「無」というわけではない。意識の深みでは、何かがいまだ存在してはいないが、今まさに「名」を得て、日常的経験世界に出現しようとする流動的で遊動的な「意味可能体」が絶えず生み出されている。つまり、文化は社会制度的な固定性によって特徴づけられる意味の表層次元の下に、隠れた意味の深層構造をもっている。それは社会慣習的な意味の表層から、流動的で遊動的な「意味可能体」の深層に及ぶ有機的な意味の構造を成しているのだ。井筒の哲学的意味論の射程は、社会慣習的な意味の表層次元とともに、その意味の表層次元の下に隠れた意味の深層次元に注目しながら、存在あるいは意識の多元的・多層的な構造を明らかにしようとする。井筒が意味論的分析によって目指したのは、日常言語では理解し切れない宗教思想を、表層意識の次元を超えて深層意識の次元にまで遡って探究することである。[18]そうした点に、井筒の意味論的読解の独自性があると言えるだろう。

6　哲学的意味論とその理論的基盤

井筒の哲学的意味論において、その理論的基盤を成しているのは、言語以前の絶対無分節的な「存在」が言語の意味分節作用によって分節されて現出するという言語的意味分節理論である。ここでは、井筒の哲学的意味論を支えるヴァイスゲルバーとソシュールの言語理論に焦点を当てながら、彼の意味論的地平の主要な特徴を掘り下げて論じてみたい。

まず、井筒の言語哲学の根幹を形成する哲学的意味論を理解しようとするとき、序章でも少し触れたように、フンボルト学派のなかでも、特にヴァイスゲルバーの言語学の影響が顕著であったことに言及しなければならない。ヴァイスゲルバーによれば、言語が現実世界に秩序を与えることによって、言語と連関して精神的な「中間世界」（Zwischenwelt）が現出する。したがって、言語の違いによって、現実世界の把握の仕方が異なり、「中間世界」が形成される仕方も異なる。彼の言語学において最も重要なのは、現実に生きて働いている言語すなわち「母語」（Muttersprache）と、人類の共同体的生活にとって不可欠な形式すなわち「言語共同体」（Sprachgemeinschaft）である。母語はその存在を形成する次の〈三つの活動の形式〉、すなわち「精神創造の力」、「文化を担う力」さらに「歴史を作り出す力」を包括しているとヴァイスゲルバーは言う。すなわち、

> すべての言語はそれが存在（Sein）と人間の精神という基盤から思考の世界を作り出し、その世界の精神的働きにおいて人間の行動が生じるという意味では、精神創造の力（eine geist-schaffende Kraft）である。すべての母語は、それが必然的条件として人間の文化の一切の創造の中にあり、その文化の結果に影響を及ぼすという意味では、文化を担う力（eine kulturtragende

Kraft〉である。すべての母語は、それが言語共同体の法則の施行においてある人間の集団を歴史的に統合し、動かしてゆくという意味では、歴史を作り出す力（eine geschichtsmächtige Kraft）である。[19]

ヴァイスゲルバーの言語学は言語哲学、言語社会学、言語心理学という三つの研究分野に分かれるが、ここに述べた母語がもつ〈三つの活動の形式〉を考察するのが言語社会学である。彼によれば、人間としての存在と言語能力のあいだの相互依存関係は、根本的に私たち人間の生活全体を貫いているという。母語の習得とは「母語の「世界像」に基づいて現実を見ることを体得すること」を意味する。ヴァイスゲルバーのものの見方に沿って言えば、意味が言語学の中核を成しており、それは社会のあり方と密接な関わりをもっている。言語が言語共同体の世界観を形成するというものの見方は、いわゆる「サピア＝ウォーフの仮説」（Sapir-Whorf hypothesis）を想起させる。井筒はおもにヴァイスゲルバーのものの見方を援用して、彼自身の意味論の基盤を形成した。このことは、井筒が「『イスラーム生誕』はしがき」（一九七九年）において、英文著書『クルアーンにおける神と人間』を出版した時期（一九六四年）を振り返って、次のように記していることからも明らかである。すなわち、「この本を書いた頃、私はヴァイスゲルバーなどに代表されるドイツ言語学系の意味論を展開させて、意味論的社会学、あるいはより一般的に文化の意味論的解釈学とでもいえるようなものを方法論的に作り出してみたいと考えていた[20]」。さらに、その英文著書の第一章「意味論とクルアーン」において、井筒は次のように記している。

私が理解する限りでの意味論とは、或る言語のキー・タームを、その言語を会話や思考の道具としてだけでなく、より一層重要な、周りを囲む世界を概念化し解釈する道具として用いるひとびとの世界観（Weltanschauung）を概念的に把握することへ最終的に至るために、分析的に研究することである。このように意味論が理解されたならば、それは、或る類の **Weltanschauungs-lehre**、即ち、或る言語を共有するひとびとのもつ、歴史上で重要な或る特定の時期における世界観の本性と構造の研究であって、その研究はそうしたひとびとがみずから産み出し、その言語のキー・ワードにまで結実させた主要な文化的概念を方法論的に分析することで遂行される。[21]

つまり、少なくとも一九六四年ごろまでの井筒は、ヴァイスゲルバーの言語社会学を援用して、「意味論的社会学、あるいはより一般的に文化の意味論的解釈学とでもいえるようなもの」を方法論として、クルアーンの世界観の分析をおこなうことを研究目的としていた。井筒はエラノス会議に初めて招かれた一九六七年以後、「哲学的意味論」を方法論的視座として、伝統的な東洋思想テクストの〈読み〉を展開していく。その際、井筒が哲学的意味論として、ヴァイスゲルバーの言語学とともに特に注目したのがスイスの言語学者ソシュールの言語理論であった。ソシュールの言語学は、言うまでもなく、当時、言語学ばかりでなく哲学や文学さらに文化人類学や精神分析学など、二十世紀の人間諸科学の方法論に強いインパクトを与えていた。井筒は一九七〇年代から八〇年代にかけて、ソシュールの言語学を理解するに当たり、言語学者の丸山圭三郎によるソシュール手稿にもとづく厳密なソシュール研究から示唆を受けた。[22] またリチャード・ローティが編集した『言語論的転回』（*The Linguistic Turn*, 1967）が紹介されるなど、言語への関心が高まっていた。

ソシュールはフンボルト学派の影響を受けていた。つまり、丸山も指摘するように、フンボルトたちによって直観された「ランガージュ」（langage）すなわち人間のシンボル化能力とその活動こそが、「人間が自らを取り巻く世界を認識する唯一の道具」であり、「物質界を「精神の所有物」化する力、カテゴリー化する力」であること、また同時に「そのカテゴリー化それ自体は、使われるラングによって多様であり、それぞれ固有の「世界像」をつくっていること」も、すべてソシュールの理論に受け継がれている。ただし、記号学的な視点を採るソシュールは、「各言語の固有性が、フンボルトの言うようなロマンティックな「言語の精」だとか、各国民の特徴的心性によって説明される」とは考えなかった。[23] ソシュールによれば、ラング（langue）はランガージュが特定の社会において独自の構造となり、特定の共時的制度となったものであり、ランガージュという生得の能力もこの社会生活をとおしてのみ実現される。ランガージュの意味生産的想像力が「現実」という存在経験のテクストを織り出していくというのだ。ともあれ、言語は意味論的に言えば、一つの「現実」分節のシステムである。生の存在のうえに投げかけられた言語記号の網状の枠組によって、生の存在が様々に意味分節される。そこに言語によって有意味的に構造化された「世界」が現出する。言語はそれぞれ固有の「世界観」（Weltanschauung）を形成する。

井筒はソシュールの記号学的文化論を援用して、独自の哲学的意味論を構築していった。彼が東洋思想を読み解くために用いた哲学的意味論の視座は、晩年の論考「意味論序説」（一九九〇年、『井筒俊彦全集』第十巻所収）のなかに叙述されている。ソシュールは意味現象の基礎構造を「意味するもの」（signifiant シニフィアン　能記）と「意味されるもの」（signifié シニフィエ　所記）の結びつきとして捉えた。この主張は「ある革命的な――言語学だけでなく、より一般に哲学的にも、革命的な――立場」を宣言している、と井筒は言う。それは「「意味」なるものがそっくりそのまま内的事態である、ということ」である。したがって、そのことは全ての事物事象を「心内の事態、意識内部に起る事態、に還元してしまう」ことを意味する。つまり、「外的事物は全て、言語意識が己れのまわりに織り出す主体的意味連関の網目の一環になってしまうのだ」[24]。

ここで井筒は、ソシュールが『一般言語学講義』（*Cours de linguistique générale*）のなかで、意味現象の構造を説明するに当たり、シニフィアン（語の音的側面）を **image acoustique**「聴覚映像」と名づけ、もう一方のシニフィエ（意味内実的側面）を **concept** と呼んでいることに、ソシュール意味論の重大な欠陥がひそんでいると言う。この時期のソシュールは、言語の観察をその表層だけに限っていたので、「意味」も表層言語に限定されていた。「意味」が社会制度的な表層において記号コード化されたかたちで働くとき、それはおのずと概念的な性格を帯びる。ソシュールによれば、シニフィアンもシニフィエも、それぞれ「心象」（image）であって、その点では両者のあいだに差異はない。ところが、シニフィエに **concept** の語を当てることは、「意味」が概念的一般者となることを示す。その場合、シニフィアンとシニフィエのあいだに成立する意味指示関係は、原則として一義的であることを特徴とする。ところが、井筒は東洋哲学の多重・多層的な意味構造を明らかにするために、東洋思想の現場に潑溂と躍動する生命の流れを組み込んだ哲学的意味論を思考する。彼の意味論における「意味」は、「概念的・抽象的で一義的な一般者ではなくて、複雑に錯綜する浮動的な内部分節構造を持ち、個別的具体的状況に応じて柔軟に機能する一般者」である。つまり、「意味」現象において、シニフィアンとシニフィエは一対一の一義的な関係構造を成すのではなく、一つのシニフィアンに対して、シニフィエは多義的な関係構造を構成している。ただ、多義的とは言っても、それは通常の多義性とちがって、それは「様々に異なる意味構成要素の寄り集まる一群」である。ここで井筒が言う「意味」とは、「ひとつの有機的フィールド構造としての内部分節的拡がり」のことである。[25]

したがって、井筒はソシュールとちがって、「意味」現象の深層構造、すなわちコトバの深みを理解するために、コトバの表層的意味の次元ばかりでなく、深層的意味の次元も議論の射程に組み込むことで、東洋哲学の意味構造を解明しようとするのだ。井筒はコトバに対する二つの立場として、「表層的、社会制度的、社会学的見地」と「深層的、下意識的、意識論的見地」を対照させているが、ここで留意すべき点は、井筒がそれら二つの立場を二項対立的に捉えて、後者の立場を採るというのではなく、それら二つの立場がそれぞれ、コトバの多元的・重層的な意味構造を捉えるのに不可欠なものであると認識したうえで、後者の立場に意義を見いだしたということである。つまり、『一般言語学講義』時代のソシュールが意味現象をコトバの表層的あるいは社会制度的な意味次元に限定して構造分析したのに対して、井筒は東洋的言語論を代表する唯識学の伝統に従って、意味なるものをコトバの表層における社会制度的固定性に限定することなく、むしろ下意識的あるいは無意識的な深層における浮動性の生成的ゆれのうちに、その真相を把捉しようとした。[26] このように井筒は、「東洋哲学」構想の方法論的視座として深層的意味論を展開するうえで、おもにヴァイスゲルバーおよびソシュールの表層的な意味論をその理論的基盤に据えながらも、唯識哲学の中核を構成する「言語アラヤ識」論などの東洋的パースペクティヴを援用したのだ。さらに井筒が、ソシュールの言語理論を継承し独自に展開したと言われる心理学者ジャック・ラカンの深層意識論にも関心を寄せていたことは注目に値する。ラカンの心理学は「無意識はコトバである」という基礎テーゼが示すように、著しく言語に関わっているし、それは井筒の「言語アラヤ識」論と類似している。このような深層構造が顕著である井筒哲学を、次章から掘り下げて考察していく。

第二章 「東洋哲学」の構築と展開

一九六〇年代以降、イスラーム哲学研究に取り組んでいた井筒は、一九六七年から、エラノス会議に講演者として招かれたが、このことが彼の生涯を振り返ると、大きな転機となった。まず、エラノス会議で講演するようになってからは、次第に自分自身が東洋思想の伝統に属していることをあらためて自覚し、「東洋哲学」を強く意識するようになっていく。さらに同時に、エラノス会議に参加することで、宗教学や哲学さらにユング派心理学など、学際的なレベルで世界的に活躍する研究者たちとの親密な交流の機会を持つことになる。エラノス会議では、東洋思想について講演する過程で、彼は次第に独自の「東洋哲学」構想を醸成させていく。

本章では、まず、井筒が「東洋哲学」を構想することになった経緯から議論を始め、そのうえで、彼の「東洋哲学」のおもな特徴を明らかにしたい。さらに「東洋哲学」構想の中で、イスラーム思想をどのように捉えたのかについても考察したい。本章は、井筒がイスラーム哲学研究と併行しながら、独自の「東洋哲学」の意味論的解釈学を展開していく軌跡を明らかにしようとするものである。

1　言語哲学と「東洋哲学」

まず、井筒の全ての著作を貫く言語哲学の視座に触れておくことにしよう。その視座にはおもに二つの特徴がある。一つは思想とは形而上的実在体験の言語化であるというものの見方である。井筒の言語哲学を特徴づけるこのものの見方については、前章でも少し述べたが、さらに掘り下げて、井筒の言語哲学が示す根源的な視座の特徴を論じることにしたい。井筒は一九四九年、出版した初期の代表的著作『神秘哲学』のなかで、ギリシア哲学のソクラテス以前期断片集を通読した最初の日から、「そこに立罩《たちこ》める妖気のごときものが私の心を固く呪縛した」ことで、「私は本書に於いて、この妖気の本体を究明し、その淵源を最後まで辿ってみたい」と記している。井筒はソクラテス以前期の哲人たちの思想の根柢に、「一種独特な体験のなまなましい生命が伏在している」ことを把握したのだ。続けて井筒は言う。

すべての根源に一つの宇宙的体験があって、その体験の虚空のような形而上的源底からあらゆるものが生み出されて来るのである。彼らの哲学はこの根源体験をロゴス的に把握し、ロゴス化しようとする西欧精神史上最初の試みであった。彼らについては「はじめに思想があった」のではなくて、「はじめに直観があった」のである。あらゆることのはじめに有無をいわさぬ絶対的体験があったのである。[01]

ギリシア哲学において、「はじめに直観があった」というこの「宇宙的体験」を、井筒は「自然神秘主義」（Naturmystik）と呼んでいる。井筒の哲学的思惟は、ギリシアの哲人たちの自然神秘主義的体験を親しく追体験し、「ギリシア哲学の発生の過程を主体的に把握しようとするもの」であった。彼は「イオニアの自然学に始まりアレクサンドリアの新プラトン哲学に至るギリシア形而上学形成の根基には常に超越的「一者」体験の深淵が存在している」ことを自覚的に認識した。[02]ギリシアの哲学者たちが神秘主義的体験をロゴス化しようとしたことに着目したのだ。この点について、中東研究者の池内恵も示唆するように、ギリシア哲学のこの「宇宙的体験」が、井筒の哲学的思惟のなかで、「自らが幼時から受けてきた内観法の教育による神秘的な直接体験と重ね合わせて理解されたことは想像に難くない」[03]。井筒は新プラトン主義を代表するプロティノス（Plotinus 二〇五―二七〇）に極まるギリシア哲学史を実存的に「発見する」なかで、幼少時から父親から教示された独特な内観法による直接体験を新たに自覚しなおしたと言えるだろう。

こうしたギリシア哲学における形而上的体験の言語化への哲学的な関心と連関させて、井筒の哲学的思惟を宗教学の方法論的な視座から捉えなおすとき、彼が『神秘哲学』において、具体的にルター派神学者で宗教学者でもあったルードルフ・オットーの『聖なるもの』のものの見方に言及していることは特筆すべきことである。『神秘哲学』における基本構想は、晩年の主著『意識と本質』や遺著『意識の形而上学』に至るまで井筒の言語哲学を貫いている。全ての著作において、しばしばオットーに言及している。たとえオットーの名を挙げていなくとも、少しでもオットーの宗教論を知っている読者には、それがオットーのものの見方をふまえた議論であることが容易に理解できる場合も多い。『神秘哲学』の中で、井筒は「形而上学は形而上的体験の後に来るべきものである」と言う。彼が言う「形而上的体験」とは、思想構造の視座から見れば、オットーの宗教論の核心を成す「ヌミノーゼ」体験とパラレルを成しており、共通の本質的特徴を示す。オットーによれば、「ヌミノーゼ」体験は人類が共有する「共通の宗教感情」であり、全ての宗教思想の中核を成している。

さらに晩年、一九八六年に開催された天理国際シンポジウム「コスモス・生命・宗教――ヒューマニズムを超えて」における公開講演の筆録「コスモスとアンチコスモス――東洋哲学の立場から」では、コスモスの奥底には「より根源的な存在感覚」、すなわち「ルドルフ・オットーのいわゆるNuminose「ヌーメン的なもの」の体験がひそんでいる」と論じている。井筒の言葉を援用すれば、「コスモスは、その最も原初的な形態においては、たんに美しい存在秩序であるのではなくて、一つの「ヌーメン的空間」であり、この意味で、一種の宗教的存在体験の所産である」と言わなければならない。言いかえれば、井筒の存在論的視座から見れば、コスモスはロゴス的存在秩序であるばかりでなく、コスモスそのものの構造がすでに「ヌーメン的なもの」を組み込んでいる。つまり、コスモスは存在秩序でありながら、しかもその秩序は始めから内的に解体されている。こうした意味で、井筒が考える東洋哲学の主流は、伝統的にアンチコスモスの立場を採ってきた。「空」あるいは「無」を存在空間の原点に据えることによって、存在の秩序構造を根柢から揺るがそうとするのだ。[04]

井筒の全著作を貫くもう一つの言語哲学的な視座は「哲学的意味論」（philosophical semantics）である。この点についてもすでに示唆したように、井筒は禅思想を含む伝統的な東洋思想テクストの創造的解釈を「哲学的意味論」の視座から展開していった。彼は「意味分節」理論の確立を考えていた。オットーが言う「ヌミノーゼ」は、井筒の「意識のゼロ・ポイント」即「存在のゼロ・ポイント」、すなわち全存在分節の根源である絶対無分節の状態を示唆する。それは言語的に未だ意味分節されない意識・存在の深層を示すものである。井筒の意味論的視座は、イスラーム思想をはじめ、東洋思想の言語哲学的な方法論として、「通常概念という形で扱われているものを意味分節単位群に分解・還元し、それを意味連関組織として構造的に考察しなおす」ものである。意味分節理論を「実験的にイスラームという世界宗教の分析に適用してみたのだった」と井筒は述べている。井筒は具体的に次のように言う。

とにかく私はそこで「イスラーム」なる鍵概念を、その内的意味構造の深層にまで追求し、この概念の表層的意味を、不可視の深みで支えているところの意味的中核において把捉しようと努めた。そして、その上で、次の段階として、「イスラーム」という語のまわりに聚合する諸他の意味単位夫々の内部構造を分析した。このような重層的分析の末、少くともある程度まで、いわゆるイスラームなるものを、無数の意味聚合体によって構成される重々無尽の網目連関的構造として提示しなおそうとしたのである。[05]

井筒は意味分節理論をイスラームに適用するに際して、まず、「イスラーム」という鍵概念の意味を表層的次元に限定されることなく、その「内的意味構造の深層」でも捉えることを試みる。つまり、概念の表層的意味を不可視の深みで支えている意味的深層にまで掘り下げて把捉しようとする。その次の段階として、「イスラーム」の語の周りに集まる諸々の語が示す意味単位の内部構造を重層的に分析する。そうした意味分節理論の視座にもとづいて、「イスラームなるもの」を無数の意味聚合体によって構成される重々無尽の網目連関的構造として提示するのだ。これが井筒の「哲学的意味論」の根本的な方法論である。

井筒は一九七九年、イラン革命のために帰国後、こうした言語的意味分節論の視座をふまえて、イスラーム哲学ばかりでなく東洋思想にも当てはめ、『意識と本質』などの著書を次々と出版していく。中近東・インド・中国のすべてを含めた広い意味での「東洋」の伝統的思想の中から、哲学的思惟の根源的パターンを取り出して、「東洋哲学」を哲学的意味論の立場から構築しようとしたのだ。「東洋哲学」構想を練り上げていく過程で、彼の言語的意味分節理論が「東洋哲学——少くともその代表的な大潮流の一つ——の精髄」を明らかにするうえで有効な視座である、と井筒は考えていた。

2　イスラーム思想の意味論的研究

さて、一九六〇年代半ばまでの井筒のイスラーム思想に関する意味論的研究へと議論を進めていくことにしよう。エラノス会議に講演者として招かれるまでの井筒は、クルアーンの邦訳書のほか、イスラーム思想に関する英文著書を出版している。そのために、彼はイスラーム研究者として広く知られるようになっていた。井筒は自分の学問を振り返って「学問的メトドロギーの立場」を「意味分節（semantic articulation）の理論」と呼んだ。彼はすでに触れたように、意味論的方法論を論じた英文著書『言語と呪術』を一九五六年に出版したが、それは井筒の名を世界に知らしめることになる。言語哲学者のローマン・ヤコブソンもその著書を高く評価した。井筒は一九五九年から、ロックフェラー財団の学術研究基金によって、二年間にわたり海外研究生活をするが、ロックフェラー基金の審査員を務めていたヤコブソンが井筒を強く推薦した。さらに、ウィルフレッド・C・スミスとの運命的な出合いによって、井筒はイスラーム研究に特化して、後にマッギル大学の教授としてイスラーム思想を教えることになる。そのことが彼の人生にとって大きな転機となった。[06] 井筒は『言語と呪術』の中で、言語は事物事象を客観的に描写したり記述したりするだけでなく、いかなる社会でも、言語は或る呪術的な機能を果たしてきたし、その呪術的な機能は、現在もなお、脈々と生き続けているという。彼はこの方法論的な著書を纏めた後、翌年の一九五七年、日本初のアラビア語原典からの邦訳書『コーラン』（岩波文庫）を刊行し始め、さらにその後、一九六四年一二月まで改訳に従事している。

意味論的方法論を論じた『言語と呪術』および邦訳書『コーラン』の出版に続いて、井筒はクルアーンに関する緻密な意味論的分析に関する著書を次々と英語で出版していく。まず、最初の著書は一九五九年に出版した『クルアーンにおける倫理的用語の構造——意味論的研究』（*The Structure of the Ethical Terms in the Koran: A Study in Semantics*. 改訂版 *Ethico-Religious Concepts in the Qur'ān*, Montreal: McGill University Press, 1966）である。[07] 井筒は当時、諸民族の道徳観念の本質とその展開について、言語を手がかりに明らかにする研究を計画していた。この著書は彼にとって、その一つの具体的なケーススタディであった。この著書は『意味の構造——コーランにおける宗教道徳概念の分析』（新泉社、一九七二年）という書名で牧野信也によって邦訳されたが、井筒俊彦著作集（中央公論社、一九九二年）の刊行に際して、井筒自らが序章から第四章までを書き改めている。ともあれ、井筒はこの著書において、イスラームの出現によって多神教からイスラーム化するアラブ社会に注目し、これが言語的に表出されているクルアーンの言語テクストから、宗教・道徳上の用語を選び出し、その意味を通時論的および共時論的な立場から分析している。[08]

クルアーンにおける道徳的な鍵概念の意味論的分析に引き続いて、井筒は一九六四年、カナダのマッギル大学イスラーム研究所における特別講義をベースとして、英文著書『クルアーンにおける神と人間』（*God and Man in the Koran*）を出版する。[09] クルアーンの世界観に関する井筒の意味論的探究は、スミスが宗教研究において強調した「他者の信仰」の共感的理解という宗教解釈学的方法と方法論的に問題意識を共有している。井筒はさらに一九六五年、『イスラーム神学における信の構造』（*The Concept of Belief in Islamic Theology*）を出版する。この著書は前述の二冊の英文著書におけるクルアーンの意味論的分析を踏まえて、クルアーンの啓示をもとに成立したイスラーム共同体において、「イーマーン」（īmān 信）と「イスラーム」（islām）の概念理解がいかに展開していったのかについて、概念的な信仰論を明らかにしている。「神学」という学問が理性的に洞察された「信」の概念を扱うのに対して、イスラーム神秘主義は個々人の心の深みにひそむ「タクワー」（taqwā 敬虔さ）を探究する。したがって、「神学に関わる分析的作業と神秘主義に関わる分析的作業の双方で得られた成果が統合され、うまく整合されたときに初めて、イスラームにおいて理解された〈信〉の本当の全き描像を得ることが期待できる」と井筒は述べている。[10] こうしたものの見方に、井筒の神秘主義への強い関心を読みとることができる。ちなみに、井筒は一九六二年から六九年にかけて、慶應義塾大学の教授であると同時に、マッギル大学の客員教授でもあった。その期間中、彼は再三、日本とカナダを往復した。そして一九六九年には、慶應義塾大学を退任し、マッギル大学イスラーム研究所の教授となっている。

それ以後、井筒は哲学的意味論に関する研究を具体的にイスラーム思想研究から比較哲学研究へと拡げていく。この時期には、エラノス会議からの講演依頼もすでに届いており、井筒はそのことも意識していたようだ。具体的な哲学的意味論の研究として、一九六六年から六七年にかけて『スーフィズムと老荘思想における鍵的哲学概念の比較研究』（*A Comparative Study of the Key Philosophical Concepts in Sufism and Taoism: Ibn ʻArabī and Lao-tzŭ, Chuang-tzŭ*, 2 vols, Tokyo: The Keio Institute of Cultural and Linguistic Studies, Vol. 1, 1966, Vol. 2, 1967. 改訂版 *Sufism and Taoism: A Comparative Study of the Key Philosophical Concepts*, Tokyo: Iwanami-shoten, 1983）を出版している。[11] これはイスラーム神秘哲学者のイブン・アラビー（Ibn ʻArabī）の思想と老荘思想の比較哲学研究であるが、これら二つの思想構造の類似性を哲学的意味論の視座から明らかにしている。

以上、一九六〇年代半ばまでの井筒のイスラーム思想に関する意味論的研究の展開をごく簡単に辿ってきた。それまでの彼の学問的関心は、意味論的研究とは言っても、具体的にはクルアーンおよびイスラーム神学に関する意味論的分析であった。その当時の学的関心については、「『イスラーム生誕』はしがき」(人文書院、一九七九年)において、一九六四年に出版した『クルアーンにおける神と人間』に触れながら、井筒は「この本を書いた頃、私〔井筒〕はヴァイスゲルバーなどに代表されるドイツ言語学系の意味論を展開させて、意味論的社会学、あるいはより一般的に文化の意味論的解釈学とでもいえるようなものを方法論的に作り出してみたいと考えていた」。そして、「その分析方法を、具体的資料に適用することによって明確なものにするために、私〔井筒〕はイスラームの聖典コーランを対象として取り上げた」。つまり、それは井筒が意味論的解釈学の方法論的射程を自分なりに決定するための一試論であった[12]。井筒自身が述懐しているように、彼は当時、エラノス会議の講演者として招かれるまでは、いまだ「東洋哲学」構想を考えてはいなかった。彼が考えていたのは、おもにヴァイスゲルバーの言語論を援用して、「意味論的社会学、あるいはより一般的に文化の意味論的解釈学とでもいえるようなもの」を方法論的に構築したいという願望であった。『言語と呪術』を執筆した時期から、彼の関心は意味論的解釈学にあったが、一九六〇年代半ばまで、すなわちエラノス会議に招かれる時期までの井筒は、東洋思想に限定されない比較的に幅広い意味論的な枠組み、まさに「意味論的社会学、あるいはより一般的に文化の意味論的解釈学」の構築に関心を抱いていた。井筒にとって、イスラームの聖典クルアーンに関する意味論的研究は、「まだおぼつかないながらもようやく輪郭が見え始めて来ていたその分析方法」を、クルアーンという具体的資料に適用することによって、意味論的解釈学の方法論的射程を彼なりに決定するための一試論であった。このことは、井筒のその後の哲学的思惟の展開を理解するうえで、極めて注目すべき点である。

3　「東洋哲学」構想とその構築

井筒が一二回、東洋思想に関する講演をおこなったエラノス会議は、エラノス財団によって組織運営され、毎年八月下旬、スイスのマッジョーレ湖畔のアスコナで開催された国際会議であった。[13]エラノス会議には、心理学者のユングや宗教学者のエリアーデなど、二〇世紀を代表する研究者たちが参加した。井筒はエラノス会議のための講演原稿を準備するのに、毎回、ほぼ一年の歳月をかけたという。妻豊子の述懐によれば、「井筒は講演原稿を早くから準備し、少なくとも三ヵ月前には、講演原稿を仕上げるんです。そして直前になって、最終的に自分の原稿に手を入れるんです」とのことであった。[14]この事実は、井筒がエラノス会議での講演をいかに重視していたのか、また講演原稿をいかに周到に準備していたかを示唆している。こうした井筒の姿勢は、ユングやエリアーデなどの研究者がエラノス会議での講演をとおして、自らの理論を展開していったことを想起させる。彼らと同じように、井筒もまたエラノス講演を契機として、独自の「東洋哲学」構想を着実に具体化していった。

エラノス会議に参加するようになって、井筒の主要な関心は、それまでのイスラーム思想研究から東洋思想の意味論的解釈へと次第に移っていく。東洋思想の古典的テクストを解釈学的あるいは意味論的に読み深めていくにつれて、「東洋哲学」構想を次第に意識するようになる。エラノス会議に参加するようになった時期から、井筒は自分自身の実存の「根」が東洋にあることを自覚するようになる。その時期から、井筒は次第に現代世界の思想状況の中で、東洋思想の諸伝統を「東洋哲学」の名に値する有機的統一体へと未来志向的に纏め上げたいとの思いを強く抱くようになる。エラノス会議での講演をとおして、東洋の伝統的な思想テクストを深く読み解く過程において、「東洋哲学」の枠組を次第に意識することになる。井筒は晩年、「今から振りかえって見ると、まことに夢のように楽しい、しかし私〔井筒〕自身の学問形成にとってこの上もなく実りの多い人生の一時期であった」と振り返っている。[15] この述懐の言葉は、エラノス会議への参加が井筒の「東洋哲学」構想に極めて大きな刺戟を与えたことを顕著に物語っている。井筒のエラノス会議での講演録は、エラノス会議刊行の『エラノス年報』(*Eranos-Jahrbuch*)に収録されている。エラノス会議での講演録は、井筒「東洋哲学」構想の萌芽とでも言うべきもの、あるいは、哲学的意味論の立場からの東洋思想解釈を具体的に示すものである。[16]

井筒はエラノス会議での講演において、禅の思想をはじめ、東洋思想の古典的テクストを意味論的解釈学の視座から〈読む〉ことによって、存在あるいは意識に関する「東洋哲学」の構造を明らかにしようと試みた。井筒は次のように回顧している。「たまたまこの時期〔エラノス会議に参加した時期〕は、東方への憶いが私の胸中に去来しはじめ、やがてそれが、東洋思想をもう一度、この時点で、ぜひ自分なりに「読み」なおしてみたい、そして、できることなら、東洋哲学の諸伝統を現代世界の思想の現場に引き入れてみたいという希求（野望？）にまで生長していった二十年でもあった……」[17]。井筒はエラノス会議で講演を続けるなかで、伝統的な東洋思想を現代の哲学状況に位置づけて読みなおしたいと思ったのだ。井筒の念願は、現代世界の思想状況の中で、東洋思想の諸伝統を「東洋哲学」として纏め上げることにあった。東洋の伝統的な思想テクストを哲学的意味論の視座から読み解くことで、それらの古典的テクストを貫く思想を「東洋哲学」の名によって具体化させようとしたのである。

4　エラノス講演における東洋思想の〈読み〉

井筒はエラノス会議での講演において、禅思想を講演の中心テーマに据えた。井筒がエラノス会議に講演者として招かれたとき、その会議の主催者であったルードルフ・リッツェマ（Rudolf Ritsema）から、ぜひ禅思想を説き明かしてほしいという要請があった。そのこともその理由の一つである。井筒がエラノス講演に招かれる十余年前、禅思想を世界へ広めたことで知られる鈴木大拙が、エラノス会議に招かれて講演をしていた。鈴木大拙は井筒がエラノス会議に招かれる前年の一九六六年に亡くなっている。エラノス会議では、井筒は鈴木大拙の、いわば後継者という立場にあった。

鈴木大拙は一九五三年と一九五四年の二年連続で、禅の思想について講演している。大拙のエラノス会議での講演テーマは、「禅仏教における自然の役割」（"The Role of Nature in ZEN Buddhism." 一九五三

ルードルフ・リッツェマ氏（エラノス会議主宰者）夫妻と筆者
（アスコナのエラノス会議場で　1987年8月19日）

年、会議の共通テーマ「人間と大地」）、および、「禅における新たな意識の覚醒」（“The Awakening of a new Consciousness in Zen.”一九五四年、会議の共通テーマ「人間と変化」）であった。エラノス会議に参加した聴衆は、鈴木大拙が語る禅の思想に感銘を受けた。人々はむしろ、禅思想に関する講演そのものよりも、井筒の言葉を援用すれば、「大拙のなかに躍動する「人《にん》」に触れて」、深い感銘を受けたようだ。[18] ところが、鈴木大拙の講演自体は聴衆の大部分にとって「煙に巻かれたような感じで、本当はよくわからなかった」という。鈴木大拙の講演を聴講した人々は「わからないが、何か深いものがそこにある、あるに違いない、と感じた」。井筒はこの話を会議の主催者のルードルフ・リッツェマから聞いた。そういうわけで、主催者からは「そこのところを、なんとか説き明かしてはもらえないだろうか、という要求」が出されたのだ。[19]

井筒はその会議の主催者リッツェマから、自分の専門領域を「哲学的意味論」（Philosophical Semantics）としてよいかと尋ねられたとき、彼は「全く予想もしていなかったレッテル」に少し驚いた。その当時、彼はいまだ自分自身の方法論を「哲学的意味論」として自覚していなかった。しかし、「「哲学的意味論」――それは私が最近胸にいだいてきたイデーを他のどんな名称にもましてよく表現しているように思われた」と後日、述懐している。[20] エラノス会議に招かれるまでの井筒は、すでに論じたように、意味論的分析を構想していたものの、彼の学的関心はイスラーム思想ばかりでなく、広く社会や文化にも向けられていた。ところが、エラノス会議への参加を境にして、井筒は「哲学的意味論」を自らの方法論として意識して、東洋思想の構造の解明へと専心していった。一九六〇年代当時、禅思想への関心は世界的に大変高まっていた。世界では「東西文化パラダイムに関わる興味ある事態」が生起していた。井筒は次のように言う。

今から約三十年前〔一九六二年〕、私が日本を離れて外国の大学に籍を移した頃、人間的主体性のあり方についての禅の立場に、多くの知識人たちの関心が向きつつあることを私は発見した。みんなが鈴木大拙の著作を読んでいた。この人たちが禅の立場をどう理解したかは別として、神と人という二つの主体性の鏡映関係から生起する理論的葛藤が直接に指向する方向――今ではそれが、解体的であるにせよ構築的であるにせよ、いわゆるポスト・モダニズム的思想展開であることが明らかになったのだが――を離れて、何か全く別の方向に、「我」のあり方にたいする全く新しいアプローチを模索しようとする人たちであった。わけても、一九六九年度のエラノス講演の聴衆の間にはそういう関心が非常に顕著だった。禅をよく知っているわけではない、しかしそこに何か自分たちの内心の要求に呼応するものがありそうだと感じて、禅独特の「我」の把握の仕方に強い関心を、少なくとも旺盛な知的好奇心を、抱く人々、そんな人々にたいして、私は禅の「我」観を説き明かさなければならなかった。[21]

つまり、井筒が特に禅の思想を講演テーマとして取り上げた背景には、エラノス会議の主催者からの要請があったばかりでなく、当時の禅思想への関心の世界的な高まりに伴って生起した東西文化のパラダイムの変容が存在した。これが彼自身の思想的状況認識であった。井筒はみずみずしい精神的創造力を内包する禅思想を東洋哲学の根源的思惟形態の一つとしてとらえ、その思想がもつ限りなく豊饒な思想的可能性を主体的かつ学問的に自覚していた。井筒がエラノス会議の中で取り上げた主要な講演テーマは、禅思想をはじめ、中観思想や華厳思想の存在論、唯識思想の意識論、インドのヴェーダーンタ哲学、老荘思想、二程子や朱子の思想、『易経』の思想、楚辞のシャマニズムであった。これらのテーマは全て、晩年の主著『意識と本質』の中で、彼が取り上げた主要な論点である。これらの論点の中でも、特に注目すべき点は、一二回のエラノス講演のうち、禅思想を一九六九年から四回連続で、合計五回取り上げているし、禅思想以外の講演の中でも、東洋思想の特徴を論じる際、常に禅思想との連関において議論を展開していることである。[22]

エラノス会議における東洋思想の古典的テクストの〈読み〉の蓄積をとおして、井筒は次第に「東洋哲学」構想を具体化していく。禅思想ばかりでなく、華厳思想や儒教思想などの東洋思想に関する講演でも意味論的解釈を展開していく。数限りない潜在的「意味」の全体を、唯識思想をふまえて「言語アラヤ識」と呼び、井筒「東洋哲学」に不可欠のキータームとするなど、伝統的な東洋思想が継承してきた深層的「意味」世界の理論的展開を提示した。華厳思想についても、中観思想や唯識思想と比較しながら、その思想構造の意味論的分析をおこなっている。井筒によれば、『華厳経』に描かれている華厳的存在論の極致は「事事無礙」にある。それは日常的経験世界における全ての事物事象が互いに滲透し合って、相即渾融するという考え方である。儒教思想については、井筒が特に依拠した古典文献は『易経』である。井筒の意図は、東洋思想の古典テクストが開示するコスモロジーの構造を明らかにすることによって、東洋思想の根源的思惟形態の一つのパターンとその意味論的構造を提示することにあった。

井筒の指摘を俟つまでもなく、西洋哲学は一つの有機的統一体の自己展開として全体を見通すことができる。ところが、東洋思想には全体的な統一性も有機的構造性もない。部分的、断片的にならばいざしらず、全体的に西洋哲学と並置できるような纏まりはない。[23]東洋のこうした思想的状況を踏まえ、井筒は東洋思想の「共時的構造化」を構想した。彼が言う「共時的構造化」とは、東洋哲学の諸伝統を時間軸からはずして範型論的《パラディグマティク》に組み変え、その諸伝統全てを「構造的に包みこむ一つの思想連関的空間」を人為的に創出することを意味する。[24]

東洋の哲学的思惟の根源的パターンを取り出すに際して、井筒が使用した方法論は独自の「意味分節」理論であった。井筒のものの見方によれば、言語は意味分節を本源的機能とする。意味分節とは意味による存在の切り分けのことである。「分節」は仏教用語の「分別」（vikalpa）とほぼ同義であるという。対象を分節する、すなわち切り分けることによって、コトバははじめて意味指示的に働くことができる。日常的経験世界における全ての事物事象は、言語的意味分節によって生起した有意味的存在単位にすぎない。こうした存在現出の根源的な事態を、井筒は「意味分節・即・存在分節」と呼んだ。

ちなみに、井筒が「東洋」の語によって何を意味しているのかについては、第三章で詳論するが、ここで少し言及しておきたい。[25]井筒によれば、一二世紀ペルシャのスフラワルディーという哲学者は、自らの哲学の根源的なあり方を「東洋」の探求として構想した。アラビア語で「東洋」は「マシュリック」(Mashriq)という。「マ」は「場所」を意味し、「シュリック」は「黎明の光」を意味する。したがって、「東洋」とは「暁の光がさしそめるその場所」であり、スフラワルディー的に言えば、「黎明の光」の中で哲学することが「東洋」の探求ということになる。井筒は『意識と本質』の副題を「精神的東洋を索めて」と表現している。彼の意図は一つには「スフラワルディーが探求したような「東洋」」の探求、あるいは「意識の深層の解明」にあった。それが井筒にとっての「東洋」の意味であった。したがって、井筒が言う「東洋」とは、「ふつうの地理的な東洋」ではない。作家の司馬遼太郎との対談「二十世紀末の闇と光」の中で、井筒は「元来「東洋」というのは一つの理念であって、べつにそんなものが世界のどこかに客観的に存在しているわけじゃない。こちらがどう理念的に措定するかという問題です」と述べている。[26]つまり、井筒が言う「東洋」とは彼独特の解釈であり、ギリシアから中近東、インド、中国、日本までを「一つの理念的単位」として措定して、それを「東洋」として把握しようとしたのだ。

5 「東洋哲学」の意識構造

井筒はエラノス会議での講演をとおして「東洋哲学」の意味論的構造分析を具体化していくが、それは井筒の言語哲学の根源的思惟パターンを明らかにするものであった。井筒は若い頃から、言語と存在の原初的連関性に注目していた。彼は東洋思想の存在論を根底的に規定する二つの主要な立場に注目している。まず最初の立場は、言語と存在とのあいだに一対一の実在的対応関係を認めるものである。それは物が実在し、それを言語（「名」）が実在対応的に指示するという立場である。もう一つ別の立場は、言語の存在分節的な意味機能によって生み出される事物事象が、語の意味の実体化にすぎないと捉える立場である。言語の実在指示性を否定する立場に関心をもつ井筒は、エラノス講演において、ナーガールジュナ以後の大乗仏教思想、老子や荘子の道家思想、シャンカラのヴェーダーンタ哲学などについて論じた。彼は晩年、次のように語っている、「人格神の信仰を入れないで、純粋に形而上学的「一者」で終始した方がすっきり哲学できる」[27]。井筒哲学の原点は、彼自身が幼少の頃から親しんでいた禅的体験とその思想にあったが、このことは井筒「東洋哲学」の本質的な特徴を示唆している。

井筒は「流出論」の思想を展開したプロティノスを代表とする新プラトン主義を高く評価する。新プラトン主義は全ての対立を越え、全てを包摂する「一者」から段階的に現実の世界が現れることを説く。プロティノスは、いわば東洋と西洋を繋ぐ位置を占めている。井筒はそのプロティノスを代表とする新プラトン主義の流出論に影響を受けたイスラーム哲学に強い関心をもった。絶対無分節で無限定な実在が言語的「意味分節」によって、存在世界の有意味的多様性として現出する、という彼の哲学的意味論の概念的枠組に照らしてみると、プロティノスの思想は彼の哲学的意味論の概念的枠組に通底する視座をもっている。井筒の哲学的意味論の視座とは、言語的「意味分節」（＝意味による存在の切り分け）が言語の本源的機能であり、実存的意識の深層をトポスとして、無数の有意味的存在単位がそれぞれ独自の言語的符丁（＝名前）を負って現出するというものである。このように井筒哲学の中核をなす言語的意味分節論は「意味分節・即・存在分節」によって特徴づけられる。[28]

井筒「東洋哲学」の本質を理解するには、彼がエラノス講演において構築した東洋思想の意味論的解釈、すなわち意識構造論に注目することが重要な糸口となる。『意識と本質』などの著書では、井筒は東洋思想に伝統的に継承されてきた意識あるいは存在に関するものの見方、すなわち、日常的経験の次元での表層意識と、絶対無分節的な状況を直観できる深層意識を前提とすることによって、東洋哲学が意識あるいは存在の多元的・重層的な構造を成していることを強調する。その際、井筒は伝統的な東洋思想の中でも、特に唯識思想に注目している。

現代の構造主義的言語理論において、いまだに圧倒的支配力を保持する『講義』時代のソシュールが、意味現象についても、あくまでコトバの表層レベルだけに注意を限定して、言語意味の社会制度的側面における構造分析のみを事とする顕著な傾向を示すのに反して、私自身は、東洋的言語論を代表する唯識学の伝統に従って、意味なるものを、コトバの表層における社会制度的固定性に限定せず、むしろ下意識的あるいは無意識的深層における浮動性の生成的ゆれのうちにこそその真相を把握しようとする。[29]

つまり、井筒は意識構造論の中核に、唯識思想から援用したキーターム「言語アラヤ識」を据えている。意味現象の本質を「下意識的あるいは無意識的深層における浮動性の生成的ゆれのうちに」把握しようとする。「言語アラヤ識」が中核を成す深層意識を射程に入れた意識構造論を論じるとき、言葉と「コトバ」が使い分けられる。井筒が「コトバ」と言うとき、そこには狭義の言語的領域を超える働きを含意している。「コトバ」は表層的な形態として言語である場合もあるが、それは無数の姿で意味を表現する。私たちは言葉で語るが、画家は色で語るし、音楽家は音で語る。さらに、鳥のさえずりさえも「コトバ」であると井筒は言う。彼が言う「コトバ」は、その都度、意味的に形態を変える重層構造を成している。[30]

深層意識を射程に入れた井筒の意識構造論の枠組を構成しているのは、本書の冒頭で論じたように、伝統的な東洋思想が形而上的実在体験と哲学的思惟の結びつきであるという井筒の言語哲学的なものの見方である。彼は生涯、全ての著作を貫いて、神秘主義的実在体験あるいは形而上的直観と哲学的思惟との結びつきに注目した。こうした視座が井筒哲学の根源的思惟パターンを構築している。具体的に言えば、イスラームの伝統では、二人の思想家、すなわちイブン・アラビーとスフラワルディーにおいて、神秘主義と哲学は直接に接触し、完全に融合したことを挙げている。元々、イスラームでは、神秘主義と哲学は全く別の二つの文化現象であったが、それらは新プラトン主義の思想にその最初の歴史的接点を見いだしたと井筒は言う。[31] スーフィズムは意識を五段階的構造とするが、言語的表現としては「五つの違った魂」があるかのように語られる。最後の五番目は意識の最深層であり、「シッル」（sirr）すなわち「秘密」と呼ばれる。それは「ふつうの意味での意識を完全に超えた無意識の深み」である。この段階で、自己意識は完全に払拭される。この体験は「ファナー（消滅境）」（fanā'）と呼ばれ、「絶対の無」であるが、この境地は「神的われ」「神のわれ」の自覚、すなわち「バカー（存続境）」（baqā'）と呼ばれる。それは西暦十世紀の神秘家ハッラージ（Ḥallāj）の言葉「われこそは神」（Ana al-Ḥaqq）に端的に表現されている。このハッラージの言葉はインドのウパニシャッド思想の「われこそは梵（ブラフマン）」（ahaṃ brahmāsmi）を想起させる表現であると井筒は言う。[32] 確かにハッラージの言葉とウパニシャッド思想のそれは、比較思想的な視点からみれば、井筒が指摘するようにパラレルを成している。

また井筒は、スーフィー的意識構造を、表層から深層に及ぶ意識構造モデルとして、唯識的意識構造と比較している。まず、スーフィー的意識構造モデルは五段階の意識層から成ると論じられる。つまり、ナフス・アンマーラ（nafs ammārah やたらに命令を下したがるナフス（魂））→ナフス・ラウワーマ（nafs lawwāmah 批判的な魂）→ナフス・ムトマインナ（nafs muṭma'innah 安定した安静な魂）→ルーフ（rūḥ 心の深みに開けてくる幽玄な領域、照明体験の領域）→シッル（sirr「秘密」、意識の最深層）。この構造モデルは「自我意識の消滅の過程」、すなわちファナーのプロセスとして構成される。井筒によれば、「煩悩は表層意識特有の事象」であり、「意識の深層にいけばその働きはおのずからにして停止し、最深層に至れば、煩悩の源である自我意識そのものが完全無欠に消滅してしまう」。その際、意識と存在が同時に無化されてしまい、意識の「絶対無」が直ちにハッラージの「われこそは神」のような「神的意識の顕現」になる。つまり、「人間的自我の消滅即神的「われ」の実現」になるという。[33]

一方、唯識思想の意識構造は、すでに第一章で少し論じたように、前五識（五つの感覚、すなわち視覚・聴覚・嗅覚・味覚・触覚）→第六識（ものについて思惟する働き）→第七末那識（自我意識）→阿頼耶識（潜在意識の領域）という四段階の構造で構造化されている。唯識的意識構造は「煩悩の働きそのものの構造化」であり、構造全体が煩悩の組織として立てられている。意識の最深層としての阿頼耶識こそが、一切の存在的煩悩の根源である。唯識の意識構造モデルは、「われわれの迷いの根源を探るためのモデル」であると井筒は言う。[34]こうした意識構造モデルにおいて、井筒が強調するのは、まず最初に形而上的実在体験がなければならないということである。そうした原体験があって、はじめてその自己展開としての形而上学および存在論が可能になってくるのだ。

井筒哲学のこうした根源的思惟パターンの視座から、それらの東洋思想に見られる意識あるいは存在の構造を捉えかえすと、スーフィー的意識モデルも唯識的意識モデルも、具体的に使用される語彙こそ異なるものの、それらが同じ思想構造を共有している。井筒哲学の本質を理解するうえで、このことは大変重要なポイントである。つまり、存在のリアリティが表層から深層に至る多重多層的構造を成しているのに対応して、人間の意識もまた表層から深層に至る多重多層的構造を成している。井筒が強調する「東洋哲学」の基盤を成しているのは、存在と意識が一対一の対応関係にある多元的・多層的構造を成しているという点である。つまり、井筒哲学を支える根源的思惟パターンの特徴は、東洋思想では、神秘主義的あるいは形而上的実在体験と哲学的思惟が密接不可分に結びついているということと、東洋思想が存在と意識の多元的・多層的構造を成すということにある。

井筒はイスラーム文化における根柢的なもの、イスラーム文化の精神とでもいうべきものを分析するなかで、神秘主義的あるいは形而上的実在体験と哲学的思惟との結びつき、また存在と意識の多元的・多層的構造を強調した。そのために、彼はイスラーム文化において、共同体の社会的秩序を守るための規範であるシャリーア（イスラーム法）にはあまり学的関心を示していない。ただ、井筒の学的関心がスーフィズムにあったとはいっても、彼はイスラームにおけるシャリーアの重要性を決して理解していなかったわけではない。この点に少し言及しておきたい。井筒の言葉を援用すれば、イスラームでは、元来、「共同体的、スンニー的イスラームの立場」からは、「隠者とか世捨人とかいうものを認めない」。ところが、「スーフィーたちの立場はまさに正反対」である。スーフィーたちは「文字どおり隠者、世捨人」として、意識的に「世をいとい、世に背く」。「外面への道」を行く人と「内面への道」を行く人は正面から対立する。スーフィーは現世に背を向けて、ただ一人で神の前に立つ。「シャリーアを厳守することによって、いくら外面生活をきれいに飾り整えてみたところで、内面が汚れていればなんにもならない。形式だけ完璧に道徳的に生きても、内的精神がなければ話にならない」というのだ。

井筒はバスラのハサン（ハサン・アル・バスリー Ḥasan al-Baṣrī）の言葉、すなわち「ただ一粒の内的誠実さは、断食や礼拝より千倍も重い」を引用して、シャリーアに対するスーフィーの態度を例示している。[35] さらに井筒は、スーフィズムが反シャリーア的であることに触れながら、次のように述べている。

要するにスーフィズムは、概して反シャリーア的なのです。少なくともシャリーア軽視の態度をとりがちです。別にシャリーアそのものが悪いというのではありませんが、外面的な法的規定の体系としてのシャリーアは、その外面性においてはなんの価値もない。外的シャリーアは深く内面化されて、内的シャリーアとして実存的に生きられなければだめだというのでありま す。しかし、シャリーアをそこまで完全に内面化してしまえば、もはやふつうの意味でのシャリーアではありえない。そこに問題があるのです。[36]

さらに井筒は、ハッラージなどのスーフィー思想に言及したうえで、イスラームにおける「内面への道」について、「スーフィズムとともについに行き着くところまで行き着いたという感があります」と言う。スーフィズムが純粋なイスラームであるにしても、「これほどまでに純化されたイスラームは、もうイスラーム自身の歴史的形態の否定スレスレのところまできている」、あるいは「イスラームの歴史的形態の否定そのものだといった方が真実に近いかもしれません」とまで論じている。[37] このように井筒は、シャリーアそのものをほとんど具体的に論じることはなかったが、こうした議論からも、彼がイスラームにおけるシャリーアの意義をよく把握していたことは明らかである。

6 「東洋哲学」の立場――イスラーム哲学の「本質」の視座から

イスラーム哲学では、二つの「本質」、すなわち普遍的「本質」と個体的「本質」を理論的に区別している。井筒はそれら二つの「本質」の視座から、意識と存在の連関性を把握する。それら二つの「本質」とは、井筒によれば、「マーヒーヤ」(māhīyah) すなわち「普遍的リアリティー」(ḥaqīqah kullīyah) と「フウィーヤ」(huwīyah) すなわち「具体的、個体的なリアリティー」(ḥaqīqah juz'īyah) である。[38] ここで、これら二つの本質すなわちマーヒーヤとフウィーヤについて、井筒が俳人・松尾芭蕉の俳句を解釈していることは、言語哲学的にとても興味深い。「ものにおけるマーヒーヤとフウィーヤとの結合、同時成立」という視点から捉えるとき、芭蕉の俳句には、存在(あるいは意識)の深層と表層の力動的な転換が見事に表現されている、と井筒は言う。

　このものをまさにこのものとして唯一独自に存立させる「このもの性」、フウィーヤ、を彼は己の詩的実存のすべてを賭けて追求した。他面、しかし、彼はフウィーヤの圧倒的な魅力に眩惑されて、普遍的「本質」、マーヒーヤ、の実在性を否認することもなかった。彼にとって、事物のフウィーヤはマーヒーヤと別の何かではなかったのだ。存在論的に、「不易」は「流行」と表裏一体をなすものであった。[39]

「松の事は松に習へ、竹の事は竹に習へ」と門弟に教えた芭蕉は、「マーヒーヤのフウィーヤへの転換」を問題とした。事物の普遍的「本質」、マーヒーヤを普遍的実在のままではなく、個物の個的実在性として直観すべきことを説いた。不変不動のマーヒーヤの形而上的実在性を認めながら、それが感性的表層に生起してフウィーヤに変成する瞬間にそれを捉える。そのことによって存在の真相（リアリティ）を「マーヒーヤ、フウィーヤの力動的な転換点」に直観しようとした。井筒は芭蕉の俳句に込められた言語哲学の構造を、イスラーム哲学の二つの「本質」概念を手がかりとして見事に言説している。

さて、井筒の議論にもとづいて、東洋思想における普遍的「本質」（マーヒーヤ）肯定論の三つの主要タイプに言及することにしよう。[40]まず、第一の型とは、存在の深みに実在する普遍的「本質」（マーヒーヤ）である。それは私たちの表層的「……の意識」の「……」として認知されるものではなく、その「本質」の把握は「一種の深層意識的現象」とみなされる。東洋哲学の範囲内では、宋学の「格物窮理」がこの立場を典型的に表現していると井筒は言う。次に第二の型は、「根源的イマージュの世界」（mundus imaginalis）に、濃厚な象徴性を帯びたアーキタイプ（元型）として現れる普遍的「本質」である。これも深層意識に関わるが、その体験的に生起する本来の場所は、第一の型とちがってシャマニズムやある種の神秘主義を特徴づける「根源的イマージュの世界」が成立する意識領域である。その具体的な事例として、井筒はイスラーム哲学者のイブン・アラビーの「有無中道の実在」、易の六十四卦、密教のマンダラ、ユダヤ教神秘主義カッバーラーの「セフィーロート」などを挙げている。さらに第三の型は、意識の表層で理知的に認知する普遍的「本質」である。

この型は、第一の型が深層意識的体験によって捉える普遍的「本質」を、意識の表層次元で認知するところに成立する。顕著な例として、井筒は古代中国の儒学、特に孔子の正名論、インドのニヤーヤ・ヴァイシェーシカ派の存在範疇（パダールタ）論を挙げる。これらの普遍的「本質」（マーヒーヤ）を肯定する三つの主要な型とはちがって、最後に井筒は禅の「本質」否定論、すなわち存在の無「本質」的分節の立場を取り上げる。すでに論じた第一の型も第二の型も、存在の有「本質」的分節の立場であるのに対して、禅は「本質」肯定論の第一の型と第二の型とは正反対の立場を採る。[41]このようにイスラーム哲学の「本質」概念を手がかりとして、伝統的な東洋思想を有「本質」的分節および無「本質」的分節の立場に沿ってパターン化することによって、井筒「東洋哲学」は大きく以上の四つの主要な型に分類するのだ。

　東洋思想において、文化伝統によって思想的パターンの違いは存在するが、それらの思想は、神秘主義的で根源的な思想パターンの視座から捉えるとき、共通の思想構造をもっていると井筒は言う。それは一言でいえば、東洋哲学における意識と存在の多元的・重層構造である。意識の表層に映る存在世界は、事物事象が明確に識別されて、相互のあいだに多様な関係が成立している。事物事象はそれぞれ名を得ることで言語的にはっきり固定される。ところが、修行によって意識の深みが次第に開かれていくと、日常言語レベルでの言語的意味分節の枠組が次第に崩れていく。事物事象相互の区別が曖昧になり、事物事象のあいだの関係も浮動的になっていく。意識の深みでは、全てのものが錯綜し合い混じり合う全体が、ついに全く内的に「完全な一」になってしまう。そこにはもはや、見るものも見られるものも存在しない。主体も客体もなく、意識も存在世界も完全に消えてしまう。こうした状況を、井筒は「存在のゼロ・ポイント」即「意識のゼロ・ポイント」と呼ぶ。

主体的意識が観想状態の究極において完全に消滅して無となる、この意識のゼロ・ポイントに忽然として現われてくる実在のゼロ・ポイント、これを絶対無と見ることは、存在論的に申しますと、それを実在の絶対無分節の状態、内的にまったく分節されていない、区別されていない、まったく限定されていない状態として見ることであります。[42]

東洋思想では、「全存在界の窮極の始点（アルケー）」である「存在のゼロ・ポイント」は、伝統的にさまざまな名で呼ばれてきた。その具体例として、井筒は「道」（老荘）、「太極」（易）、「真如」「空」（大乗仏教）、「無」（禅）、「無相の梵（nirguṇa-Brahman）」（シャンカラのヴェーダーンタ哲学）、「ハック（真実在 haqq）」（スーフィズムのハッラージ）、「光の光（nūr al-anwār）」（スフラワルディー）、「ウジュード（存在 wujūd）」「ガイブ（隠れて見えない状態 ghaib）」（イブン・アラビー）などを挙げる。それらは名こそ異なるが、それらの語が示唆するのは、内的に全く分節されていない絶対無限定な状態、すなわち「存在のゼロ・ポイント」である。さらに井筒は東洋哲学における意識と存在の関わりを特徴づける意識構造について、スーフィズムに言及しながら、次のように論じる。

日常的経験的意識から出発して、ついに意識のゼロ・ポイントに達し、そこからまた目覚めてしだいに経験的意識に戻ってくる。それは神秘主義的意識の典型的な循環運動を意味するとともに、現象界という形で四方八方に広がっている存在のエネルギーがしだいに収斂して、存在的無に還帰しまして、それからまたしだいに末広がりの形で現象的事物に拡散していくという、存在の自己展開の運動を表わしております。つまり意識と存在のピタリと一致した完全な二重構造であります。[43]

井筒が言う「神秘主義的意識の典型的な循環運動」は、日常的経験的意識から出発して、ついに「意識のゼロ・ポイント」に達し、そこからまた経験的意識に戻ってくるというものである。また同時に、彼が言う「存在の自己展開の運動」は、現象界で四方八方に広がっている「存在のエネルギー」が次第に収斂して、「存在的無」に還帰し、さらにそれから末広がりの形で「現象的事物」に拡散していく。神秘主義的あるいは形而上的実在体験にもとづく根源的思惟パターンは、全てが「存在のゼロ・ポイント」から始まって、次第に自己分節を重ねながら現象的多に至る、という絶対無分節状態から分節状態へのプロセスを具体化している。意識と存在は全く一致した「完全な二重構造」を示すと井筒は言う。たとえば、イスラーム哲学者のイブン・アラビーの場合には、絶対不可知の神すなわち「隠れた神」(Deus absconditus) が次第に自らを開顕して「現われた神」(Deus revelatus) となるプロセスである。

最後に、晩年、井筒「東洋哲学」における意識・存在の意味構造論を基盤として、井筒は『コーラン』を一つの言語テクストとして読み解いていることに言及しておこう。ここで注目するのは、井筒が晩年に著した講演録『コーランを読む』（一九八三年）である。『コーランを読む』では、クルアーンの多元的・多層的意味の構造を意味論的に解明することによって、彼がおこなった初期のクルアーンの意味論的研究と井筒「東洋哲学」の中核を成すイスラーム神秘哲学の意味論的研究の、いわば融合を試みている。つまり、井筒は『コーラン』の中に、レトリックの視点から見て、「コトバ」の三つの層が重なり合っていると捉える[44]。ここでは、彼の方法論的視座にだけ焦点を絞って論じておきたい。

まず、コトバの最初の層は「レアリスティックな」（realistic）表現レベルである。このレベルは日常的なコミュニケーション意識の文体である。次に『コーラン』レトリックの第二レベルは「イマジナルな」（imaginal）表現レベル。このレベルはアンリ・コルバンのいわゆる「創造的想像力」（imagination créatrice）が働く言語次元であって、神話を生み出す元になる根源的イマージュ、深層意識的イマージュそのものの領域である。イマジナルな意識は、外的に対応する事物事象のない意味世界である。第三のレベルは、「ナラティヴな」（narrative）あるいは「レジェンダリー」（legendary）表現レベルである。それは実際に起こった出来事を叙述するものであるが、それは歴史から遊離させて、超歴史的な次元で筋をつくりながら物語として展開していく。それが『コーラン』のなかで非常に大きなスペースを占めると井筒は言う。このように『コーラン』には、レトリック的に見て言語使用法の三つのレベルがあるが、これら三つの表現レベルを見分けることは極めて難しいとも井筒は言う。

さらに『コーラン』の言語テクストを、井筒は表層意識・深層意識の視座からも分析していることとも注目に値する。こうした分析的視座は彼の初期のクルアーン研究には見られない。たとえば、井筒は次のように言う。メッカ期の最初、ムハンマドは突然啓示を受けて、「預言者としてのムハンマドの深層意識は異常に刺激されて」働き出すが、それはレトリック的にいえば、第二のイマジナルなレベルである。ところが、「その深層意識の異常なはたらきは次第に鎮まってきて、それにつれて表層意識のはたらきが強く」なり、「表面の意識、つまり、醒めた心になってくる」。「酔った意識、醒めかけた意識、完全に醒めきった意識──、この三つの意識状態」のあいだに明確な区切りの線はなく、「三つが重なり、混ざっている。ただ濃い薄いの違いがあるだけ」であるという[45]。井筒は『コーラン』のテクスト発展史を預言者ムハンマドの意識と関連させて、深層意識から表層意識へと移っていくと捉えている。晩年の『コーラン』解釈に際して、井筒「東洋哲学」の中核を占める意識構造論の視座から、『コーラン』の内容を解釈していることは興味深い。

『コーラン』のテクスト発展史と言語主体のムハンマドの意識との連関性について、井筒は『コーラン』全体を大きく三分して、初期、中期、後期とする。すなわち、「初期はきわめて巫者的、つまりシャーマン的であって、強烈なイマージュに満ちている。中期は物語が主で、表現はまだイマージュ的だけれど、言語を使う意識は醒めている。少なくとも我を失った状態ではない。それがもう一段進んで、いわば完全に酔いがさめ、日常的意識に戻ると、歴史的な事実の叙述や律法的発言がなされるようになる」[46]。このように『コーラン』におけるレトリックの三つの層を区別して、それらの微妙な組み合わせを考え、そこに表層・深層の意識次元を取り込みながら読み解いている。そのことによって、井筒は『コーラン』の内容がはじめて理解できると言う。

井筒の晩年の『コーラン』解釈を彼の初期の『コーラン』の意味論的解釈と比較して読むと、そこには彼が晩年になって強調した「東洋哲学」の視座が組み込まれていることは明らかである。イスラーム思想研究者の鎌田繁も指摘するように、井筒の洞察の観点から見れば、『コーラン』の三つのレベルからなるレトリカルな構造は、「彼自身がこれまで行ってきたクルアーンの意味論的研究と彼の神秘哲学の理解との接合」であり、別の表現をすれば、「神秘哲学の研究のなかで井筒が展開した人間意識の構造の理論を、クルアーンのテキストに読み込む試み」であった。[47]『コーラン』の内容を理解するには、深層意識の次元へ下降しなければ分からない部分があることを示唆するなど、晩年の井筒のクルアーン解釈には、井筒「東洋哲学」の視座から捉えられた独自の〈読み〉が見てとれる。

ともあれ、井筒の哲学的思惟の展開について、初期のクルアーン研究から「東洋哲学」構想の基軸を成すイスラーム神秘哲学への学問研究までを意味論的な視座から捉えなおすとき、井筒の意味論的研究が方法論的に一貫していることは注目すべき点である。こうした点について、鎌田の言葉を援用すれば、「ある世界観からある世界観への変容を見ようとしたのが彼のクルアーン研究であり、意味の変化の根源を目指して、ゼロの世界から何らかの世界観の誕生を見ようとしたのが神秘哲学の研究である。井筒の初期のクルアーン研究とイスラーム神秘哲学の研究は、このように意味論的研究のふたつの型として見ることができる。しかし、後年の井筒のクルアーン研究は、初期の研究と異り神秘哲学研究に見られる形而上学的側面へのつながりを見ようとしている」。[48]この鎌田の指摘は、イスラーム哲学研究の視点から、井筒の哲学的意味論の主要な特徴を明示している。

これまでの議論からも分かるように、井筒「東洋哲学」の本質的特徴は、私たちの日常経験的世界において見る実在の分節状態が、存在の絶対無分節状態——それが「渾沌」であれ「無名」であれ、あるいは「無」であれ——の表層的な顕現にすぎないということにある。井筒の意味分節理論によれば、存在の絶対無分節状態は、存在のあらゆる意味分節に先立つ、原初的な未分節状態におけるる存在のリアリティそれ自体である。したがって、それはまさに井筒の言う「存在のゼロ・ポイント」即「意識のゼロ・ポイント」である。井筒「東洋哲学」が提示するいっそう重要な特徴は、人間の意識の深みにおいて、存在の無分節状態を認識した後、「存在のゼロ・ポイント」即「意識のゼロ・ポイント」を多重多層的な哲学の構築へと向かう新たな始源として捉えなおしている点にある。井筒「東洋哲学」の立場から見れば、たとえば、シャンカラの哲学における無属性ブラフマンは、中国哲学者の荘子の「渾沌」(カオス)、老子の「無名」(「有名」の生起以前の状態)、禅仏教の「無」などと本質的に同じ絶対無分節の存在である。絶対無分節の状態では、意識と存在は原初的に、全く区別されていない。井筒はこうした無分節状態を、そこから全ての「意識」の形態が生起する「意識のゼロ・ポイント」と呼ぶ。また同時に、その状態をそこからすべての実在が生起する「存在のゼロ・ポイント」とも呼ぶ。たとえば、シャンカラの不二一元論哲学では、「存在のゼロ・ポイント」としての無属性ブラフマンは、言うまでもなく、無定形で未分節の存在の頂点である。それは原初的に世界における全ての存在や意識の生起の可能性を包含している。

井筒「東洋哲学」は、「無名」や「無」さらに「空」などの東洋的なキーターム(鍵語)に根ざしながら、流動的なコスモスの構築を可能にする、新たな哲学の思索を展開する哲学的意味論の試みである。東洋思想を創造的に〈読む〉ことによって、その「共時的構造化」をおこない、それらの哲学的伝統を構造的に包含できるような「有機的な思想空間」を創造しようとする。彼の意味論的視座からみれば、全ての存在論的な境界線は、言語によって意味論的に分節される、ただ単にうわべだけの区別にすぎない。存在論的な経験の深みでは、それらは意味分節の皮相的な固定性を失ってしまう。したがって、井筒は日常的世界における全ての事物事象を、言語的「意味分節」をとおして構築される存在の意味単位として捉えるのだ。

第三章　エラノス会議と「東洋哲学」

井筒の「東洋哲学」的思惟の基盤を成しているのは、エラノス講演をとおして蓄積された伝統的な東洋思想テクストの〈読み〉である。エラノス講演録の中に、井筒「東洋哲学」の萌芽、および東洋思想の古典的テクストに関する井筒の意味論的解釈の特徴を読みとることができる。もう一五年以上も前になるが、筆者はエラノス会議刊行の『エラノス年報』(*Eranos-Jahrbuch*)に収録された井筒の一二篇の英語論文を発表年代順に、慶應義塾大学出版会の「井筒ライブラリー・東洋哲学叢書」(The Izutsu Library Series on Oriental Philosophy)の第四巻として、英文著書 *The Structure of Oriental Philosophy: Collected Papers of the Eranos Conference*, 2 vols., Tokyo: Keio University Press, 2008(邦訳タイトル『東洋哲学の構造――エラノス会議講演集』)を責任編集したことがある。「井筒ライブラリー・東洋哲学叢書」とは、井筒の没後、彼の学問の継承発展を意図して誕生したものである。エラノス会議の講演録によって、井筒の海外での研究生活による、いわば空白の二〇年を埋めることができると言っても過言ではない。エラノス講演録とともに、海外での井筒の研究活動を具体的に把握するためには、序章でも参照した妻豊子の『井筒俊彦の学問遍路』が重要な手助けとなる。[01] 本章では、井筒が参加したエラノス会議の精神、およびユング派心理学との関わりを中心に考察することによって、井筒「東洋哲学」の視座を探究してみたい。

1 エラノス会議とは

エラノス会議とは、エラノス財団によって組織運営され、毎年八月下旬、人文諸学ばかりでなく自然科学の研究領域からも国際的に活躍する研究者を招いて開催された学際的な会合であった。この会議は一九三三年、オランダ人のオルガ・フレーベ＝カプテイン（Olga Fröbe-Kapteyn 一八八一—一九六二）によって創設され、一九八八年まで続いた。フレーベ＝カプテインは四〇代で、父親から膨大な遺産を受け継いだが、哲学、宗教（特にインドの宗教）、深層心理学に関心を抱いていた。そこでドイツのマールブルクにルードルフ・オットーを訪ねて、「東洋と西洋の対話の場」となるような会議の開催について相談した。そのとき、オットーはその会議名を「エラノス」（eranos）と命名した。「エラノス」とは食事を共にしながら歓談する「会食」を意味する古典ギリシア語 ἔρανος に由来する。

フレーベ＝カプテインは一九二八年、スイスとイタリアの国境に近いマッジョーレ湖畔に、会議場として「エラノスの館」を建てた。また会議場「エラノスの館」（Casa Eranos）の横には、食堂ならびに宿泊施設として「ガブリエッラの館」（Casa Gabriella）と「シャーンティ（安らぎ）の館」（Casa

Shanti）も建設した。

こうして、「エラノスの館」を会場として、一九三三年、第一回エラノス会議が開催された。その後、一九四〇年代に世界大戦のために中断したが、エラノス会議は一九八八年まで毎年、五〇余年にわたって開催された国際会議である。その後も今日まで、同名の会議が開催されてきているが、その開催趣旨や意義は、以前のエラノス会議とは大きく異なっている。筆者も一九八七年八月、井筒の推薦によって、エラノス会議に参加する貴重な機会を得た。それは五六回目の会議で、翌八八年に五〇余年の歴史を閉じる前年のことであった。エラノス会議では、マッジョーレ湖の岸に打ち寄せる波の音を背景に、一〇人の研究者が講演をおこなった。その会議に特徴的であったのは、講演が終わった後、参加者たちが「エラノスの館」の庭の円卓を囲んで食事をしながら、講演内容をふまえて自由にいろいろと話をすることであった。オットーが命名したように、エラノス会議の雰囲気はまさに「会食」であった。

エラノス会議は、人間意識と存在リアリティの深層へ向けて、宗教や神話さらに哲学などの研究者たちが掘り下げた探究をおこなうことを特徴とするものであった。この会議はフレーベ＝カプテインが宗教学のオットー、心理学のユング、中国思想のリヒャルト・ヴィルヘルムと出合うことによって創始された。東洋の諸伝統に対して強い関心を抱いていたユングは、意識の深みに敢えて分け入ることを試みたし、オットーもインドのヴェーダーンタ哲学などの東洋思想の諸伝統に関心を抱いていた。井筒も言うように、最も広い意味でのグノーシス主義がエラノスの基調を成していた。興味深いことに、一九世紀終わりから二〇世紀にかけて、そうした傾向が再燃したが、それはユングとフロイトの深層心理学によって、従来気づかれていなかった、あるいは気づかれてはいても敢えて遠ざけられていた人間意識の深みが、探究の対象となった。

エラノス会議には、二〇世紀を代表する研究者たちが集い、フレーベ＝カプテインが念願したように、その会議は宗教、神話、哲学をめぐる思想が交錯し統合し合う対話の場となった。エラノス会議は、明確なプログラムを持たないことをモットーとしていた。それは特定の結論を得ようとしなくとも、自ずと進むべき方向が開かれていくとの考え方にもとづいていた。エラノス会議に参加したおもな講演者は、ユング、エリアーデ、神話学のカール・ケレーニイ（Karl Kerényi）、生物学のアドルフ・ポルトマン（Adolf Portmann）、イスラーム学のアンリ・コルバン、ユダヤ神秘主義のゲルショム・ショーレム（Gershom Scholem）、深層心理学のジェイムズ・ヒルマンなど、二〇世紀の学界を牽引した実に多彩な顔ぶれであった。わが国からは、鈴木大拙に継いで、井筒俊彦が招かれた。また井筒の推薦によって、後に宗教学者の上田閑照と臨床心理学者の河合隼雄も講演者として招かれている。エラノス会議には、講演者名と講演タイトルのプログラムはあるものの、詳細な内容のプログラムはなかった。そのために、私たちが一般的に参加する国際会議がプログラムに沿って進められるのとちがって、講演時間の制約にあまり縛られることなく、講演者たちは思う存分、それぞれ専門的な知見にもとづく講演をおこなった。

一九六七年に初めてエラノス会議に参加した後、井筒は要請されるままに、一九八二年までほとんど毎年、禅思想をはじめ、東洋の宗教思想について講演をおこなった。次第に、彼はこの会議の中心的役割を担うようになった。この経験はその後の井筒の研究活動に大きな影響を与えた。井筒はエラノス会議の様子を次のように記している。

　毎年、八月末になると、志を同じくする約十人の学者、思想家が――その多くは夫人同伴で――集まって来て、湖面を眼下に見はるかす台地に据えられた円い大きな石の食卓（それをエラノスでは「円卓」table ronde と呼んでいた）を中心に十日間寝食を共にし、その期間中にそれぞれが、自分の専門領域で別々に用意して来た研究や思索の成果を特別の会場で披瀝する。話の内容は、その年その年の共通テーマの範囲をあまり逸脱しないかぎり絶対自由。講演会場は、「円卓」のある家と同じならびの湖水の岸辺にあり、聴衆は岸に打ち寄せる波の音をバック・ミュージックにして講演者の言葉に耳を傾ける。[02]

　ここに引用した井筒の文章からも、当時のエラノス会議の雰囲気がよく伝わってくる。エラノス会議における講演の言語は、英語・ドイツ語・フランス語の三つのうちのどれかである。聴衆のほとんどはそれらの言語を理解する知識人であった。会議の半ばに当たる日曜日の夕食後には、ヨーロッパの室内楽団による演奏会が開催されるなど、人々は充実した楽しい十日間をすごした。井筒は前章でも触れたが、晩年、「私自身の学問形成にとってこの上もなく実りの多い人生の一時期であった」と述懐している。[03]

　エラノス会議に参加するようになった時期から、井筒は「自分の実存の「根」」が「東洋」にあるとの文化的アイデンティティを自覚するようになり、伝統的な東洋思想に深く関心をもって、古典テクストを〈読む〉ようになる。その頃から、井筒は現代世界の思想状況の中で、東洋思想の諸伝統をいわゆる「東洋哲学」として有機的統一体へと纏め上げたいとの思いを抱くことになる。エラノス会議において、東洋思想の古典テクストに関する講演を積み重ねるに伴い、「東洋哲学」構想を次第に意識するようになった。井筒がエラノス講演をとおして蓄積した東洋思想の〈読み〉は、独自の哲学的思惟の構築にとって極めて重要な契機となったと言わなければならない。

2　エラノス会議とユング派心理学

エラノス会議の創始者は、すでに述べたように、宗教学者のオットーと人間意識の深みに分け入ろうと試みた心理学者のユングの二人であった。このことはエラノス会議にとって意義深いことであった。エラノスの基調には、最も広い意味でのグノーシス主義が伏在していた。エラノス的グノーシスの特徴は、井筒が指摘するように、それが宗教学者や形而上学者などの思索フィールドでのみ提起されたのでなく、物理学や生物学などの諸科学者たちの固有フィールドに跨る共通の問題提起として提出されたことである。そうした精神的な基調のなかで、エラノス会議は「この前の世紀末と今度の世紀末とを、いっぷう変わった仕方で結び合わせる文化記号論的靭帯構造の役目を担ってきた」と井筒は言う[04]。

ユングの深層心理学は、意識に対する「無意識」、さらには個人を超えた「集合的無意識」を仮定する。一九三三年に開催された第一回エラノス会議におけるユングの講演題目は、「個体（個性）

化過程の経験に寄せて」(“Zur Empirie des Individuationsprozesses”)であった。また、翌年(一九三四年)の第二回エラノス会議での講演は「集合的無意識の元型について」(“Über die Archetypen des kollektiven Unbewußten”)であった。ユングはエラノス講演において、個人の心理を超えた「元型」や「集合的無意識」の用語を考案するなど、自らの心理学理論を展開すると同時に、長年にわたってエラノス会議を牽引していった。ユングは意識に対する「無意識」を仮定したが、それはオットーの「ヌミノーゼ」体験として捉えなおすことができる。実際、オットーに刺戟を受けたユングは、無意識の体験そのものに「ヌミノース」の語を用いた。こうした事実は、オットー自身は一九三三年、病気のために第一回エラノス会議に参加できなかったが、オットーもユングも共に存在リアリティの深みについて、共通したものの見方をもっていたことを示唆している。

井筒はエラノス会議において、ユング派心理学者のジェイムズ・ヒルマンと親交を深めて、ユング派心理学の世界に次第に大変関心を抱くようになる。井筒はヒルマンと河合隼雄との鼎談「ユング心理学と東洋思想」(『思想』一九八三年六月)において、「十七年前〔一九六七年〕、初めてエラノス学会に参加した頃、私はユングとユング心理学について、全く何の知識もなかったんです。ただ、このヒルマン氏に興味を持ったばかりに……」と述べている。井筒のこの言葉は、彼がエラノス会議に参加しているあいだに、いかにヒルマンの考え方をとおしてユング派心理学に刺戟を受けたかを物語っている。ここで少なくとも明らかなことは、井筒がエラノス会議に講演者として招かれる以前から、長年にわたってエラノス会議の創始者の一人であったオットーのものの見方に強い関心を抱いていたことである。オットーが言う「ヌミノーゼ」とその深層的な視座に共鳴していたこともあって、それはいまだ無自覚的ではあったが、井筒はすでにエラノス精神に親近感を覚えていた。[05] 晩年の主著『意識と本質』には、ユング派心理学からの影響が顕著に見られる。ユング心理学は、河合隼雄の息子で同じく心理学者の河合俊雄も指摘するように、個人を超えたイメージの世界の存在論であり、その理論化を可能にしたのが「元型」や「集合的無意識」の概念であった。

エラノス会議で常連の講演者であったイスラーム学のアンリ・コルバンは、「架空の」とか「想像上の」という意味あいの強い「イマジナリーな」（imaginary）の語と区別するために、「イマジナルな」（imaginal）を造語して、イマジナルなものを「脱質料的な、存在次元に現成するれっきとした実在」として捉え、イメージの世界に存在根拠を与えた。このことを理論的根拠として、ヒルマンは「元型的心理学」を展開している。ヒルマンを中心としたユング派心理学に大きな影響を与えたコルバンは、一二世紀のイスラーム神秘哲学者スフラワルディーが説く「ʿālam al-mithāl（形象的相似の世界）」を、ラテン語に訳して mundus imaginalis とし、さらにこの imaginalis をそのままフランス語にして imaginal という特殊な形容詞を術語的に設定した。「架空の」という否定的意味傾向の強いふつうの形容詞 imaginaire（「想像的」）に対して、imaginal の語は特別な意味でのイマージュ（image）に関わる形容詞である。それは「超現実的イマージュ（現実の事物の形象的相似物）ばかりから成る「想像的（イマジナル）」な存在次元」である。井筒によれば、コルバンは深層意識の構造モデルを「元型イマージュ的世界」（mundus imaginalis）として展開した。コルバンはイスラーム神秘主義研究をとおして、「イマジナル」の概念にもとづく理論を展開しているが、その根本的な視点とは、井筒の言葉を援用すれば、「「結び目をほどかれた」事物が、元来、日常的感覚の次元で固く保持していた個別的質料形態から己れを解きほぐして、流動的、創造的なイマージュに変形するということである。事物事象はただ単にイマージュ化するというのではなく、いわゆる「元型的」(アーキタイプ的)イマージュとして現われてくる。コルバンの言う深層意識レベルでは、事物事象は全て「イマジナルな」(imaginal)ものであり、存在世界は「事物のイマジナルな形象に満ちた象徴的世界」であるという。[06]つまり、イマジナルなイマージュとは、日常経験的世界の事物に似てはいるが、物質性をまったく欠いているために、フィジカルな手ごたえのある事物ではなく、それらとは似て非なるものを意味する。

ところで、ユングは後半生に、東洋の易とか老荘思想などの思想文化に数々の興味深い見解を披瀝していることもあり、井筒はヒルマンに対して、「ユングが東洋に着目したのには、ユングの思想自体の中に、何か、内的、本来的な必然性があったのでしょうか」と尋ねている。つまり、井筒はヒルマンに、ユングの東洋志向が「単なる偶然のなりゆき」であったのかどうかを確かめている。その井筒の興味深い問いに対して、ヒルマンは「それは単なる偶然のなりゆきではなかった」と返答し、さらに「ユングは、精神病患者治療の実際の場で、様々な形での、自我超越体験、とでも呼び得るようなものに遭遇し」て、ユング自身が「実際に体験しつつあったもの(内的事態)について、何か知りたいと思って、その理由で、これと同種の現象研究が、或る特定の、異なった形をとって現われている文化地域を探し求めていた」という。その文化地域こそが「東洋」であった、とヒルマンは言うのだ。このようにヒルマンは「ユングの東洋志向の本来的必然性」を認めている。[07]ユングが考案した「元型」や「集合的無意識」、さらに「シンクロニシティ」などの語およびユング派心理学は、エラノス会議の展開と軌を一にしながら展開を遂げていった。

井筒とエラノス会議あるいはユング派心理学との関わりを考えるとき、わが国を代表する心理学者の河合隼雄の深層心理学研究に言及しなければならない。河合は井筒の推薦によって、エラノス会議の講演者として参加するようになった。河合はユング派心理療法家としてのカウンセリングの仕事にユング心理学を生かしていくうえで、井筒の主著『意識と本質』から数多くのことを学んだ。河合は天理大学から京都大学へ教育研究の場を移すまでの一七年間、筆者の母校である天理大学で臨床心理学を教えていた。筆者は天理大学宗教学科の学生であったとき、河合の講義を聴講したこともあり、アメリカ留学を終えて天理大学へ戻った後も、公私にわたりご教示いただいた。河合は『意識と本質』に引用されている老子の言葉が「心理療法の根本にかかわるもの」であると述べて、次のように言う。

常に無欲、以て其の妙を観

常に有欲、以て其の徼《きょう》を観る

これは井筒先生の解説によると、常無欲とは「深層意識の本質的なあり方」であり、「名を通して対象として措定された何ものにも執着しない」ことである。ここで「妙を観」るとは「絶対無分節的『存在』（『道』）の幽玄な真相が絶対無分節のままに観られる」ことを意味する。これに対して、「『徼』とは明確な輪郭線が区切られた、はっきり目に見える形に分節された『存在』のあり方を意味する」。これを観るのは「常有欲」の意識、つまり表層意識なのである。

そして、「この二つの『存在』の次元が、ここでは鋭く対立しつつ、しかも一つの『存在』地平のうちに均衡を保って融和している」のである。[08]

河合はこのように記したうえで、井筒が老子の言葉を援用しながら論じる「東洋哲学」の地平が「心理療法家に与えられた、ひとつの理想的態度としてみると、非常に意味が深い」と述べ、「井筒哲学は東洋・西洋などという区別をこえてゆく普遍性をもっている」と論じている。さらに河合は、華厳哲学の特徴的な考え方について、井筒が説く「理の挙体性起」によって存在論的関係性を論じている。「理」はどのような場合でも、常にその全体を挙げて「事」的に顕現する。私たちの日常経験的世界にあると言われる一切の事物事象が「理」をそっくりそのまま体現している。常に全てのものが、同時に、全体的に現起する。河合はこうした存在論的な存在実相について、井筒が提示する華厳的存在論の図式（本書二〇三頁参照）を引用しながら論じることで、ユングのいわゆる「共時性」（synchronicity）の考えが華厳哲学のパターンに属すると述べている。[09]

3　エラノス講演テーマ

エラノス講演では、井筒は禅の思想をはじめ、インド思想や仏教思想さらに中国思想など、東洋思想の古典的テクストの意味論的な〈読み〉にもとづいて、存在と意識に関する東洋哲学の構造を明らかにしようと試みた。エラノス会議には、コルバンが講演者の一人として参加していたこともあってか、井筒はイスラーム哲学のテーマで講演することはなかった。一九六七年、エラノス会議の講演者の一人に選ばれてからは、一九八二年までほとんど毎年、講演をおこなったが、そのことはむしろ楽しみであったと井筒は言う。彼はエラノス会議において、東洋の宗教や思想について講演を続ける中で、「東洋哲学の諸伝統を現代世界の思想の現場に引き入れてみたい」との希求を抱くようになった[10]。

井筒の思いは現代世界の思想状況の中で、東洋思想の諸伝統を「東洋哲学」として纏め上げることにあった。エラノス講演において、東洋の伝統的な思想テクストを意味論的な視座から読み解くことで、それらの思想テクストを貫く思想を「東洋哲学」の名によって具体化させようとしたのである。ここでエラノス会議において、井筒がおこなった一二回の講演テーマ（西暦年）を挙げておこう。

第一回「老荘思想における絶対的なものと完全な人間」（一九六七年）
第二回「禅仏教における自己の構造」（一九六九年）
第三回「禅仏教における意味と無意味」（一九七〇年）
第四回「東アジアの芸術と哲学における色彩の排除」（一九七二年）
第五回「禅仏教における内部と外部」（一九七三年）
第六回「儒教の形而上学におけるリアリティの時間的次元と非時間的次元」（一九七四年）
第七回「素朴実在論と儒教哲学」（一九七五年）

第八回『易経』マンダラと儒教の形而上学」（一九七六年）
第九回「禅仏教における時間のフィールド構造」（一九七八年）
第十回「イマージュとイマージュ不在のあいだ――東アジアの思惟方法」（一九七九年）
第十一回「存在論的な事象の連鎖――仏教の存在観」（一九八〇年）
第十二回「天空の飛遊――神話創造と形而上学」（一九八二年）

井筒は毎回、エラノス講演の原稿を準備するのに、ほぼ一年の歳月をかけた。この事実は、井筒がエラノス会議に講演者として招かれて以来、ほとんど毎年、エラノス会議で講演することをいかに重視していたのかを物語っている。[11] たとえば、ユングがエラノス講演をとおして、深層心理学理論を展開していったのと同じように、井筒もエラノス講演を続ける中で、独自の「東洋哲学」構想を展開していった。ちなみに、妻豊子の次の述懐をとおして、井筒夫妻がほぼ毎年、夏の終わりに過ごしたエラノス滞在の様子を窺い知ることができる。

エラノスは十日間くらいで終わりますがそのまま十日でも二十日でもずっと滞在してよいということで、エラノスのカサ・シャンティ〔宿泊施設「シャーンティ（安らぎ）の館」〕にしばらくいました。そのかわり、料理人はいなくなりますから、自炊をする。自分でスイスのいろいろな食材を買ってきて、楽しいのです。[12]

エラノス会議が終わった後、井筒夫妻はしばらくの間、エラノスの宿泊施設「カサ・シャーンティ」に滞在して、そこでの生活を楽しんだ。妻豊子の話から、そのときの井筒夫妻の様子が目に浮かぶようだ。その滞在は、エラノス会議で井筒が読んだ講演原稿を『エラノス年報』に掲載できるように仕上げるためであった、と筆者は井筒夫妻から聞いた。

さて、井筒がエラノス講演の中で、具体的に取り上げた主要なテーマを列挙してみよう。禅の思想、中観思想や華厳思想の存在論、唯識思想の意識論、インドのヴェーダーンタ哲学、老荘思想、二程子や朱子の思想、『易経』の思想、楚辞のシャマニズムなど、実に多岐にわたる。これらのテーマは全て、晩年の『意識と本質』などの著書において主要な論点を成している。とりわけ、ここで注目すべき点は、井筒の一二回のエラノス講演のうち、論題として禅の思想を一九六九年から四回連続で、合計五回（一九六九、一九七〇、一九七二、一九七三、一九七八）取り上げたことである。それらの講演テーマは、「禅仏教における自己の構造」（一九六九年、会議の共通テーマ「人間のイメージの意味と変化」）、「禅仏教における意味と無意味」（一九七〇年、会議の共通テーマ「人間と言語」）、「東アジアの芸術と哲学における色彩の排除」（一九七二年、会議の共通テーマ「色彩の世界」）、「禅仏教における内部と外部」（一九七三年、会議の共通テーマ「対応の世界」）、「禅仏教における時間のフィールド構造」（一九七八年、会議の共通テーマ「時間と無時間性」）であった。また、禅以外の講演テーマを掲げた講演でも、東洋思想の特質を論じるにあたり、絶えず禅の思想との連関性において議論を展開していることは注目に値する。たとえば、一九七九年のエラノス会議での講演テーマは、「イマージュとイマージュ不在のあいだ――東アジアの思惟方法」であった。講演テーマそれ自体は直接、禅思想に言及してはいないが、井筒は講演の中で、『易経』や『老子』および『荘子』の思想とともに禅の思想を取り上げ、その思想構造とその特徴を論じている。

鈴木大拙は一九五三年と一九五四年の二年連続で、禅の思想について講演した。大拙のエラノス講演のテーマは、「禅仏教における自然の役割」（一九五三年、会議の共通テーマ「人間と大地」）、および、「禅における新たな意識の覚醒」（一九五四年、会議の共通テーマ「人間と変化」）であった。エラノス会議の聴衆は、禅の思想に感銘を受けていた。[13]

井筒がエラノス会議に招かれた当時、禅の思想に対する関心は世界的に大変高まっていた。その当時、世界では、井筒の言葉を援用すれば、「東西文化パラダイムに関わる興味ある事態」が生起していたのだ。井筒は『コスモスとアンチコスモス』（一九八九年）において、次のように記している。

今から約三十年前（一九六二年）、私が日本を離れて外国の大学に籍を移した頃、人間的主体性のあり方についての禅の立場に、多くの知識人たちの関心が向きつつあることを私は発見した。みんなが鈴木大拙の著作を読んでいた。この人たちが禅の立場をどう理解したかは別として、神と人という二つの主体性の鏡映関係から生起する理論的葛藤が直接に指向する方向――今ではそれが、解体的であるにせよ構築的であるにせよ、いわゆるポスト・モダニズム的思想展開であることが明らかになったのだが――を離れて、何か全く別の方向に、「我」のあり方にたいする全く新しいアプローチを模索しようとする人たちであった。わけても、一九六九年度のエラノス講演の聴衆の間にはそういう関心が非常に顕著だった。禅をよく知っているわけではない、しかしそこに何か自分たちの内心の要求に呼応するものがありそうだと感じて、禅独特の「我」の把握の仕方に強い関心を、少なくとも旺盛な知的好奇心を、抱く人々、そんな人々にたいして、私は禅の「我」観を説き明かさなければならなかった。[14]

当時、世界的に禅思想に対する関心の高まりもあって、東洋文化も注目されるようになっていた。東西の「文化的枠組」の対話もすでに始まっていることに井筒も気づいていた。ただ単に主催者から要請を受けたというだけではなく、井筒は世界の思想動向を適確に把握していた。井筒はみずみずしい精神的創造力を内包する禅の思想を東洋哲学の根源的思惟形態の一つとして捉え、その思想が限りなく豊饒な思想的可能性を示していることを、みずから主体的かつ思想的に覚知していた。禅思想テクストを〈読む〉に際して、井筒の全ての著作を貫いているのは、彼の心底から湧き上がってくる実存的な自己究明への姿勢である。したがって、井筒の哲学的思惟は自ずと禅思想の伝統を超えて、広く「東洋哲学」の地平から禅思想を捉え返す視座をもつことになる。ちなみに、禅の思想への関心が世界的に高まる思想動向の中で、禅思想に関する井筒の哲学的思索が、四つのエラノス講演（一九六九、一九七〇、一九七二、一九七三）を含むかたちで、一九七七年、テヘランのイラン王立哲学アカデミーから、『禅仏教の哲学に向けて』（*Toward a Philosophy of Zen Buddhism*, Tehran: Imperial Iranian Academy of Philosophy, 1977）として出版されている。[15]

東洋思想の古典テクストの意味論的分析に関する講演を、ほぼ毎年おこなっていく中で、すでに示唆したように、井筒は次第に「東洋哲学」という哲学的思惟の試みを具体的に意識するようになった。禅思想ばかりでなく、そのほかの伝統的な東洋思想についても、古典テクストの意味論的解釈を展開していく。具体的に言えば、儒教の形而上学をめぐって、三年連続（一九七四、一九七五、一九七六）で講演をおこなっている。それらの講演テーマは「儒教の形而上学におけるリアリティの時間的次元と非時間的次元」（一九七四年、会議の共通テーマ「時代の変化における規範」）、「素朴実在論と儒教哲学」（一九七五年、会議の共通テーマ「世界の多様性」）、「『易経』マンダラと儒教の形而上学」（一九七六年、会議の共通テーマ「一と多」）であった。これら儒教思想に関する講演の中で、井筒が特に依拠した古典文献は『易経』であった。『易経』は儒教の五つの経典（五経）の一つで、自然界や人間界の全ての事象を六十四卦に象徴化した世界の縮図である。それはまさに「易経マンダラ」というイマージュ空間を構成している。井筒はこのように東洋思想の古典テクストが開示するコスモロジーの構造を明らかにし、そのことによって東洋思想の根源的思惟形態の一つのパターンとその意味論的構造を提示したのである。

また華厳哲学についても、一九八〇年に中観思想や唯識思想と比較しながら、その思想構造に関する講演をおこなっている。そのときの講演テーマは「存在論的な事象の連鎖――仏教の存在観」（一九八〇年、会議の共通テーマ「極限と境界」）であった。井筒によれば、『華厳経』に描かれる華厳的存在論の極致は「事事無礙」にある。それは日常的経験世界における全ての事物事象が互いに滲透し合って、相即渾融するという考え方である。このエラノス講演において、井筒は華厳の哲学的思惟が素朴実在論的な意味における「事」の否定から出発して、「理」に至り、そこから返って「事」

の肯定に至るという思想構造を論じた。さらに中国のシャマニズム文学の最高峰をなす『楚辞』の思想テクストについても、井筒は一九八二年のエラノス講演において、禅思想や『荘子』と比較しながら論じている。そのときの講演テーマは「天空の飛遊――神話創造と形而上学」（一九八二年、会議の共通テーマ「神々と人間の遊び」）であった。古代中国のシャマン的詩人の心的経験としての「天空の飛遊」は、典型的にシャマニズム的現象であるが、井筒はそのシャマン的詩人の「想像的」イマージュ体験の意味構造を明らかにしたのである。

4　東洋思想の「共時的構造化」

井筒はエラノス会議において、東洋の思想的遺産である古典的テクストの意味論的〈読み〉のうえに、哲学的思惟の創造的原点となるようなかたちに「東洋哲学」を展開しようとした。井筒が晩年、しばしば強調したように、西洋哲学は一つの有機的統一体の自己展開として全体を見通すことができる。それに対して、東洋思想には「全体的統一もなければ、有機的構造性もない。部分的、断片的にならばいざしらず、全体的に西洋哲学と並置できるような纏まりは、そこにはない」[16]。このような東洋における諸伝統の思想的状況を踏まえて、井筒は東洋思想の「共時的構造化」を構想した。この「共時的構造化」を、井筒自身の言葉によって確認しておこう。

この操作は、ごく簡単に言えば、東洋の主要な哲学的諸伝統を、現在の時点で、一つの理念的平面に移し、空間的に配置しなおすことから始まる。つまり、東洋哲学の諸伝統を、時間軸からはずし、それらを範型論的《パラディグマティク》に組み変えることによって、それらすべてを構造的に包みこむ一つの思想連関的空間を、人為的に創り出そうとするのだ[17]。

こうした理論的操作によって成立する思想空間は多元的・重層的構造を構成している。その構造的分析をとおして、井筒は東洋の哲学的思惟の根源的パターンを取り出し、その根源的パターンを基盤として、「東洋哲学」を意味論的に構築しようとした。井筒が繰り返し強調するように、言語は元来、意味分節を本源的機能とする。意味分節とは、意味による存在の切り分けである。対象を分節する、すなわち切り分けることによって、コトバははじめて意味指示的に働く。日常的経験世界における全ての事物事象、またそれを眺める私たち自身も全て、言語的意味分節によって生起する有意味的存在単位にすぎない。こうした存在現出の根源的な事態を、井筒は「意味分節・即・存在分節」と呼んだ。また、井筒はこの言語的意味分節理論が「東洋哲学」の精髄であると考えた。

井筒のこうした哲学的試みは、東洋の思想伝統を文献学的に研究するばかりでなく、東洋思想の諸伝統をみずからの意識に内面化することによって、そこに成立する東洋哲学の磁場の中から、新たな哲学的思惟を展開しようとするものである。こうした「東洋哲学」の構想を、井筒はエラノス会議で講演を続ける中で次第に強く意識するようになり、東洋思想テクストに関する意味論的分析を具体化していった。

さてここで、これまでの議論をふまえて、井筒が構想した「東洋哲学」において、「東洋」とは何を意味するのかをさらに掘り下げて明らかにしておこう。具体的に井筒「東洋哲学」の内実に踏み込んで、井筒の言う「東洋」の概念を捉えようとするとき、少なくとも留意すべきことは、彼が東アジアに及ぶ東洋思想の諸伝統に、いわゆる「共時的構造化」の方法を導入することで、東洋思想の諸伝統をその歴史的次元から方法的に抽象化し、それを共時的な平面に移そうとしたことである。そのことによって、井筒はコルバンが言う「イマジナル（想像的）」次元での「東洋」の構造を取り出そうと試みた。井筒が言う「東洋」とは、主著『意識と本質』の副題として、「精神的東洋を索めて」の語が付されているように、それは必ずしも地域的な場所ではなく、精神的理念として「イマジナル（想像的）」な場所である。つまり、それは「超現実的イマージュ（現実の事物の形象的相似物）から成る「想像的（イマジナル）」な存在次元」であり、「経験界の事物に似ているけれど、物質性をまったく欠くゆえに、フィジカルな手ごたえのある事物ではなく、それらとは似て非なる存在者」を意味する。そのイマージュは、井筒にとって深層意識的次元のイマージュである。したがって、井筒が言う「東洋」とは、脱質料的な存在次元での実在を示唆する。それは彼の哲学的思惟の根本構造を理解するうえで重要かつ不可欠な知のパラダイムである。[18]

井筒は哲学者の今道友信との対談「東西の哲学」（『思想』一九七八年一月号）において、ペルシャの哲学者スフラワルディーの考え方に言及しながら、「東洋」に込めた意味について、次のように述べている。

ぼくの考えている東洋ということがいまでは地理的な東洋じゃなくなってきているんです。根源的に精神的といいますか、形而上的といいますか、ともかくそういう東洋なんです。それはやっぱりぼくがペルシャ思想なんかやった影響じゃないかと思いますが、つまりスフラワルディー的考え方なんです。十二世紀ペルシャの哲学者スフラワルディーが「東洋哲学」ということを考えていた。[19]

先に述べたように、アラビア語で「東洋」は「マシュリック」（Mashriq）と言われ、井筒は「照明哲学」としても知られるスフラワルディーの思想から、「東洋」の着想を得た。「東洋」とは「暁の光がさしそめるその場所」であり、スフラワルディー的に言えば、「黎明の光」の中で哲学することが「東洋」の探究になる。さらに井筒は続けて、次のように言う。

スフラワルディーが探求したような「東洋」、精神の黎明の場所、というのは結局は意識を鍛錬して、常識的な、日常的な、経験的な、生まれたままの状態においておかないで、徹底的に訓練して、それで意識の深層を開いて、そういう開かれた深い意識の層の鏡に映ってくるような実在の形態、そのあり方を探求していく。意識の深層の解明といいますか、開示といいますか、そういう意識に開かれてくる実在の構造を研究する。研究するといったら客観的になってしまいますが、そうではなくて、むしろ主体的にそれのなかへとけ込んで、それのなかで生きていく、そういうことを許すような哲学伝統というものをぼくは考えているんです。それがぼくにとっての「東洋」なんです。[20]

井筒が『意識と本質』の副題を「精神的東洋を索めて」と表現した意図は、一つには「スフラワルディーが探求したような「東洋」」の探究、あるいは「意識の深層の解明」にあった。そのことが井筒にとっての「東洋」、すなわち井筒「東洋哲学」の基盤であった。さらに井筒は、「東洋」の意味を次のようにも語っている。

そうなると結局、西はスペインのグラナダまで行ってしまうんですね。それどころかグラナダから、悪くすればジブラルタル海峡をこえてもっと向うへもいきかねない。それからいわゆるアラブ国家、アラブ文化圏とインド、トルコ、ユダヤ、それからペルシャ、そして中国、チベット、日本などが全部一つになって、それが精神の黎明の場所みたいな感じにぼくの心には映ってくるわけなんです。そういうものを自分としては主体的に東洋と考えて、それの哲学性を探求してみたい、そういうふうに考えるんです。だからあくまで私の東洋であってふつうの地理的な東洋ということじゃないんですね。地理的な東洋というのはほとんどぼくにとっては定義できないし規定もできない。規定しても意味がないことなんです。[21]

このように井筒自身の言葉からも分かるように、彼が構想した「東洋哲学」における「東洋」とは「ふつうの地理的な東洋」ではない。さらに、司馬遼太郎との対談「二十世紀末の闇と光」の中で、井筒は「元来「東洋」というのは一つの理念であって、べつにそんなものが世界のどこかに客観的に存在しているわけじゃない。こちらがどう理念的に措定するかという問題です」とも述べている。[22] こうした考え方にもとづき、井筒は歴史的伝統を離れ、また地理的東洋も離れて、独自の「精神的東洋」を主体的に探究したのだ。つまり、井筒はギリシアから中近東、インド、中国、日本までを「一つの理念的単位」として措定して、それを「東洋」と呼んだ。その試みは、納富信留の言葉を援用すれば、「ギリシア哲学から展開した西洋哲学を見据えながら、中国やインドなどの他の哲学から共通する部分と異なる部分を抜き出して、そこから西洋を超える総合的な哲学の構築を模索する」ものであった。井筒が新たに構想した「東洋哲学」とは、納富も指摘するように、「けっして従来のように「西洋」との対抗をくり返すものではなく、むしろ西洋哲学の下で失われた、あるいは見えなくなっている哲学性を、「東洋」の名の下で取り出そうという試み」であったと言えるかもしれない。[23] 井筒が「東洋」を捉えなおすことで、井筒「東洋哲学」は、初期の著書『神秘哲学』が一九四九年に刊行されて以後、一般的に西洋哲学の原点とみなされる古代ギリシア哲学も、東洋の古典哲学として含むことになる。

井筒のこうした「東洋」の概念は、言うまでもなく、一般的に把握されてきた「東洋」ではない。このように井筒は、「東洋」の語に新たな意味を付与することによって、従来の「西洋／東洋」という対比や差異にもとづく認識を克服しようと試みたのだ。そのような試みによって、各文化伝統が共有する存在の普遍性を開示しようとした。一言でいえば、井筒は世界に通用する「ひとつの普遍的なメタ的な言語」を構築しようとしたと言えるだろう。

5 「東洋哲学」と哲学的意味論

井筒は一九六七年、エラノス会議に講演者として招待された時期を境にして、井筒は「哲学的意味論」(Philosophical Semantics)を自らの方法論として自覚して、東洋思想の意味世界の解明へと専心していく。井筒にとって意味論とは、第一章でも引用した通り「言語を会話や思考の道具としてだけでなく、より一層重要な、周りを囲む世界を概念化し解釈する道具として用いる人びとのWeltanschauungすなわち世界観の概念的な把握に最終的に到達するという目的で、一つの言語のキータームを分析的に研究すること」である。たとえば、イスラームにおけるクルアーンの意味論について、井筒はイスラーム世界観の形成に決定的な役割を担ったと思われる主要なキータームを分析的かつ方法論的に検討することによって、クルアーンの中から「生き生きとした動的な存在論」(living dynamic ontology)を導き出そうと試みた。[24] そうした学的関心がエラノス会議に参加するようになった時期以後、イスラームの意味論的研究を続けながらも、次第に東洋思想の古典テクストの意味世界をそれぞれのキーターム群に沿って明らかにしようとする、まさに東洋思想の意味論的世界観の解明へと変容していった。

東洋思想には、実にさまざまな側面があって、どの側面に焦点を合わせるのかによって、東洋思想の全体像がかなり違ってくる。このことを井筒はよく認識していた。言語と存在の原初的連関性に注目した井筒は、東洋思想の存在論を根底的に規定する二つの主要な哲学的立場に着目した。この点については、先に少し論じたが、彼がまず、取り上げた最初の立場は、言語と存在とのあいだに一対一の実在的対応関係を認めるものである。それは物が実在し、それを言語（「名」）が実在対応的に指示するパースペクティヴを提示する。もう一つ別の立場は、言語の存在分節的な意味機能によって生み出された事物事象が個別的な語の意味の実体化にすぎないとみなす。東洋には、言語と存在の関係をめぐって言語否定的な立場があり、言語の実在指示性を否定する。後者の立場に主体的な関心から、また彼の意味論的な視座から関心を抱いていた井筒は、エラノス講演において、ナーガールジュナ以後の大乗仏教思想、老子や荘子の道家思想、シャンカラのヴェーダーンタ哲学などを取り上げて、その思想構造の特徴を論じた。晩年の言葉をもう一度引く。「人格神の信仰を入れないで、純粋に形而上学的「一者」で終始した方がすっきり哲学できる」[25]。井筒の哲学的思惟の原点が幼少期以来、彼自身が最も身近に親しんでいた禅的体験にあったことは明らかである。エラノス講演でも、「人格神」の信仰や思想にほとんど言及していない。井筒が構想した「東洋哲学」は、社会慣習的「言語」の表層次元から「言語アラヤ識」的な意味可能体の深層次元にまで及ぶ多元的・重層的構造を内包している。彼にとって「東洋哲学」が、形而上的実在体験の言語化という本質的特徴をもつことも考えると、彼自身が幼少の時期に禅的体験をもったことは、「東洋哲学」構想の本質的特徴を理解するうえで特筆すべき点であった。

井筒は「流出論」と言われる思想を展開したプロティノスを代表とする新プラトン主義を高く評価した。新プラトン主義は全ての対立を越え、全てを包摂する「一者」から段階的に現実の世界が現れることを説く。新プラトン主義の流出論に影響を受けたイスラーム哲学に井筒が強い関心をもっていたことは注目に値する。プロティノスの思想は、絶対無分節で無限定な実在が言語的「意味分節」によって、多様な現実の存在世界が有意味的存在単位として現出するという井筒の意味論的枠組に通底するパースペクティヴ性をもっている。井筒の意味論的視座によれば、言語的「意味分節」(＝意味による存在の切り分け)は言語の本源的機能であり、実存的意識の深層をトポスとして、無数の有意味的存在単位がそれぞれ独自の言語的符丁(＝名前)を負って現出する。このように井筒の言語的意味分節論は「意味分節・即・存在分節」によって特徴づけられる。

6　存在と意識の多元的・重層的構造

さて、エラノス講演をとおして、井筒が終始一貫して強調した東洋の哲学的思惟の最も根本的な特徴とは、東洋の哲人たちが日常的経験の世界に存在する事物を事物として成立させる境界線を取り外して、事物を見ることを知っていたということである。東洋の哲人は、いわば「複眼」で存在のリアリティを見ることを覚知していた。事物相互間を分別する存在論的な境界線を、荘子は「封」とか「畛」(原義は、耕作地の間の道)と呼んだが、東洋の哲人たちは「畛」という境界線を外して見ると同時に、それをはめて見ることを実践した。そうした境位では、「多」が「多」でありながら「一」であり、「有」が「有」でありながら「無」である。

井筒は最初のエラノス講演(「老荘思想における絶対的なものと完全な人間」、一九六七年)では、老荘思想が想を形而上的実在体験によって獲得された非日常的な直観に根ざしたものとして捉え、老荘思想がいわゆる「完全な人間」のエクスタシー的直観による体験の理論的洗練化の結果であると論じている。古勝隆一も指摘するように、中国思想の研究者は今日、老荘思想を必ずしも神秘主義と位置づけていない。ところが、井筒が『スーフィズムと老荘思想』において、比較哲学と比較神秘主義の観点から、老荘思想をとらえたことは重要である。さらに同書のなかで、老荘思想の「絶対者」(＝道)と「完全な人間」(＝聖人・真人)を分析の基軸に設定して、聖人・真人を「神秘を体得したひと」とみなしていることも重要である。[26]

フランス東洋学者のアンリ・マスペロ(Henri Maspero 一八八三―一九四五)は、遺稿集『道教』(*Le Taoïsme* 一九五〇年、川勝義雄訳『道教』平凡社、一九七八年)のⅣ章「老子と荘子における聖人と生の神秘的体験」にも、老荘を神秘家としてとらえる視点を提示し、イスラームのアル・ガザーリーなどの他宗教文化の神秘家との比較考察をおこなっている。マスペロは「生の神秘的経験を実践するということは、実際、老子と荘子の学派の偉大な発見である。中国ではかれらがはじめてその路をたどり、そのすべての段階を記述したのである」と述べている。[27] マスペロに啓発された井筒は、マスペロが示した方向性で老荘思想をとらえる可能性を見いだした。井筒は『スーフィズムと老荘思想』において、次のように言う。

老子と荘子といった道家の世界観はこのシャーマン的思考様式を哲学的に練り上げたいわば哲学的な頂点に当たると私は考える。恍惚状態における絶対者との出会いと、その出会いから迸り出る原型的イマージュを通じて、感覚を超えた意識の地平でものを見る能力をもつひとが確かにいる、そうしたひとに特有の個人的実存体験から展開する特殊な哲学こそが老子と荘子の哲学であると、このことを言い換えることができよう。[28]

たとえば、老子の「道」の描写について、井筒は『スーフィズムと老荘思想』のなかで、「何か奇妙なもの、不思議なものがそこにあることは否めない。もともと道家の有した、シャーマニズムとの繋がりをそのことが示すように思われる」と述べている。その点について古勝は、「直接的な証拠を示すというよりも、老子が描写した「道」が、シャーマニズムと関連することを示唆するにとどまっている。マスペロの欠を補い得たものとは評価し難いように思われる。井筒の論述には、歴史（学）的な配慮も見えるが、十分な説得力がない。むしろ、屈原と老荘のあいだに、構造的相似性は成立する、とでもとらえた方がよかったのではなかろうか」と論じている。[29]

井筒はエラノス講演「老荘思想における絶対的なものと完全な人間」（一九六七年）において、荘子のいわゆる「渾沌」の概念をシャマニズムとの連関において論じている。

渾沌の概念あるいはイマージュは、シャマニズムに起源をもっている、と私は確信しています。その歴史的な起源では、渾沌は一群のシャマニズム神話に属しています。『山海経』という書は、顔に識別できる特徴をもたない奇妙な怪鳥というかたちで、山や海に住むと考えられる神話的な怪物、「渾敦」のことを詳しく記しています。……

荘子において、この渾沌は存在の存在論的な状態、夢想的な様態へと高められ、また洗練化されています。その中では、全ての事物はその隙のない区分から解放されて、無定形の全体へと融合しています。[30]

このように「渾沌」では、全ての事物は「その隙のない区分から解放されて、無定形の全体へと融合して」、それは「一」の様態である。それは「渾沌」に心を置いた「完全な人間」によってのみ直観されると井筒は言う。

さらに一九八〇年のエラノス講演「存在論的な事象の連鎖――仏教の存在観」では、井筒が実存的に大変関心をもっていた華厳思想を取り上げている。華厳思想では、存在論的境界線によって互いに区別されたものは「事」と呼ばれる。ところが、「理事無礙」の段階になると、そこでは、「事」の意味もおのずと柔軟になる。禅の思想によれば、限りのない存在の分別相が、一挙に無分別の空間へ転成する境位が自覚される。そのとき、その境位は「無」と呼ばれる。「廓然無聖」とか「無一物」という禅の言葉が示唆するように、この「無」は意識と存在の分節以前を意味する。禅の思想でいう「無」は、華厳思想によれば、「事」に対する「理」に当たる。また、中観思想で言えば、それは「空」（śūnyatā）に相当する。このように、井筒は東洋の伝統的な諸思想に通底する本質構造を見いだそうとする。東洋哲学全般にみられる重要な特徴として井筒が強調したのは、東洋の哲人たちが深層意識の次元を体験的事実として拓き、その深みの地平に身を据えながら、存在リアリティの多層的構造を眺めることができるという点である。井筒によれば、華厳が関心を抱いているのは、「「三昧」（samādhi）の状態で実現される深層意識にのみ開示される経験的事物の深層構造」である。華厳思想が明らかにする事物事象の存在論的構造は、「日常的意識の視野から本質的に隠蔽されているそれらの真の構造」なのである。[31]

井筒によれば、華厳思想の形而上的・存在論的な構造では、「全ての事物は礙《さまた》げ合うことなく相互滲透している」と法蔵は説いた。法蔵は仏や菩薩たちの深層意識に映し出される、全ての事物の相互滲透を可視化するために巧妙な装置を用いた。燃えている燭台の周りに、十枚の鏡が互いに向かい合うように設置して、それらの全てを燭台の方へ向ける。八枚の鏡は燭台を取り囲むように、一枚の鏡は燭台の上の方に、もう一枚は下のほうに置く。このように配置すると、中心にある火は、自然にそれぞれの十枚の鏡の中に映し出される。ここに限りなく深くかつ広く広がる火の多層が現前する。法蔵は事物事象の形而上的・存在論的な構造はこのようなものであるという。井筒は次のようにエラノス講演で説いた。

真ん中に置かれた燃えている燭台の火が、全ての鏡に映し出され、その各々の鏡は中心の火のそれ自身のイマージュを創出する――それが「性起」なのです。それぞれの鏡に映し出される火はそれ自体、独立しており、一つであり、独特なもののように見えますが、その現実の構成においては、多様であり複雑です。なぜなら、その中に、言わば、全ての鏡に映し出される全ての火が含まれているからです。それが「縁起」です。一が全であり、全が一である。全が全の中にあるのです。単一の原子には、無限の層から成る全世界が含まれています。これは華厳がリアリティの「因陀羅網《いんだらもう》」(Indrajāla) 構造と呼ぶものです。それは、互いを映し出すとともに、互いの中に映し出される、数えきれない宝珠から成ると言われる「インドラ神の網」の神話的イマージュに関して説かれるものです。[32]

このように華厳の存在論的思想を説明するうえで、井筒は全ての事物事象の相互滲透を可視化する「インドラ神の網」のイマージュを用いている。この網のイマージュは、インドラ神（帝釈天）の宮殿の大広間に張りめぐらされた羅網（宝珠を連ねた網）では、網の結び目に宝珠がつけられ、宝珠の表面は鏡のように反射し、それらが互いに映じ、映じた玉がまた映じて無限に反映し合う重々無尽の様相を示すものである。全ての宝珠が一つの宝珠に映り、一つの宝珠に全ての宝珠が映っている。まさに「一が全であり、全が一である」。

さらに存在と意識の多重多層的構造と連関して、井筒が強調したことは、東洋の伝統的な哲学思想全般にみられる重要な特徴として、東洋の哲人たちが伝統的な修行方法をとおして、深層意識の次元を体験的事実として拓き、その地平に身を据えながら、存在リアリティの多元的・多層的な構造を眺めることができるということであった。東洋の哲人たちは意識の表層と深層を二つでありながら、それら二つを同時に機能させることで、存在世界の表層と深層を、いわば「二重写しに観る」ことができるという。このように東洋思想の伝統では、表層意識を超えた深層意識を認めて、人間の認識主体の意識的深化を説く。井筒「東洋哲学」では、存在と意識の重層構造がその哲学的思惟の本質を成している。

東洋の思想伝統には、禅宗の坐禅とか、ヒンドゥー教のヨーガ、宋代儒者の静坐、『荘子』における坐忘など、いろいろな伝統的な修行形式がある。それらは意識の深層を拓くための修行方法である。井筒はイスラーム哲学をはじめ、東洋思想の原点の一つとして、形而上的実在体験と哲学的思惟の根源的な結びつきを考えた。客観的現実の多層と主観的意識の多層とのあいだに、一対一の対応関係が成り立っている。つまり、表層意識では現実の表層だけが見えるのに対して、意識の深層には現実の深層が見える、と井筒は言う。このように井筒は、存在と意識が多重多層的に連関する東洋哲学の構造論を展開したのである。

エラノス講演において、井筒は意識と存在の密接不可分の構造を「意識と存在の構造モデル」として具体化した。その構造論における井筒の鍵概念は、全ての存在分節の根源である絶対無分節の状態を示す「意識のゼロ・ポイント」あるいは「心理のゼロ・ポイント」。それは「意識・即・存在」という形而上的実在体験の事実によって、同時に「意識のゼロ・ポイント」即「存在のゼロ・ポイント」である。井筒は一九七四年のエラノス講演「儒教形而上学におけるリアリティの時間的次元と非時間的次元」において、中国宋代の儒者たちが実践した意識訓練の方法、すなわち、「静坐」と「格物窮理」について論じている。井筒によれば、「静坐」とは心内のざわめきを鎮め、同時にそれと相関的に心外すなわち存在世界のざわめきを鎮める修行であり、「窮理」とは、静まり澄み切った心によって経験的世界の事物を見つめながら、それらの事物の根源的な「本質」の自覚に到達しようとする「本質」探求の道を意味する。「静坐」も「窮理」も理論的には、『中庸』の「未発」「已発」の概念に基礎を置いている。ここで「未発」とは心の未発動状態、井筒の言う「意識のゼロ・ポイント」であって、それが同時に存在世界の未展開状態、彼の言う「存在のゼロ・ポイント」を意味する。「已発」は「意識のゼロ・ポイント」から、何らかの方向へ発動した状態の心であると同時に、「存在のゼロ・ポイント」から様々な事物事象として展開した存在世界のあり方を意味する。このように井筒の意味論的視座によれば、心と世界は全く同じものであり、両者のあいだには、存在論的差異は存在しない。

「意識のゼロ・ポイント」即「存在のゼロ・ポイント」によって言説される意識・存在の構造モデルは、井筒「東洋哲学」の構想を意味論的に支える重要な枠組である。「意識のゼロ・ポイント」即「存在のゼロ・ポイント」のキータームは、エラノス講演の中で、次第に鍵概念として洗練されていった。一九七九年二月に帰国した直後、岩波市民講座の講演「イスラーム哲学の原点」において、井筒は意識・存在の相関的構造を「意識零度・存在零度」や「意識と存在の構造モデル」を用いながら論じた。井筒によれば、観想修行によって意識の深層が開示されるとき、そこに「意識のゼロ・ポイント」即「存在のゼロ・ポイント」の絶対無分節の状態が生起するのだ。

東洋思想の伝統では、「存在のゼロ・ポイント」は伝統的にさまざまに呼ばれてきたが、多くの場合、言語以前が存在の絶対究極的あるいは絶対無分節的な境位とされてきた。井筒は言う、その境位を肯定的に根源的「有」と措定するか、あるいは、否定的に根源的「無」と措定するかによって、東洋の形而上学は大きく二つに分かれる。それは「有」の形而上学と「無」の形而上学である。ただし、井筒「東洋哲学」の視座において、存在の根源たる「存在のゼロ・ポイント」を絶対無分節の境位として捉えるとき、それら二つの形而上学は本質的に同じ意味論的構造をもつ。東洋思想において、「存在のゼロ・ポイント」は、井筒によれば、老荘思想の「道」、易の「太極」、大乗仏教の「真如」や「空」、禅仏教の「無」などのキータームによって表現される。

このように井筒の「東洋哲学」構想は、エラノス会議における古典的思想テクストの意味論的〈読み〉の蓄積をとおして、年限を経て次第に具体化していった。井筒のエラノス講演集『東洋哲学の構造』を繙くとき、私たちは一二篇のエラノス講演の中に、井筒の晩年の主著『意識と本質』以後の著作で展開される哲学的思惟の萌芽、東洋の伝統的思想テクストの詳細な意味論的理解を読みとることができる。つまり、井筒のエラノス講演は、独自の「東洋哲学」構築へ向けての、精魂を傾けた哲学的思惟の結晶を示している。

第四章　東洋思想の創造的な〈読み〉

宗教、神話、哲学をめぐる思想に関する対話の場としてのエラノス会議には、おもな講演者として二〇世紀に心理学、宗教学、神秘主義などの研究で、各学界を牽引した研究者たちが参加した[01]。井筒の『東洋哲学の構造——エラノス会議講演集』（*The Structure of Oriental Philosophy: Collected Papers of the Eranos Conference*）の内容は、すでに述べたように、『意識と本質』における主要な論点の萌芽を示している。そのことは、エラノス講演における井筒の哲学的関心が『意識と本質』の主要なテーマとして継承・展開されたことを示している[02]。その意味でも、井筒のエラノス講演は、彼が晩年に構想した「東洋哲学」構想の展開にとって大きな意義をもっている。本章では、井筒がエラノス講演をとおして展開した東洋思想の創造的な〈読み〉を中心として、彼の創造的〈読み〉のおもな特徴を考察してみたい。井筒は東洋思想について講演をおこなう中で、東洋思想全体を歴史的連関から引き離して、それらを共時的な思考の次元へ移し、独自の「東洋哲学」構想を構築していった。ここでは、井筒が構想した東洋思想の「共時的構造化」という方法論的射程とその形成過程を辿りながら、井筒「東洋哲学」の創造的解釈の特徴を探究してみたい。

1 東洋思想の創造的な〈読み〉へ

井筒はユダヤ思想やイスラーム思想ばかりでなく、インド哲学、仏教の諸思想、中国の老荘思想さらに日本の思想など、実に広範囲な哲学思想に精通していた。エラノス講演では、井筒は禅の思想をはじめ、インド哲学、仏教思想、中国の思想などの東洋思想の古典的テクストの創造的な〈読み〉にもとづいて、存在と意識に関わる東洋哲学の構造を明らかにしようと試みた。井筒は後日、エラノス会議に参加したことを振り返って、著書『コスモスとアンチコスモス——東洋哲学のために』の中で、彼がエラノス会議に招かれたのは、ちょうど東方への憶いが彼自身の胸中に去来し始めた時期であったと述べている。彼にとって、長年にわたるエラノス会議への参加は、東洋思想を自分なりに〈読み〉なおし、東洋思想の諸伝統を現代哲学の場に引き入れて、新たな視座から東洋思想を解釈しなおそうと試みた二〇年であった。[03]

井筒は青年時代以後、東洋よりも西洋に魅力を感じて、西洋の文学や哲学を深く学ぶようになった時期に、おもにイスラーム哲学の研究に従事した。ところが、エラノス会議に出席するようになる時期から、彼は次第に自分の実存の「根」が東洋にあると感じて、東洋思想に深く関心を向けるようになった。エラノス会議では、長年にわたって、東洋思想に関する講演をおこなう中で、東洋思想の伝統が長い歳月を通じて蓄えてきた意識と存在の重層構造を解き明かそうと試みた。こうして彼は、現代世界の思想状況の中で、東洋思想の諸伝統を「東洋哲学」の名に値する有機的統一体に纏め上げて、東洋思想の内包する現代哲学的な展開可能性の射程を意味論的に探究していった。井筒が自らの東洋哲学的な視座を一冊の著書の形で纏めたのは、晩年の主著『意識と本質』であった。一九七九年、イラン革命のためにテヘランから帰国することを余儀なくされた井筒にとって、イラン革命は人生の大きな転機になった。もしイラン革命が起こらなければ、井筒は『意識と本質』をはじめ、「東洋哲学」に関するその後の著書を刊行する機会はなかっただろう。井筒は当時、心ならずもイランを離れたときの心境を、「それが私の生涯の、運命を用意してくれた転機だったのかもしれない」と述懐している。さらに彼は「今度こそ、二十年ぶりで日本に落ちついて、これからは東洋哲学をめぐる自分の思想を、日本語で展開し、日本語で表現してみよう、という決心とも希望ともつかぬ憶い」を抱いていた。[04] 井筒が「意識と本質」のテーマで『思想』（岩波書店）に論考を掲載したのは、一九八〇年の春逝く頃から二年に及んだ。彼はエラノス講演をとおして、次第に醸成されていた東洋哲学の「共時的構造化」とその方法論的射程を世に問うた。彼の「共時的構造化」の方法論的射程は、一二回のエラノス講演をとおして萌芽的に構築されていた。

2　禅思想とその哲学的思惟

井筒がエラノス会議に招かれる十余年前に、前章でも触れたように、鈴木大拙がエラノス会議に招かれていた。鈴木大拙は一九五三年と一九五四年の二年連続で、禅の思想について講演していた。

晩年のユングは、鈴木大拙に並々ならぬ関心を寄せていた。鈴木大拙のエラノス会議での講演テーマは「禅仏教における自然の役割」（一九五三年）、および「禅における新たな意識の覚醒」（一九五四年）であった。井筒は鈴木大拙の後継者という意味あいが強かった。したがって、心理学者の河合俊雄も指摘するように、井筒はいわゆる「東洋思想の枠」から選ばれていたと言えるだろう。このように見ると、井筒はエラノス会議の創設に関わった三人の有名な研究者のうち、宗教学者のオットーと中国学者のヴィルヘルムの系譜につながることが明らかである。ユング心理学との直接の関係には乏しいかもしれないが、井筒がエラノス会議に参加することで、ヒルマンから刺戟を受けて、自らの「東洋哲学」構想を醸成していったことには、きわめて大きな意義があったと言わなければならない。[05]

井筒が日本を離れて、マッギル大学に籍を移した一九六〇年代には、禅思想への関心が世界的に高まっていた。禅が説く人間的主体性のあり方に、多くの知識人たちが関心を寄せていた。また、彼らの多くは鈴木大拙の著作を読んでいた。そうした状況において、一九六九年度のエラノス会議における井筒の講演テーマは、先にも述べたように「禅仏教における自己の構造」であった。当時の聴衆の禅思想への関心に応えるかのように、井筒はテクスト解釈学的な方法で、禅のテクストが開示する「我」のあり方について講演している。ただ、ここで留意しておくべきことは、井筒が禅について講演する際、説明を嫌う禅のテクストには、日常経験的な内容のテクストにはない思想的構造が存在することをよく知っていたという点である。このことは井筒の次の言葉からも明らかである。

元来、禅は説明を嫌い、己れが解釈されることに烈しく反撥する。禅は本質的に言語を超えた体験的事実であるのに、およそ説明とか解釈とかいうものは徹頭徹尾言語的な操作だからである、と。だから禅を言葉で説明し解釈することは、どんなにそれが見事に行われようとも、所詮は第二義門に堕した作業にすぎない、と。もとより私はそれを否定しはしない。ただここで一言しておきたいのは、禅にたいするこのような禅自身の言い分は、あくまで宗教的実践道としての禅の立場表明であって、禅を取り扱う哲学者にはおのずからそれとは違う言い分がある、ということである。禅本来の立場から見て第二義門であるものこそ、哲学にとっては第一義門なのであり、禅自身が第一義門とするものは、哲学的にはたかだか思想の前ロゴス的準備段階であり、思考のための素材であり、第二義門であるにすぎない。禅は体験であることは否定すべくもないが、体験だけが禅なのではない。06

つまり、井筒は禅者として禅のテクストを〈読む〉のではない。彼にとっては、禅本来の立場から見て第二義門であるものこそ、哲学にとって第一義門なのだ。禅が第一義門とするものは、哲学の立場からみれば、あくまで「思想の前ロゴス的準備段階」であり、「思考のための素材であり、第二義門であるにすぎない」。こうした井筒の言葉は、哲学者の大橋良介の言葉を援用すれば、「単なる学者でもなくまた禅者でもないという、氏の独自の己事究明姿勢」を示している。井筒は禅者として禅のテクストを読むのではない。あくまで禅のテクストを「思想の前ロゴス的準備段階」にあるものとして捉え、「思考のための素材」として読み解く。大橋が言うように、「そこからする透徹した読みは、禅門の伝統の枠を取り払って広く東洋思想一般の視野から禅門を見る、という趣がある」[07]。井筒も言うように、「禅は本質的に言語を超えた体験的事実である」。そこに禅の本質があるが、井筒はそのことを認識したうえで、あえて禅テクストの創造的な〈読み〉を試みたのだ。

井筒がエラノス講演において、特に禅思想をテーマとして東洋思想の共時的構造化を展開させた背景には、当時の禅思想への世界的な関心の高まりとともに、グローバルなレベルでの文化的パラダイム・シフトが生起していることを井筒は適確に把握していた。彼は豊饒な思想的可能性を内包する禅思想を東洋哲学の根源的思惟形態の一つとして展開しようと試みたのだ。彼は禅仏教の哲学化、東洋思想の共時的構造化をめざしたが、これらの禅に関する言語哲学的考察は、井筒「東洋哲学」の基軸を成している。このようにエラノス会議への参加は、ユングやエリアーデと同じく、井筒にとっても「東洋哲学」の構築の試みを具体化する絶好の機会となった。そのことを自覚していた彼は、毎年、エラノス講演の原稿を周到に仕上げた[08]。

井筒はエラノス講演において、東アジアの漢字文化圏にあった禅テクストの言葉を、鈴木大拙を継承して、英語で説き明かすことによって、「禅の哲学化」を試みた。それは伝統的な東洋思想を「新時代の要請に応ずる形で組みなおそう」との井筒の実存的な思いに根ざしていた。そこで、井筒は「禅の限りなく豊饒な思想的可能性」をもつ禅体験を「哲学化」することをめざした。井筒の言葉を援用すれば、「みずみずしい精神的創造力が禅には今なお溌溂と生きているのだから」、「それをどう哲学化していくかということに、私はつきせぬ「テクスト（読み）の悦楽」を感じる」という。「テクスト」の語をその原義に引き戻して考えると、text の語源 texō, texere はラテン語で「織る」の意味である。そこで井筒は「text = texture ——禅的エクリチュールは実に多彩な意味形象の図柄を我々の前に織り出して見せるのであって、それをどう読みほぐしていくか、そこに一つの興味深い現代思想の課題を私は見る」と言う。[09] この井筒の言葉は、彼がエラノス講演に取り組んだ心の姿勢を端的に表現している。それは、禅のテクストをはじめ東洋思想の古典的テクストを、現代思想の展開可能性を射程に入れながら創造的に〈読み〉なおすことにあった。広大な地域に拡がる東洋の思想的遺産である古典的テクストの〈読み〉を出発点として、その基盤のうえに哲学的思惟の創造的原点となるように「東洋哲学」を展開しようとしたのだ。

3　「存在はコトバである」

井筒が生前、しばしば強調したように、西洋哲学は一つの有機的統一体の自己展開として全体を見通すことができる。ところが、東洋哲学には、全体的統一もなければ有機的構造性もない。全体として、西洋哲学と並置できるような纏まりはない。東洋思想の多くの思想潮流を「東洋哲学」の名に値する有機的統一体へと纏め上げ、さらにそれを「未来志向的に、哲学的思惟の創造的原点となり得るような形に展開させる」ために、井筒は東洋思想の「共時的構造化」を試みた。その哲学的思惟の試みは「東洋の主要な哲学的諸伝統を、現在の時点で、一つの理念的平面に移し、空間的に配置しなおす」ことから始まる。さらに哲学伝統を「構造的に包みこむ一つの思想連関的空間を、人為的に創り出そうとする」のだ。[10] こうした理論的操作によって成立する思想空間は多元的・重層的な構造をもつと井筒は言う。

その構造分析をとおして、井筒は東洋の哲学的思惟から幾つかの基本的思想パターンを取り出し、その思想パターンを基盤として「東洋哲学」を意味論的に構築しようとした。東洋思想の歴史的連関性の展開を共時的連関性へと組みなおし、東洋思想を「一つの共時的構造テクスト」として、一つの有機的構造として定立した。さらに井筒は、その第二段の方法論的操作として、「こうして取り出された東洋哲学の根源的パターンのシステムを、一度そっくり己れの身に引き受けて主体化し、その基盤の上に、自分の東洋哲学的視座とでもいうべきものを打ち立てていく」。つまり、彼は東洋思想の諸伝統を「我々自身の意識に内面化し、そこにおのずから成立する東洋哲学の磁場のなかから、新しい哲学を世界的コンテクストにおいて生み出していく」ことを試みた。[11] そうした背景には、西洋哲学の現状に比べると、東洋思想の研究が停滞しているとの井筒の認識があった。井筒は東洋の思想文化の遺産を、「現代」という時代の知的要請に応じながら、生きた形で展開しようと試みた。したがって、彼は東洋思想の古典テクストを創造的に「誤読」して、自分の思索を打ち立てようとしたのだ。

井筒は晩年、意味分節理論の視点から、空海の真言密教思想について、その言語哲学的な展開可能性の射程を探究している。彼は学術雑誌の『思想』に、「意味分節理論と空海」と題する論文を発表したが、それは一九八四年の一二月、高野山で開催された日本密教学大会の特別講演「言語哲学としての真言」にもとづいたものである。[12] 空海の思想に関する彼の論考は、この論文だけである。

井筒は意味論的に、コトバに関する空海の思想の中核を「存在はコトバである」という一つの根源的な命題に凝縮した。存在するもの全てが根源的に「コトバ」的であるとして、存在とコトバのあいだに同定関係が成り立つと井筒は言う。井筒が論じるように、空海の真言密教の思想を意味論的に一つの命題の形に凝縮すると、それはもはや宗教的ではなくなるが、井筒は空海の思想をあえてこのように哲学的思惟レベルに移して、「真言」（まことのコトバ）の意味を捉えなおそうとした。

空海は『弁顕密二教論』のなかで、密教を全ての顕教から区別する「果分可説」を説いて、それを真言密教の標識とした。「果分」とは、井筒の説明によれば、「意識と存在の究極的絶対性の領域、絶対超越の次元」のことである。その「果分」に対立するものは「因分」、すなわち日常言語が通用する日常経験的現実の世界である。井筒の意味論的地平から見れば、私たちがふつう「コトバ」の語によって意味するものは、「因分」のコトバであって、「果分」のコトバではない。「果分可説」では、「コトバを絶対的に超えた（と、顕教が考える）事態を、（密教では）コトバで語ることができる、あるいは、そのような力をもったコトバが、密教的体験としては成立し得る」。こうした立場から見れば、「果分」という絶対超越の領域は「本来的に無言、沈黙の世界ではなく」[13]、「この領域にはこの領域なりの、つまり異次元の、コトバが働いている、あるいは働き得る」。つまり、いわゆる「果分可説」の立場から、空海は悟りの境地を言語化できるような「異次元のコトバ」の働きを説いたと井筒は言う。

この「異次元のコトバ」は、存在世界全体に遍満し、それを貫流する創造的な力として顕現すると井筒は捉える。このことは常識的な思考によれば、単なる想像とか空想にすぎないかもしれないが、密教的コスモロジーに生きる人々にとって、それはまさに「生きた実在感覚」である。井筒は空海の『声字実相義』における有名な言葉、すなわち「五大にみな響あり、十界に言語《ごんご》を具す」を引用し、そのうえで、「真言」のあり方を次のように言う。

地・水・火・風・空の五大、五つの根源的存在構成要素は、普通は純粋に物質世界を作りなす物質的原質と考えられているのであるが、それが、実は、それぞれ独自の響を発し、声を出しているのだ、という。すなわち、空海によれば、すべてが大日如来のコトバなのであって、仏の世界から地獄のどん底まで、十界、あらゆる存在世界はコトバを語っている、ということになる。[14]

空海によれば、「すべてが大日如来のコトバ」であり、さらに「六塵悉く文字なり」というように、全存在世界において、私たちが認知する一切の認識対象(もの)はことごとく「文字」である。存在世界は「コトバの世界」、「声と響の世界」、「文字の世界」である。空海の思想に精通する仏教学者の高木訷元の言葉を援用すれば、「根源的なコトバ(法身)そのものの自己顕現が全存在世界ということになる。そしてその絶対根源語の顕われかたも種々の差別相を有するがゆえに、存在世界の様相が「十界」として存在するのである」。[15] さらに高木は、法爾自然《ほうにじねん》のコトバについて、『声字実相義』における空海の次の言葉を引用する。「名の根本は法身を根源と為す。彼より流出して、稍く転じて世流布の言と為るのみ。若し実義を知るをば則ち真言と名づけ、根源を知らざるをば妄語と名づく」[16]。この点について、高木は次のように説明する。

つまりわれわれが語るコトバも法身のコトバも、本質的には内面的連関性を有すると、空海は言うのである。なぜなら、あらゆる言語の根本は法身を源泉とするからである。井筒俊彦氏の表現を借りて言えば、われわれが常識的にコトバと呼び、コトバとして日々使っているものも、根源まで遡ってみれば、法身大日如来の真言なのであり、換言すれば、真言の世俗的展開の形態にほかならぬということになる。[17]

また同時に、高木は次のようにも言う。「空海が言及する「名」すなわちコトバは単に文字のみに限らず、色、声、香、味、触、法の六境、つまりわれわれの認識対象を基体とするすべてにわたって言い得ることであって、和歌などの詩文に限らず、絵画、彫刻といったものから、音楽、舞踊などの分野に至る六塵すべてにわたってのコトバにまで及んでゆく」[18]。こうした空海の言語論に照らして、井筒の言語哲学を捉えなおすとき、井筒が言語を単に日常的に使用している言語に限定することなく、絵画や音楽などのさまざまな文化現象にも「コトバ」の語を使用したことは、意味論的にきわめて意義深いと言わなければならない。

4　言語的意味分節とその哲学的思惟パターン

すでに前章で述べたように、井筒の言語哲学によれば、言語は元来、意味分節を本源的機能とする。意味分節とは、意味による存在の切り分けのことである。「分節」とは、井筒の言葉を援用すれば、「我々の実存の深層をトポスとして、そこに貯蔵された無量無数の言語的分節単位それぞれの底に潜在する意味カルマ（＝意味可能体）の現象化志向性（＝すなわち自己実現、自己顕現的志向性）に促されて、なんの割れ目も裂け目もない全一的な「無物」空間の拡がりの表面に、縦横無尽、多重多層の分割線が走り、無限数の有意味的存在単位が、それぞれ自分独自の言語的符丁（＝名前）を負って現出すること」である。[19] 対象を意味分節することによって、「コトバ」ははじめて意味指示的に働く。日常的経験世界で出合う全ての事物事象、さらにそれを眺める私たち自身も全て、このように生起した有意味的存在単位である。こうした存在現出の根源的な事態を、井筒は「意味分節・即・存在分節」と呼ぶ。井筒の意味論的な視座は、東洋の思想伝統を文献学的に研究するばかりでなく、東洋思想の諸伝統をみずからの意識に内面化することによって、そこに成立する東洋哲学の磁場の中から、新たな哲学的思惟を展開する。

「東洋哲学」をめぐる井筒の意味論的視座は、エラノス会議で東洋思想に関する講演をおこなう過程で、歳月をかけて次第に具体化していったものである。その構想の誕生に、エラノス講演が大きな契機となった。それは井筒がエラノス会議で講演することによって、その哲学的な枠組を徐々に自覚するようになったことを意味する。彼は主催者のリッツェマから、「哲学的意味論」という方法論を自分の研究分野として示唆されて、方法論的視座として「哲学的意味論」を意識するようになったことは既に述べたが、[20]それまでも、井筒はたしかに意味論的視座を構想していたものの、方法論として「意味論的社会学」とか「文化の意味論的解釈学」を考えていた。ところが、エラノス会議に招待された時期からは、「哲学的意味論」を自らの方法論として東洋思想テクストの新たな〈読み〉に専心していく。つまり、エラノス会議の講演者として招かれたことが、井筒「東洋哲学」構想の誕生にとって、実に大きな転機になったと言わなければならない。[21]

東洋思想の意味論的解明を進める中で、すでに言及したように、井筒は東洋思想に見られる二つの主要な立場の存在に注目した。それらは「存在＝空名」の立場と「名→存在＝実在」の立場である。[22]言語と存在の原初的連関性に特に注目した井筒は、これら二つの立場を東洋思想の存在論を根底的に規定する主要な哲学的立場として把握した。まず、「名→存在＝実在」の立場は、言語と存在とのあいだに、一対一の実在的対応関係を認める立場である。それは物が実在し、それを言語（「名」）が実在対応的に指示する視座を提示する。一方、もう一つの「存在＝空名」の立場とは、言語の存在分節的な意味機能によって生み出された事物事象が個別的な語の意味の実体化にすぎないとするものである。東洋には古くから、言語と存在の関係について徹底的な言語否定的な立場があった。この立場はまさに言語の実在指示性を否定する。言語（「名」）とその指示対象（「実」）の関係について、大乗仏教思想も老荘思想も、シャンカラのヴェーダーンタ哲学もすべて、根本的に言語否定的な立場、すなわち、言語が「実有」を指示しえないという見方を採る。

東洋思想におけるこれら二つの立場のうち、井筒は自らの主体的な関心から、また同時に意味論的な視座から、後者の立場に親近感を覚えていた。何度か紹介した晩年の次の言葉は、精魂を傾けて構想した「東洋哲学」の根本的な特徴を示唆している。

正直に言いますと、私なんか自分自身では、数ある神秘主義の歴史的伝統形態のなかで禅が一番身近なので、人格神というものが入ってくると、どうも目障りになるんです。人格神の信仰を入れないで、純粋に形而上学的「一者」で終始した方がすっきり哲学できる。しかし実際世界の神秘主義の流れの中には歴史的に人格神としての「一者」の信仰という現象が起っているのだから、それを重要視しないわけにはいかない。特にスーフィズムなどは人格神をおいては考えられませんからね[23]。

彼の哲学的思索の原点は、幼少期以来、最も身近に親しんでいた禅的体験とその思想にあった。ここに引用した彼の言葉からも、そのことは容易に了解できるだろう。彼は「名→存在＝実在」の立場にほとんど関心を示さなかった。そのことと同じように、晩年の「東洋哲学」構想において、人格神としての「一者」の信仰の重要性を認めてはいるが、具体的にほとんど全く人格神の信仰や思想には言及していない。彼の哲学的思惟のなかでは、「人格神」の思想はほとんど位置を占めていない。このことは、彼の「東洋哲学」の本質的特徴を明らかにするうえで注目すべき点であると言わなければならない。

井筒はイスラーム研究についてみれば、晩年になるほど流出論的枠組を中心に置く思想を重視する。特にイブン・アラビー（一二四〇年没）の「存在一性論」（waḥdat al-wujūd）に学的関心を限定し、その意味世界を読み解こうとしている。存在（wujūd）の概念を中核とする哲学的思惟はギリシア哲学と結びついていた。イブン・アラビーの哲学的思惟をめぐって、井筒は存在を究極的「一者」として捉えたうえで、経験的世界のあらゆる存在者が「一者」の自己限定であるとし、その意味論的分析をおこなった。そのことは、彼が次第に自らの主体的な関心に沿って構築しようとした独自の「東洋哲学」の重要な側面を成していた。井筒のこうしたイスラーム哲学研究は、イスラーム哲学者の鎌田も論じているように、彼独自の「東洋哲学」と連動していた。井筒は「流出論」と言われる思想を展開したプロティノスを代表とする新プラトン主義を高く評価した。新プラトン主義は全ての対立を越え、全てを包摂する「一者」から段階的に現実の世界が現れることを説く。新プラトン主義の流出論に影響を受けたイスラーム哲学に井筒が強い関心をもっていたことは注目に値する。プロティノスの思想は、絶対未分節で無限定な実在が言語的「意味分節」によって、多様な現実の存在世界が有意味的存在単位として現出するという井筒の意味論的枠組に通底するパースペクティヴ性をもっていた。[24]

井筒は意味論的視座において、言語的「意味分節」（＝意味による存在の切り分け）を言語の本源的機能とみなし、実存的意識の深層をトポスとして、無数の有意味的存在単位がそれぞれ独自の言語的符丁（＝名前）を負って現出すると言う。「意味分節・即・存在分節」という命題によって特徴づけられる井筒の言語的意味分節論は、本質的に「存在＝空名」の立場に通底するパースペクティヴ性をもっている。エラノス講演において、井筒が東洋的思惟形態の一つの重要な特徴として強調したことは、東洋の哲人たちが日常的経験の世界に存在する事物を事物として成立させる境界線を取り外して、存在の深みを見ることを知っていたという点であった。東洋の哲人は、いわば複眼で存在のリアリティを見ることを覚知していた。事物相互間を分別する存在論的境界線を、荘子は「封」とか「畛」（原義は、耕作地の間の道）と呼んだが、東洋の哲人たちは「畛」的枠をはずして見ながらはめて見る、はめて見ながらはずして見ることを実践した、と井筒は言う。そうした境位では、「多」が「多」でありながら「一」であり、「有」が「有」でありながら「無」である。伝統的な東洋思想の〈読み〉において、井筒が晩年、特に注目したのは禅思想ばかりでなく華厳思想であった。井筒によれば、華厳思想の存在論は、洋の東西を問わず、世界の哲学者たちの思想において中心的な役割を果たしてきた普遍的思想パラダイムである。具体的には、先に述べたイスラーム哲学者、イブン・アラビーの存在一性論がその典型的な一例であり、さらに中国の哲人の荘子の「渾沌」思想、後期ギリシアの新プラトン主義の始祖、プロティノスの神秘主義的体験の存在ヴィジョン、西洋近世のライプニッツのモナドロギーなどを井筒は挙げている。

井筒の哲学的視座からみれば、東西の哲学史に見られるこれらの思想は、具体的には様々に異なる表現形態や名称によって伝えられてはいるが、それらのいずれもが、華厳的な術語で言えば、「事事無礙」という一つの共通な根源的思惟パラダイムに属している。そうした考え方は、経験的世界における全ての事物事象が互いに滲透し合い、相即渾融するという存在論的思想である。華厳思想では、存在論的境界線によって互いに区別されたものは「事」と呼ばれる。私たちの日常的意識において、素朴実在論的な認識主体の目で見ると、経験的世界には、互いに相違する無数の事物事象が見えるだけである。こうした認識主体にとっては、「事」から「理」への通路は塞がれている。ところが、「事」は本来、絶対に無分節である「理」が一切の事物事象という形で、自己分節的に現象したものである。華厳思想の視座から見れば、素朴実在論的な意味における「事」の否定から出発して「理」に至り、そこから立ち戻って「事」の復活に至る。私たちがふつう「現実」とか経験的世界と呼んでいるものは「「理」の「事」的顕現」である。さらに井筒は言う、「「理」はなんの障礙もなしに「事」のなかに透入して、結局は「事」そのものであり、反対に「事」はなんの障礙もなしに「理」を体現し、結局は「理」そのものである」。このように「理」と「事」が互いに渾融している存在の実相を、華厳思想は「理事無礙」という術語で表現する。「理事無礙」の段階になると、そこでは、「事」の意味もおのずと柔軟になる。[25] 禅の思想では、限りのない存在の分別相が、一挙に無分別の空間へ転成する境位が自覚されるとき、その境位は「無」と呼ばれる。「廓然無聖」とか「無一物」という禅の言葉が示唆しているように、この「無」は「冥想の実践的極限状況に現成する体験的事態」、すなわち、意識と存在の分節以前という意味である。禅の思想でいう「無」は、華厳哲学によれば、「事」に対する「理」に当たる。中観思想でいえば、それは「空」（śūnyatā）に相当する。

このように井筒の東洋哲学的な思惟の特徴を考察するとき、彼の哲学的思惟を支える意味論的視座は、東洋の伝統的な諸思想に新たな〈読み〉の可能性を提示すると同時に、それらの諸思想を貫く哲学的思惟の根源的パターンを明らかにしている。

5 「意識のゼロ・ポイント」と「存在のゼロ・ポイント」

イスラーム哲学を含む、東洋の伝統的な哲学思想全般にみられる重要な特徴として、井筒が強調するのは、東洋の哲人たちが伝統的な修行方法をとおして、深層意識の次元を体験的事実として拓き、その地平に身を据えながら、存在リアリティの多重多層的構造を眺めることができるという点にある。井筒によれば、東洋の哲人たちは意識の表層と深層を二つでありながら、それら二つを同時に機能させることで、存在世界の表層と深層を、いわば「二重写しに観る」ことができる。この点について、井筒は次のように言う。

いわゆる東洋の哲人とは、深層意識が拓かれて、そこに身を据えている人である。表層意識の次元に現われる事物、そこに生起する様々の事態を、深層意識の地平に置いて、その見地から眺めることのできる人。表層、深層の両領域にわたる彼の意識の形而上的・形而下的地平には、絶対無分節の次元の「存在」と、千々に分節された「存在」とが同時にありのままに現われている。[26]

つまり、東洋の哲人は複眼で存在世界を見る。存在の「畛《しん》」すなわち分限をはずして、事物事象を見るとともに、一度外した「畛」をまたはめ直して見る。それを井筒は「二重の見」と呼ぶ。たとえば、「空」の立場から「不空」を見る。「無」を見た目で、そのまま「有」を見る。すなわち、「無」と「有」を二重写しに見るという、いわゆる二重の「見」がここに現成する。また、「事」を見ていながら、それを透き通して、そのまま「理」を見る。つまり、複眼で世界を見る主体にとっては、同じものが「事」であって「理」である、「理」でありながら「事」である。このように東洋思想の伝統では、表層意識を超えた深層意識を認めて、人間の認識主体の意識的深化を説く。井筒「東洋哲学」では、意識と存在の重層構造がその哲学的思惟の本質を成している。

東洋の思想伝統には、禅宗の坐禅とか、ヒンドゥー教のヨーガ、宋代儒者の静坐、荘子の坐忘など、いろいろな伝統的な修行形式がある。それらは全て意識の深層を開くための修行方法である。井筒はイスラーム哲学をはじめ、東洋思想の原点の一つとして、神秘主義的な実在体験あるいは形而上学的体験と哲学的思惟の根源的な結びつきを考えた。神秘主義の視点から東洋思想の構造を明らかにしようとしたと言えるだろう。井筒は言う、「客観的現実の多層と、主観的意識の多層とのあいだに一対一の対応関係が成り立っている」。つまり、「浅い表面的意識では現実の浅い表面だけが見える。意識の深層には現実の深層が見える」[27]。このように井筒は、存在と意識が多層的に連関する東洋哲学の深層構造を捉える。

エラノス講演の中で、井筒は意識と存在の密接不可分の構造を「意識と存在の構造モデル」として具体化していった。その構造論における井筒のキータームは、全ての存在分節の根源である絶対無分節の状態を示す「意識のゼロ・ポイント」（the zero-point of consciousness）あるいは「心理のゼロ・ポイント」（a psychological zero-point）であった。それは「意識・即・存在」という形而上的体験の事実によって、同時に「世界のゼロ・ポイント」（a cosmic zero-point; the zero-point of the cosmos; the zero-point of the universe）あるいは「存在のゼロ・ポイント」（the zero-point of Being）である。たとえば、彼は一九七四年のエラノス講演（「儒教の形而上学における存在の俗的次元と非俗的次元」“The Temporal and A-temporal Dimensions of Reality in Confucian Metaphysics”）において、中国宋代の儒者たちが実践した意識訓練の方法、すなわち、「静坐」と「格物窮理」について論じている。井筒によれば、「静坐」とは心内のざわめきを鎮め、同時にそれと相関的に心外すなわち存在世界のざわめきを鎮める修行であり、「窮理」とは、静まり澄み切った心によって経験的世界の事物を見つめながら、それらの事物の根源的な「本質」の自覚に到達しようとする「本質」探求の道を意味する。その点について、井筒は『意識と本質』において、宋儒が実践した意識訓練の方法、すなわち、「格物窮理」が表層と深層の両方にわたる意識の認識能力を挙げて、表層から深層に及ぶ存在世界の真相を探究することであると論じている。「静坐」も「窮理」も理論的には、『中庸』の「未発」「已発」の概念に基礎を置く。ここで「未発」とは心の未発動状態、井筒の言う「意識のゼロ・ポイント」であって、それが同時に、存在世界の未展開状態、彼の言う「存在のゼロ・ポイント」を意味する。したがって、「已発」は「意識のゼロ・ポイント」から、何らかの方向へ発動した状態の心であると同時に、「存在のゼロ・ポイント」から様々な事物事象として展開した存在世界のあり方を意味する。このように井筒の意味論的な視座によれば、「心と世界は全く同じものであり、両者のあいだには、存在論的な差異は存在しない」[28]。

「意識のゼロ・ポイント」と「存在のゼロ・ポイント」によって言説される意識・存在の構造モデ

ルは、井筒「東洋哲学」の構想を意味論的に支える重要な枠組である。「意識のゼロ・ポイント」と「存在のゼロ・ポイント」の語は、エラノス会議における講演の中で、次第にキータームとして錬磨されていった。井筒は『イスラーム哲学の原像』の中で、意識・存在の相関的構造を「意識零度・存在零度」や「意識と存在の構造モデル」というキータームによって論じている。観想修行によって意識の深層が開示されるとき、そこに「意識のゼロ・ポイント」すなわち「存在のゼロ・ポイント」の絶対無分節の状態が生起する。この点について、井筒は次のように言う。

それらすべてのものが錯綜し混じりあってできた全体が、ついにまったく内的に何もない完全な一になってしまう。もうそこではかつてものであったものの痕跡すらありませんので、その意味で無であります。そこではもはや、見るものも見られるものもありません。主体も客体もなく、意識も世界も完全に消えて、無を無として意識する意識もありません。（中略）主体的意識が観想状態の究極において完全に消滅して無となる、この意識のゼロ・ポイントに忽然として現われてくる実在のゼロ・ポイント、これを絶対無と見ることは、存在論的に申しますと、それを実在の絶対無分節の状態、内的にまったく分節されていない、区別されていない、まったく限定されていない状態としてみることであります。[29]

東洋思想の伝統において、「実在のゼロ・ポイント」すなわち「存在のゼロ・ポイント」は、伝統的にさまざまに呼ばれてきたが、多くの場合、言語以前が存在の絶対究極的あるいは絶対無分節的な境位とされてきた。その点については、すでに触れたように、井筒は次のように言う。その境位を肯定的に根源的「有」と措定するか、あるいは、否定的に根源的「無」と措定するかによって、東洋の形而上学は大きく二つに分かれる。すなわち、「有」の形而上学と「無」の形而上学である。[30]ただ、井筒「東洋哲学」の視座において、存在の根源たる「存在のゼロ・ポイント」を絶対無分節の境位として捉えるとき、それら二つの形而上学は本質的に同じ意味論的構造をもつ。東洋思想において、「存在のゼロ・ポイント」は、井筒によれば、老荘思想の「道」、易の「太極」、大乗仏教の「真如」や「空」、禅仏教の「無」などのキータームによって表現される。さらに「実在」、ハイデッガーのいう意味での「存在」(Sein)は「そのゼロ・ポイントにおいてのみ、真相を開示する」と井筒は言う。これらのキーターム群は、重々無尽の意味連関組織の網目構造を創り出す。井筒は『意識と本質』以後の著書の中で、常に東洋哲学的パースペクティヴを意識しながら、伝統的な東洋思想テクストを現代的視座から読みなおし、その〈読み〉によって、独自の哲学的思惟を掘り下げて展開することを試みたのである。

「意識のゼロ・ポイント」すなわち「存在のゼロ・ポイント」の絶対無分節の状態は、井筒「東洋哲学」の構造において、形而上学的思惟の極限を示す。老荘思想の「道」などの絶対無分節の境位を示すキーターム群は全て仮名である。それらのどの一つも本名ではない。形而上学的思惟の極限を示す「道」にも、実際のところ、全く「名が無い」。それは老荘的思惟による真実在のあり方を示唆する。極限的に絶対の「無」であり、老子のいわゆる「無名」である。「無名」すなわち「名が無い」とは「言語を絶対的に超越する」こと、絶対無分節であることを意味する。それは井筒によれば、「あらゆる形でのコトバの接近を拒否するところの「口では言えないもの」（アッレートン arrēton）である」[31]。「口では言えないもの」という観点からみれば、それはオットーが言う「聖なるもの」の非合理的な要素すなわち「ヌミノーゼ」と共通した意味構造をもっている。「ヌミノーゼ」も合理的なものを撥ねつけるとともに、概念的な把握が全く不可能である。厳密な意味では規定することができず、ただ示唆することができるだけである。その純粋な「無」の拡がりに、言語の存在分節的な働きによって、数限りない事物事象が現出する。それは『老子』が説く「無名」から「有名」への転換である。意識・存在の形而上的「無」が、意識・存在の経験的「有」へと移行する。

こうした事態について、井筒の言語的意味分節論の視座から捉えなおすと、コトバが全く働いていない絶対無分節的意識の深層の暗闇のなかに、コトバの存在喚起力によって、「コトバの光がゆらめき始める。いままで「無」意識だった意識が、自らを意識として分節し、それを起点として、存在の自己分節のプロセスが始まる」。「その先端に、万華鏡のごとき存在的多者の世界が現出する」。こうして意識と存在の形而上的「無」が経験的「有」へと移行する。荘子はこの微妙な存在論的一次元を「渾沌」と呼ぶ。荘子にとっては、「渾沌」（究極的には「無」）こそが「存在の真相であり深層である」のだ[32]。井筒はこうした絶対無分節の極限的境位を、荘子が言うミュトス的形象に映して「渾沌」の神のイメージを描く。

その昔、まだ現象世界が存在していなかった太古の時代に、「渾沌」の神が居た、と荘子は語り出す。この神の顔は目も鼻も口も耳もない全くのノッペラボー。同情した友人の神々が、苦心惨憺してその顔の表面に「穴」を鑿ってやる。ところが、「穴」が全部鑿りあがって、目と鼻と口と耳が開いたとたん、「渾沌」の神はパッタリ死んでしまったのだった、と。[33]

ここで「渾沌」とは、井筒の意味論的分析によれば、「まだ一物も存在していない非現象、未現象の、つまり絶対無分節の、「無物」空間」を意味する。この説話が語る「渾沌」の死は「実在の決定的な次元転換」、すなわち「絶対無分節の、本源的非分節、から分節態へ」、「非現象性から現象性への存在的次元転換」を示している。井筒はあえて荘子の真意に近い表現を選び、それは「次元転落」であるとも言う。[34] このように井筒は、形而上学的思惟の極限的境位、および存在現出をめぐる言語的意味分節の根源的事態を、「意味分節・即・存在分節」というキーワードに要約する。

6 「コスモスとアンチコスモス」

伝統的な東洋思想を「二重の見」の視座から捉えなおすとき、井筒が強調するのは、東洋哲学的パースペクティヴが東洋思想の構造それ自体の奥底に、コスモスのロゴス的秩序を内面から崩壊させようとする「アンチコスモス」（存在解体）的な性格をもっていることである。すでに示唆したように、井筒はコスモスを「有意味的存在秩序（有意味的に秩序づけられた存在空間）」として規定する。[35] コスモスには、井筒によれば、エリアーデが『聖と俗』のなかで論じるように、大小様々の規模が存在する。大は天体宇宙から、小は家、その中間には村、社会、世界、自然などのように、全てそれぞれ一つのコスモスである。つまり、私たちの日常生活や日常的行動空間そのものがコスモスであり、私たちが日常生活を生きること自体が、コスモスのなかに存在していることになる。一方、「存在秩序への反逆、存在の有意味的構造にたいする暴力的破壊への志向性」、すなわち、コスモスに対する「攻撃的、否定的エネルギーに変成したカオス」を井筒は「アンチコスモス」と呼ぶ。井筒によれば、アンチコスモスとは「外部からコスモスに迫って来る非合理性、不条理性の力ではなくて、コスモス空間そのものの中に構造的に組み込まれている破壊力」のことである。つまり、「存在秩序それ自体が自己破壊的であり、自分自身を自分の内部から、内発的に破壊するというダイナミックな自己矛盾的性格をもつ」のである。[36]

すでに論じたように、東洋哲学の主流は「昔から伝統的にアンチコスモス的立場（存在解体的立場）を取ってきた」と井筒は強調する。東洋思想には、「空」とか「無」という根源的な否定概念を存在世界の構造の中へ導入して、それをコスモスの原点に据えることによって、逆にコスモスを根柢から破壊しようとする特徴がある。「存在解体」はその第一段階として、経験世界の存在の仮象性（仮の現われであること）をあばき出し、経験世界とそこに在る全ての存在者が「実在性の根拠を欠くもの」であることを指摘する。つまり、「現実」の非現実性を主張するので、「夢」とか「幻」という比喩が用いられる。[37]このように言えば、すぐに、たとえば「荘周胡蝶の夢」が思い浮かぶ。それは『荘子』斉物論によれば、荘子が夢のなかで胡蝶になり、自分が胡蝶なのか、それとも胡蝶が自分なのか、区別がつかなくなったという説話である。存在それ自体が「一つの大きな夢」、全てが夢の中の出来事であるにもかかわらず、人間はふつう自分が目覚めているものと信じこんでいる。「存在は夢である」との命題は、東洋思想の至るところに見いだされるが、それは東洋哲学の「存在解体の宣言」であると井筒は言う。

常識的な存在論は、東洋哲学の視座から捉えると、単なる表層的存在論であるとして否定される。存在の真相（すなわち深層）から見れば、全ての存在境界線は人間的な分別意識の所産であって、真に実在するものではない。井筒はそれを「夢」すなわち「経験的現実の非現実化」であるとして、東洋哲学的な存在解体の第一段にすぎないと言う。井筒の言葉を援用すれば、「すべての存在境界線が「意味幻想」であり、見せかけの区分であるとすれば、存在の深層体験においては、すべてのものは表層的な固定性、実体的凝固性を失って、互いに浸透し、混交し、渾融して、結局、全体が限りなく浮動する無定形、無差別、無限定のマッスの中に姿を没していく」。つまり、「有」を存在の表層にのみ認め、深層に「無」を見るのが、井筒が言う東洋哲学的「存在解体」の根本的な特徴である。[38] この点において、井筒は東洋哲学と西洋哲学との根本的な違いを認める。

これまで井筒の論述にもとづき考察してきたように、井筒の「東洋哲学」構想は、一二回のエラノス講演をとおして次第に醸成されていった。彼は「東洋哲学」構想を洗練させていく際、一つの確信をもっていた。それは「東洋哲学の諸伝統は、われわれ日本人によって、未来に向って新しく解釈学的に把握しなおされなければならない」というものであった。彼がそのように考えたのは、中近東・インド・中国にわたる東洋的文化圏の思想伝統が、西洋の文化圏に比べて「はるかに不統一、ほとんど混乱状態のままに放置されているといってもいいくらいで、しかもその一つ一つが長い歴史を背後に曳いている」からである。[39]つまり、井筒「東洋哲学」構想は、東洋の伝統的な諸思想をただ文献学的に研究するばかりでなく、それを未来志向的に、新たな哲学的思惟の〈創造的原点〉となり得るような形に、東洋の諸思想を共時的構造化する哲学的試みであった。

井筒にとって「東洋哲学」において、その思想構造の中核を成しているのは禅思想であった。彼が生涯にわたって実存的にも、また同時に学問的な対象としても関心を抱き続けた禅思想は、ただ単なる思想としての禅思想ではなかった。それは禅の悟りという形而上学的体験の言語化としての禅思想とその意味論的構造であった。また、井筒は華厳思想の「事事無礙」的存在論を東洋哲学の根源的パターンとみなした。『華厳経』も「光」のメタファーとその限りない連鎖に満たされているし、プロティノスのヴィジョンも「光」のメタファーの織り出す世界を説いている。井筒は『華厳経』における「光」の世界全体の中心点が毘盧遮那仏、すなわち「根源的「光」の人格化としての太陽仏」であることに注目した。彼はその事実に「イラン的なもの」、すなわちゾロアスター教の「光」の神、アフラ・マズダの面影を見た。さらに、華厳思想がプロティノスをとおして、イブン・アラビーなどのイスラーム哲学にも、タルムード期以後のユダヤ哲学の展開にも深く関わっていた可能性を見た。華厳思想とそれらの諸思想あいだに思想構造的な対応を認めた井筒は、たとえば、具体的にイブン・アラビーの「存在一性論」を華厳的存在論によって読み替える試みもおこなっている。[40]こうした東洋思想の創造的〈読み〉をとおして、華厳思想の構造をいっそう鮮明に読み解こうとしたのである。

第五章　「東洋哲学」の意味論的世界観とその構造

東洋の思想伝統を西洋のそれと比較検討すると、東洋思想の諸伝統は、それぞれ独自の歴史文化的な展開を遂げてきた。そのために統一性を欠いている状況にある。そこで井筒は、東洋の主要な哲学的諸伝統を時間軸からはずし、一つの理念的平面に移すことで、それら全てを包みこむ「一つの思想連関的空間」を創り出そうとした。すでに述べたように、東洋の主要な哲学的諸伝統の「共時的構造化」を試みたのだ。さらに、東洋哲学の根源的パターンのシステムを「一度そっくり己れの身に引き受けて主体化」し、その基盤の上に彼独自の「東洋哲学」的視座を樹立しようとしたのだ[01]。このように東洋思想の諸伝統を有機的統一体へと纏め上げようとしたのが、井筒「東洋哲学」の試みである。井筒が構想した主要な東洋の諸哲学伝統の「共時的構造化」をとおして、東洋思想における存在と意識の構造的連関はいかに把握できるのだろうか。

本章の目的は、井筒「東洋哲学」が開示する存在論的・意識論的パースペクティヴから、井筒「東洋哲学」が開示する意味論的世界観とその構造を分析的に叙述することにある。井筒が言う

井筒先生と一緒に（北鎌倉のご自宅にて、1988年7月23日　撮影 井筒豊子夫人）

「意味論的世界観」（semantic Weltanschauung）は、絶対無分節の「ヌーメン的」状態を起点として、言語によって意味分節された意識・存在に関する多元的・重層的な思想構造を示す。井筒「東洋哲学」の意味論的世界観は、井筒が哲学的意味論の立場から、東洋思想の古典テクストの〈読み〉にもとづいて構想した有意味的な存在空間に関するコスモロジー（人間観・世界観）の構造を明らかにするものである。ここで言う「コスモス」とは、井筒の言葉を援用すれば、「ヌーメン的空間」に起源をもつ有意味的存在秩序、すなわち有意味的に秩序づけられた存在空間を意味する。そのように規定したうえで、井筒「東洋哲学」のコスモロジーを有意味的な存在空間に関する人間観・世界観として明らかにしてみたい。

1　『意識と本質』の構成とそのキーターム群

まず、井筒の晩年の主著『意識と本質――精神的東洋を索めて』の構成に注目してみよう。この著書は、彼がエラノス会議でおこなった東洋思想の古典テクストに関する具体的な解釈をふまえ、独自の哲学的意味論の立場、すなわち「東洋哲学の共時的構造化の方法論的射程」を明らかにすると同時に、長年にわたり思索を積み重ねてきた井筒「東洋哲学」の意味論的世界観を端的に叙述している。この著書には、目次もなければ章立てもない。この著書はⅠからⅫまで、いわゆる番号を付しているだけで、ユニークな構成になっている。

当初、井筒は二回ぐらいで、「意識と本質」の論文の執筆を終えるつもりでいた。本書は当時、岩波書店の『思想』編集者であった合庭惇（後の国際日本文化研究センター名誉教授）との出合いがなければ、この論文は刊行されなかっただろう。井筒が『意識と本質』の「後記」に記しているように、『思想』における論文執筆は、「最初は二回ぐらいで終りにする積りだった」。そういう思いもあって、彼はこの論文に、目次も章立ても立てなかった。ところが、「書き進むにつれて筆を止めることができなくなり、とうとう八回にわたって断続的に連載してもらうことになってしまった」と井筒は言う。さらに「事の成り行きで、なんとなく断章ふうの論文ばかり書いてきた私にしてみれば、これでもねばり強く、一つの主題を追いながら、かなり長いものを書き上げたというわけである」とも述懐している[02]。

『意識と本質』のなかで、井筒はユダヤ思想やイスラーム思想までも含む多様な東洋思想を哲学的意味論の視座から捉えなおすことで、東洋哲学の根源的思惟パターンを明らかにしている。『意識と本質』のおもな構成は次のとおりである。冒頭のⅠからⅢまでの三章は、哲学的意味論の方法論的射程について論じ、『意識と本質』の意図と哲学的枠組を明らかにしている。そのうえで、Ⅳから Ⅻまでの九章は、東洋思想の具体的な意味論的〈読み〉を論じている。それらの章では、Ⅲで提示された「本質」実在論に関する三つの型とその特徴を論じている。

もう少し詳しく叙述することにしよう。まずⅠにおいて、井筒は「本質」の問題性を手がかりとして、「本質」の実在性・非実在性の問題を中心に考察する。「極東、中東、近東と普通呼び慣わされている広大なアジア文化圏」に展開された「東洋哲学」の伝統では、「本質」否定論と「本質」肯定論という二つの世界観が、鋭く対立しながらも、一つの存在地平のうちに均衡を保って融和している。そうした状況にあって、いわゆる「東洋の哲人」はこうした二つの世界観、あるいは深層意識と表層意識を同時に捉えることができる人のことであると井筒は言う。

次にⅡでは、「本質」に関する二つの対立、すなわち普遍的「本質」と個体的「本質」を論じる。ここでは井筒は、中世イスラーム哲学で言われる二つの「本質」論を援用している。二つの「本質」とは、すでに本書の第二章で論じたように、「マーヒーヤ」(māhīyah) すなわち「普遍的リアリティー」(haqīqah kullīyah) と「フウィーヤ」(huwīyah) すなわち「具体的、個体的なリアリティー」(haqīqah juz'īyah) である。井筒はこの二つの「本質」の結合あるいは同時成立の可能性を、現象学的「本質」論や俳人芭蕉の詩論のなかにも見いだしている。

Ⅲでは、井筒は普遍的「本質」(マーヒーヤ) 実在論の根本的形態を伝統的な東洋思想の伝統のなかに探り、普遍的「本質」肯定論を三つの主要タイプに分類する。まず、「本質」肯定論の第一の型も第二の型も、それぞれ深層意識の領域に関わる。第一の型は、「本質」の把握が一種の深層意識現象とみなされる。具体的には、井筒は宋学の「格物窮理」を挙げている。第二の型は、「根源的イマージュの世界」(mundus imaginalis) の成立する意識領域がそれの本来の場所であり、普遍的

「本質」が濃厚な象徴性を帯びたアーキタイプ（元型）として現れる。この型の具体的な思想として、イスラーム哲学者イブン・アラビーの「有無中道の実在」、スフラワルディーの「光の天使」、易の六十四卦、密教のマンダラ、ユダヤ教神秘主義カッバーラーの「セフィーロート」を挙げている。第三の型とは、第一の型が深層意識的体験によって捉える普遍的「本質」を、意識の表層で理知的に認知するところに成立するものである。井筒はその具体例として、古代中国の儒学、特に孔子の正名論、古代インドのニヤーヤ・ヴァイシェーシカ派の存在範疇《パダールタ》論を挙げている。

Ⅳでは、「本質」実在論の第一の型を取り上げる。まず、この型の「本質」を探究した近代詩人マラルメを例示したうえで、中国宋代の儒者たちの理学を取り上げ、「理」すなわち普遍的「本質」の探求をめぐって論じている。宋儒の立場から言えば、修行法としての「静坐」による意識の深化を通じて、意識の表層から深層に及ぶ存在界の真相、すなわち事物事象の「本質」構造を探究することが、いわゆる「格物窮理」を意味する。またⅧからⅪまでの四章は、以上の三つの型のなかで、第二の型を論じている。これらの四章においては、すでに示唆したように、古代中国のシャマニズム、中世イスラームのスフラワルディーの「想像的《イマジナル》」イマージュ、ユング派心理学の「元型」イマージュ、易マンダラおよび真言密教マンダラ、中世ユダヤ教神秘主義カッバーラーのセフィーロートを論じている。「本質」実在論の第二の型、すなわち元型的「本質」論とは、意識の深みに生起する「元型《アーキタイプ》」イマージュの形象性のうちに、事物事象の「本質」の象徴的表現を見ようとする立場である。どの文化においても、人間の深層意識は存在を必ず「元型」的に意味分節すると井筒は言う。とりわけⅧにおいて、井筒は表層意識から深層意識への推移を最も原初的かつ明瞭に示すシャマニズムをめぐって、古代中国のシャマニズム文学の『楚辞』を取り上げている。

またⅤからⅦまでの三章において、井筒は幼少時よりずっと、個人的に親しみを持っていた「本質」否定の禅思想の特徴を、「本質」肯定の諸思想と比較しながら論じる。禅の「本質」否定論は、「本質」肯定論の第一の型と正反対であるばかりでなく、「本質」肯定論の第二の型、すなわち、意識の深層に現れる元型的イマージュを事物事象の実在する普遍的「本質」として認める元型的「本質」論とも鋭角的に対立すると井筒は言う。このように「本質」をめぐって肯定論と否定論が存在するが、そのことは井筒によれば、「表層意識の存在観と深層意識の存在観との対峙」、すなわち日常的あるいは経験的意識に現われる存在風景と、非日常的あるいは観照的意識体験として現われる存在風景が、有「本質」と無「本質」という形で対立することを意味する。[03]

井筒によれば、「本質」肯定論が表層意識の存在論を論じるのに対して、禅思想に見られる「本質」否定論は深層意識の存在論を論じている。こうした「本質」構造論のなかに、「本質」否定を説く禅思想に傾斜した井筒の「東洋哲学」解釈の根本的な特徴を見いだすことができる。最後に「意識と本質」というテーマのもとで、「東洋哲学」の根柢に関する議論を終えるに際して、井筒は「イスラーム自身をも含めて、東洋哲学一般の一大特徴は、認識主体としての意識を表層意識だけの一重構造としないで、深層に向って幾重にも延びる多層構造とし、深層意識のそれらの諸層を体験的に拓きながら、段階ごとに移り変っていく存在風景を追っていくというところにある」と述べている。[04] 井筒の指摘を俟つまでもなく、井筒「東洋哲学」では、認識とは意識と存在との複雑で多層的な「からみ合い」である。体験的に深層意識の深みを拓きながら、この「からみ合い」の構造を探究していくとき、「本質」の実在性を肯定するにせよ否定するにせよ、どうしても「本質」の実在性の問題に逢着せざるをえない。

次に井筒「東洋哲学」の意味論的世界観の構造を明らかにするための一助として、井筒が論じる「東洋哲学」の主要なキーターム群を、『意識と本質』の中から抜き出してみよう。それらのキーターム群の諸概念の有機的な意味連関を明らかにすることによって、東洋思想の「共時的構造化」のために、井筒が東洋思想を「一つの共時的構造テクスト」として捉えた意味論的な網目構造を解き明かすことができると思われる。それらのキーターム群は有機的に相互連関しながら、井筒「東洋哲学」の意味論的世界観を構成する。ここでは、主要なキータームを「東洋哲学」構想の方法論的キーターム群と東洋の伝統的な諸思想のキーターム群に大別して検討してみたい。

「東洋哲学」構想の方法論的キーターム群

意味分節作用、存在、存在のゼロ・ポイント、意識（表層意識、深層意識）、意識のゼロ・ポイント、絶対無分節、存在分節、形而下、形而上、本質（普遍的「本質」、個体的「本質」）、実体、コトバの意味分節機能、言語アラヤ識、深層意識的言語観、分節的意識、無意識（集団的無意識、文化的無意識）、心、心象（イマージュ）、イマジナル、アーキタイプ、元型（範型）、「元型」イマージュ、カオス、ロゴス、概念、観照、因果律、偶然性、比喩、神秘主義

ユダヤ思想のキーターム群

神名、顕現せる神、隠れた神、無（アイン）、カバリスト、ラビ、無からの創造、

セフィーロート、文字（オーティヨート）、エーン・ソーフ、究極的根源音「アーレフ」

（思想およびテクスト）

カッバーラー文字神秘主義、『ゾーハル（光耀）の書』、マイモニデス、

ヤアコーブ・コーヘーン『ユダヤ教諸学論』、聖典『トーラー』、『ヨハネ伝福音書』、

ゲルショム・ショーレム

イスラーム思想のキーターム群

絶対一者、マーヒーヤ（普遍的「本質」）、フウィーヤ（個体的「本質」）、本性、

イマーム、有無中道の実在（イブン・アラビー）、光の天使（スフラワルディー）、

イスラームの原子論、ガザーリーの相対主義、スーフィズム

（思想およびテクスト）

イブン・アラビー系の存在一性論、ジョルジャーニー（イージー『存在の階層』にたいする註解）、

アヴィセンナ（イブン・スィーナー）、『コーラン』、

ムハンマド・アル・ガザーリー、イブン・ロシド（アヴェロイス）、

スフラワルディー『顕照哲学』

インド思想のキーターム群

ブラフマン、アートマン、イーシュヴァラ、ヴィシュヌ、語・梵、不二一元論、言語的不二論、有、名と形、存在範疇論（パダールタ）、三徳（純質・激質・闇質）、名実論

（思想およびテクスト）

ウパニシャッド、シャンカラ（ヴェーダーンタ哲学）、バルトリハリ、パーニニ、パタンジャリ『大註解』、サーンキヤ哲学、『バガヴァド・ギーター』、ニヤーヤ・ヴァイシェーシカ派、インドの名実論（ニヤーヤ・ヴァイシェーシカの思想）、『ニヤーヤ・スートラ』、『ヴァイシェーシカ・スートラ』

仏教思想のキーターム群

空、無、無自性、縁起、妄想分別、禅、無心、公案、転語、叡智、見性体験、未悟と已悟、意識三相（真相・業相・転相）、種子（ビージャ）、法身、大日如来、密教、真言マンダラ、マンダラ（胎蔵界マンダラ、金剛界マンダラ）、真空妙有、事事無礙法界、華厳哲学、法蔵、中観、唯識哲学

（思想およびテクスト）

『信心銘』、『碧巌録』、『無門関』、栄西禅師『興禅護国論』、道元『正法眼蔵』、青原惟信禅師、百丈懐海（『伝燈』）、ナーガールジュナ（龍樹）、唯識派の存在論、『般若経』、『中論』、『維摩経』、『楞伽経』、『大乗起信論』、空海『十住心論』

『声字実相義』、実範『阿字義』

中国思想のキーターム群

渾沌、正名、太極、無極、易の六十四卦、陰陽、乾坤、格物窮理、理、静坐、儒学、宋学、未発と已発、脱然貫通、古代中国的シャマニズム、シャマン（巫覡）、神憑り、有名、無名

（思想およびテクスト）

『論語』、『論語集註』、『孟子』、荀子の正名論、孔子の「正名論」、『大学』、『中庸』、屈原、朱子、程伊川、王陽明、『老子』、『荘子』、『詩経』、『易』、『周易』、「繫辞伝」、公孫竜の詭弁、『楚辞』

日本思想のキーターム群

物のあはれ、物の心、和歌の言語

（思想およびテクスト）

本居宣長、『玉勝間』、『石上私淑言』、芭蕉（『赤冊子』）、『古今集』、『新古今集』

ここに抜き出した「東洋哲学」構想の方法論的キーターム群、および東洋の伝統的な諸思想のキーターム群は、それらが有機的に相互連関することによって、井筒「東洋哲学」の意味論的世界観の構造を構成している。これら個々のキータームは、それ自体で固有の意味をもつというよりはむ

しろ、井筒「東洋哲学」の意味論的ネットワークのなかではじめて、それぞれ固有の意味をもつ。井筒によるクルアーンの意味論的視座を援用すれば、語《コトバ》の意味は「基本的」（basic）意味と「連関的」（relational）意味という、二つの密接に連関する意味に区分できる。キータームがもつ「基本的」意味とは、「語そのものに内在し、語がどこに置かれようがその語が担う意味」である。一方、キータームの「連関的」意味とは「その語が特定の領域において、特定の場を占めており、その体系内における他の全ての重要語とさまざまな関係を取り結ぶことによって、語の「基本的」意味に付加される内包的（connotative）な意味」である。その語がどの体系に配置されようと変わらない「基本的」意味は、あくまでも「方法論的概念」（methodological concept）を成している。それは語の意味を分析するとき、「有効に働く理論的仮構」（a theoretic postulate which proves useful）であって、実際、抽象的な「基本的」意味は存在しない。さらに「連関的」意味は、文化的な精神性が具体的に現出して結実したものである。[05] したがって、先に挙げた「東洋哲学」構想の方法論的キーターム群は、井筒「東洋哲学」の意味論的世界観が提示する思想構造を把握するうえで重要かつ不可欠な概念である。それらのキーターム群が構成する「理論的仮構」は、本章で考察する井筒の哲学的意味論モデルが示すように、井筒「東洋哲学」の意味論的世界観の基本構造を構成する。

　さらに「東洋哲学」構想の方法論的キーターム群をふまえて、東洋思想の伝統のなかで、井筒が選択したキーターム群を主要な構成要素として有機的な意味連関のネットワークを構築することで、井筒「東洋哲学」構想の枠組あるいは根源的思惟パターンが自ずと明らかになってくる。ユダヤ思想、イスラーム思想、インド思想、仏教思想、中国思想、日本思想に関するキーターム群は、「本質」否定のキーターム群と「本質」肯定のキーターム群という二つの意味論的カテゴリーに大別される。それら二つの意味論的カテゴリーは、それが「本質」肯定という形であれ、あるいは「本質」否定という形であれ、「存在のゼロ・ポイント」すなわち「意識のゼロ・ポイント」を基盤として、井筒「東洋哲学」の枠組を構成する。それは、井筒によれば、絶対無分節の状態であって、一切のコトバ、すなわち「名」を超えている。無名無相の「一者」が、存在の意味分節のプロセスをとおして自己分節することによって、この存在世界が構成される。その事態を言語的意味分節の視座から捉えなおすと、語や概念の意味論的連関は存在リアリティの多元的・重層的な存在論的構造を構成する。

以下、本章では、井筒が哲学的意味論の立場から分析した構造モデルに沿うかたちで、井筒「東洋哲学」の意味論的世界観とその構造を掘り下げて考察することにしよう。

2 「分節（I）→無分節→分節（II）」モデル

井筒はまず、東洋の哲学諸伝統の「共時的構造化」という方法論的操作によって、禅の「本質」論の立場から、禅者の実在体験の過程を、見性体験を頂点として左右に広がる山のかたちの図式モデルで形象化する。井筒「東洋哲学」の基本的な枠組は、この分節理論モデルに明らかである。このモデルにおいて、三角形の底辺は日常経験的世界を示し、頂点へ向かう一方の線は向上道、頂点から日常経験的世界に向かう下降線は向下道を示している。禅者自身のあり方としては、向上道は未悟の状態、向下道は已悟の状態である。つまり、禅の修行における「未悟→悟→已悟」という措定を、井筒は「分節（Ⅰ）→無分節→分節（Ⅱ）」というかたちで捉えなおす[06]。これは簡単な過程のように見えるが、実際の内的な意味構造は隠秘な特徴をもつ。このモデルの主題をなす「本質」は、この過程をとおして、段階ごとに著しく変貌して現われる。

三角形の頂点をなす無分節は、この次元では、意識と存在とが完全に融消し合っており、両者のあいだに区別はない。それは意識の側面からも存在の側面からも、全く塵一つない「廓然無聖」の境位であり、まさに無展開（未展開）、未発、無限定という特徴をもつ。それはまさに意識と存在の「ゼロ・ポイント」である。分節（Ⅱ）との連関では、無分節は「未分節」である。それは私たち

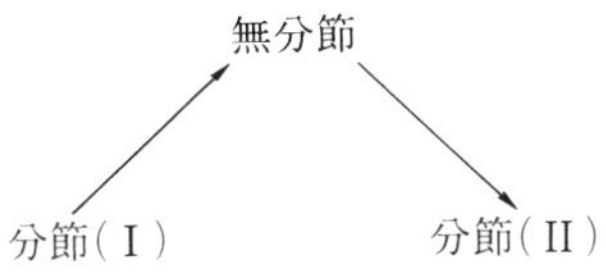

（『井筒俊彦全集』第六巻、136頁より）

が日常生活のなかで認めている全ての区別（分節）が一掃された様態である。

一方、三角形底辺の両端を占める分節（Ⅰ）と分節（Ⅱ）は、事物事象が相互に区別され、それらの事物事象を認知する意識が事物事象から区別された世界、すなわち日常経験的世界である。両者は形而下の存在世界であるという点では、全く同じ一つの世界であり、一見したところ、両者のあいだには全く違いがないように見える。ところが、無分節という形而上的「無」の一点を経ているかいないかによって、分節（Ⅰ）と分節（Ⅱ）は根本的にその内的様相が全く異なる。それは「本質」論の視座から見れば、分節（Ⅰ）は常識的世界すなわち「有「本質」的分節」であり、分節（Ⅱ）が「無「本質」的分節」であるからである。したがって、道元が言う「而今《にこん》の山水」は分節（Ⅱ）を示しており、それは私たちがふだん日常経験的に認知する分節（Ⅰ）次元の「山水」とは同じであって同じではない。つまり、分節（Ⅰ）の次元における山水が有「本質」的に分節された山と水であるのに反して、分節（Ⅱ）の次元に現成する山水は無「本質」的に分節された山と水なのである。同じ存在分節でありながら、分節（Ⅰ）と分節（Ⅱ）のあいだには、一つの決定的な違いがある。井筒の意識構造モデルによれば、無「本質」的分節とは、「頂点の無分節から底辺右端の分節（Ⅱ）に至る下降過程に生起する事態」である。それが現成する場は日常経験的世界であり、現成の源泉は無分節である。道元が言う「而今の山水」の具体例からも把握できるだろう。[07]

この三段階にわたる事態の転換を、井筒は中国・宋代の青原惟信禅師が自らの生涯を回顧した言葉を援用しながら、「山は山である」→「山は山でない」→「山は山である」という言説によって説明する。「山」として言語的に区分けされているものを、本源的な「絶対無限定」に引き戻す。

絶対無限定性に引き戻された「山」はもはや「山」ではない。「空」あるいは「無」である。「非山」である。「山」が「山」でなくなるためには、それを見る主体の意識も、主体の意識であることをやめるほかない。山もそれを意識する主体もなく、ただ「非山」だけになってしまう。それまで「山」として現象的に限定されていたものが、全ての限定もない無限の拡がりのなかに消滅してしまう。「山」が「非山」として体験されることがあって、はじめて禅なるものが成立する。この絶対無限定な形而上的「空」あるいは「無」が、意味論的に言えば、「絶対無分節」の状態なのだ。

この言説のしかたは、鈴木大拙のいわゆる「即非の論理」によってよく知られている。この「即非の論理」は、『金剛般若経』におけるパラドックスについて、鈴木大拙によって次のように定式化される。

AはAだというのは、
AはAではない、
ゆえに、AはAである。

これは『金剛般若経』第一三節「仏説般若波羅蜜、即非般若波羅蜜、是名般若波羅蜜」という箇所にもとづき、鈴木大拙が「即非の論理」と名づけた有名なパラドックスである。大拙によれば、これは般若系思想の根幹をなす論理である。それは「禅の論理」であり、また「日本的霊性の論理」でもある。この論理について、仏教学者の末木文美士が文献学的に明らかにしているように、

『金剛般若経』の〈即非の論理〉は「大拙の性格付けとはいささか異なる」。それは「何にでも無差別に適用できるものではなく、また、特に「霊性的」な体験と結びつけなければならない必然性もない」[08]。言いかえれば、大拙の「即非の論理」理解は、禅の立場から捉えられたものであったと言えるだろう。

井筒は大拙の言説のしかたに依拠しながら、こうしたあり方を意味分節理論の立場から、「分節（Ⅰ）→無分節→分節（Ⅱ）」という図式で説明する。「山は山である」という単純な「自性」的同一律の次元から、「山は山でない」という矛盾命題の定立を経て、ふたたび「山は山である」の同一律に戻る。全体をとおして見れば、「自性」的同一律が、「自性」の否定によって非「自性」的同一律となって現われる。これは同一律の根本的な内的変質のプロセスである。ここでは、「無心」の視座が導入されることで、主客対立的主体の構成する世界が「無心」的主体に開示される世界となることを示す[09]。禅思想の深層を言語哲学的に解釈することで、井筒は禅の理解をめぐって、新たな局面を拓いたと言えるだろう。

ただし、分節（Ⅱ）を最高の境地として捉える井筒の禅解釈について、分節（Ⅱ）を適切に表現できる特別な言説は可能なのか、との問いが提示されるだろう。分節（Ⅱ）はそれが言語化された途端に、分節（Ⅰ）に戻ってしまうのではないか。こうした問いについては、この図式モデルを次節で提示する井筒の意識構造モデルと重ね合わせると、かなりの程度、説明できるように思われる。彼の意識構造モデルでは、分節（Ⅰ）が表層次元に位置するのに対して、分節（Ⅱ）は無分節を経て深層次元に位置しており、それが分節（Ⅰ）を深層的意味次元で包摂する。分節（Ⅱ）の言語化を理解するためには、井筒のいう「言語アラヤ識」の意味構造を捉えることが不可欠であると言わなければならない。分節（Ⅱ）の言語化では、言語アラヤ識に潜み隠れている意味「種子」の潜在的エネルギーの発動によって、無分節の存在リアリティが様々に意味分節され、そこに意味分節された数だけの事物事象が現出してくる。

井筒の「分節（Ⅰ）→無分節→分節（Ⅱ）」という図式モデルについて、末木文美士は「分節（Ⅱ）は分節（Ⅰ）とはまったく異なったものであり、それ故、ここには日常性への帰還ということが考えられていない」という見解を提示する。禅体験の深み（無分節）から日常性へ帰還する道については、それぞれの事物事象が日常性のなかで、無「本質」でありながら事物事象として現象する――こういう無「本質」の分節世界が禅の存在風景であることを、井筒は論じようとするが、末木が指摘するようにもう少し説明が必要であろう。また、禅思想の研究者である金子奈央は、井筒の図式では、「「無」という要素のない東洋的宗教思想（例えば儒教、その秩序システム）はあまり評価されないように見えるとともに、「分節（Ⅱ）」以降の、人間の共同体的側面・秩序について積極的に触れる論考はあまりないように見受けられる」と述べている。末木や金子のこうした見解はまさに井筒の禅解釈に対する適確な批評であると言えるだろう[10]。

また、「本質否定」の禅思想に関するこの図式モデルをめぐって、現象学者の永井晋は、深層の現象学の視点から、「そこでは「分節化Ⅱ」を通して絶対無分節が見えている」のですらない。いかなる媒介もなく、絶対無分節即分節化Ⅱなのである」と述べ、禅の「徹底した直接性」を強調する。それと同時に、「分節（Ⅰ）→無分節→分節（Ⅱ）」の図式モデルでは、「表層から深層へと変容した意識の中で何が起こっているのかを現象学的に記述することはできない」と論じる。さらに永井は、こうした意識の構造の現象学的な記述のために、井筒のこの「分節（Ⅰ）→無分節→分節（Ⅱ）」の図式モデルを逆さにした図式モデル、すなわち、本書で筆者の言う「表層・深層の意識構造モデル」に依って、井筒「東洋哲学」の構造を分析することの必要性を示唆する。[11]

この「分節（Ⅰ）→無分節→分節（Ⅱ）」の図式モデルについて、教育人間学者の西平直は、井筒の議論をふまえ、次のように言う。「無分節→分節（Ⅱ）の段階では、「無分節」から出発して、新しい「分節」が創り出されるが、それは分節（Ⅰ）の回復ではない。意識は「無分節」を通過することによって変容する。西平によれば、「究極の「区切りなし」を体験した賢者の眼は、たとえ分節を取り戻しても、「区切りなし」の境地を忘れない。世界を新しく区切りながら、しかしその背後に、常に「区切りなし」を重ねて観る。つまり「二重写し」になる」。[12]この「二重写し」は、井筒が言う「無分節→分節（Ⅱ）」の段階において、「無分節」と「分節（Ⅱ）」の同時生起、すなわち「無分節」即「分節（Ⅱ）」を意味する。ここで「無分節」を通過して「分節（Ⅱ）」が創り出されるが、それは以前の「分節（Ⅰ）」と全く意識次元がちがうことに留意しなければならない。

「分節（Ⅰ）→無分節→分節（Ⅱ）」という形に定式化された井筒の論理は、『意識の形而上学』のなかでも『大乗起信論』の理論的再構成という形を借りて精緻化される。この論理は、禅思想研究者の小川隆によれば、「おそらく、いにしえの禅僧たちが直観的に前提としていた存在と認識の構造を、的確かつ明晰に論理化したもの」であり、「これを踏まえることで合理的な解釈を与えうる問答は少なくない」と言う。ところが、たとえば、唐の趙州従諗《じょうしゅうじゅうしん》の「栢樹子」の話についてみると、小川は趙州が当時、井筒の言うような論理に沿って「栢樹子」の問答をおこなったわけではないと指摘する。それは「唐代の禅者には、より切実で直接的な問題関心があった」からである。小川によれば、井筒が禅を論じる際、宋代に大慧《だいえ》宗杲《そうこう》によって創出された「看話禅」と南宋の『無門関』が念頭におかれたのは、ごく自然な成り行きであったはずであるし、おそらく井筒自身には、「中国禅の歴史のなかからある特定の一段階を選びとったという意識はなかったものと想像される」。それは、「看話禅」が中国禅の歴史的展開の最終段階に位置しており、その後、中国・朝鮮・日本の禅の主流となったし、特に日本では、江戸期の白隠慧鶴が「看話禅」の階梯的な体系化に成功し、その影響力は今日にまで及んでいる。それに伴って『無門関』が『碧巌録』とともに代表的な禅籍とみなされ、現代の日本および欧米で最も翻訳の多い禅籍である。小川の言葉を援用すれば、「禅をあくまでも『歴史的聯関』に即して通時的に捉えようとするならば、唐の禅と宋の禅の断絶の一面は無視できないし、そのような飛躍によって脱け落ちる唐代禅の精彩は、あまりにも捨て難いものに思われる[13]」。この点に関する小川の指摘は適確である。ただ、井筒はこうした文献学的な研究成果を十分に把握したうえで、「東洋哲学」の構築へ向けて、あえて禅テクストを創造的に〈誤読〉した可能性がある。

3　表層・深層の意識構造モデル

井筒は独自の「東洋哲学」を考えるうえで、ユング派心理学にならって、「自己《セルフ》」と「自我《エゴ》」の区別や「元型」イマージュの考え方を導入して、「東洋哲学」の多層多重的な意識構造モデルを意味論的な視座から提示している。井筒は、特にエラノス会議に招かれるようになって以後、深層心理学者のジェイムズ・ヒルマンとも親交を結ぶようになり、ユング派心理学に強い関心を抱くようになった。この意識構造モデルには、ユング派心理学からの影響が顕著である。井筒「東洋哲学」が捉える「自己」とは、無分節と有分節のあいだを往還する多重多層的な意識構造の全体を観想的に自覚した主体性のことである。それは存在のリアリティの無限の広さと深さを適確に見通すことができる。一方、「自我」はその働きが日常的経験の地平に留まっており、「自己」という多重多層的な意識構造のごく表層にすぎない。

またユングが言う「元型」(archetype)とは、井筒によれば、「それ自体ではなんらの具体的形をもたず、未決定、未限定で不可視、不可触」であり、「「集団的無意識」または「文化的無意識」の深みにひそむ、一定の方向性をもった深層意識的潜在エネルギー(ein gerichtetes psychoenergetisches Potential)」である。それ自体では、この不可視な本源的エネルギーは「強力に創造的に働いて、人間の深層意識空間に、「元型」イマージュとなって不断に自己を顕わしてくる」。つまり、「元型」イマージュとは「魂の構造規制素」(die Strukturdominanten der Seele)であって、この無形無相の内的実在の基本的方向性が形象化して現われたものである、と井筒は説明する。井筒は多重多層的な意識を構造モデルで表象して、この「元型」イマージュのあり方を追究する。こうした点から、末木文美士も指摘するように、井筒はユングの無意識(深層意識)論を援用して、表層意識/深層意識の重層構造の中に、深層意識に対応するものとして本質を捉えようとする。井筒の独創的な思想の一つである「言語アラヤ識」を「元型」として捉える点に、ユング派心理学の影響が見られる。[14]

この意識構造モデルについて、井筒の意味論的視座にもとづいて把握すると、まず、Aは表層意識を示し、その下は全て深層意識を示している。深層意識はさらに三つの領域に分けて、B・CおよびMとする。この深層意識の最下層の一点は、井筒のいわゆる「意識のゼロ・ポイント」。その上のCは無意識の領域。B領域に近づくにつれて、次第に意識化への胎動が見られる。Bに近接する部分は「易」哲学で言う「太極」的側面に当たる。さらにC領域の上に位置するBは「言語アラヤ識」の領域である。この領域は、井筒によれば、「意味的「種子」(bīja) が「種子」特有の潜勢性において隠在する場所」であり、およそ「ユングのいわゆる集団的無意識あるいは文化的無意識の領域」に該当する。つまり、それは「元型」成立の場所である。

さらに、BとAのあいだに広がる中間 (M) 地帯は「想像的」イマージュの場所である。B領域で成立した「元型」は、M領域で様々なイマージュとして生起する。言語アラヤ識から生起するイマージュは「元型」イマージュだけでなく、様々なイマージュがある。その圧倒的多数のイマージュは、日常経験界に実在する事物のイマージュである。「元型」イマージュは言語アラヤ識から生起しても、日常経験的現実の世界に直結する表層意識まで上がっていかない。「元型」イマージュの本来の場所はM領域である。このM領域における「想像的」イマージュ、特に「元型」イマージュは、存在のリアリティを表層意識次元とは別の仕方で、象徴的に分節する。

M領域では、ふだん「現実」として見慣れている存在世界が、そこでは見慣れぬ姿で現れる。存在分節の仕方それ自体が違うからである。井筒はM領域での存在分節を「存在リアリティーそのも

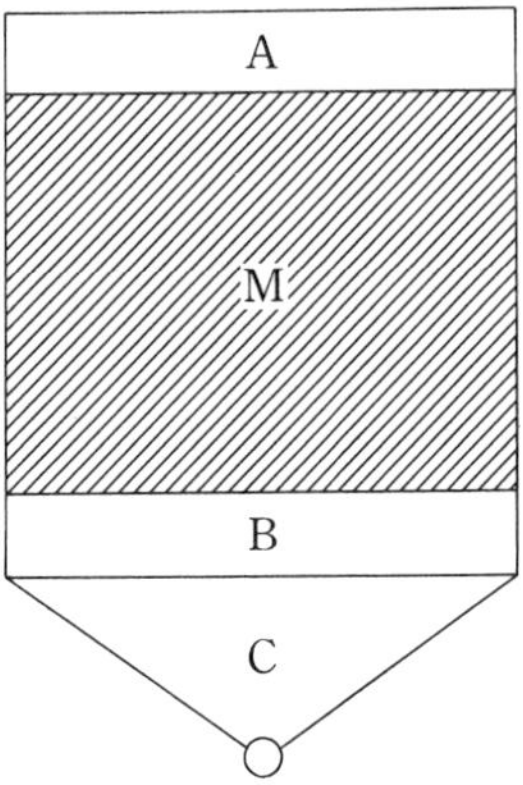

意識構造モデル（『井筒俊彦全集』第六巻、206頁より）

の象徴的分節」と呼ぶ。この象徴的分節は、私たちが日常経験的世界で出合う事物事象とは違った事物事象を生み出す。それらは日常経験的世界の事物事象と部分的に重なり合うが、日常経験的な事物事象と同じ存在資格で存在するわけではない。[15]

常識的に「現実」とか「世界」と呼んでいるものは、表層意識（A）の見る世界であって、それが存在世界の唯一の現われ方ではない。深層意識には、それ独特の、全く別の現われ方がある。深層意識の存在分節は、表層意識のそれとは全く異なる。深層意識の存在分節の基礎単位が「元型」イマージュなのだ。つまり、井筒「東洋哲学」において、意識の深層を組織的に拓いた人々、すなわち東洋の哲人にとっては、M領域において「元型」イマージュが描き出す図柄こそが、存在リアリティの本源的かつ原初的な分節構造を明示している。前節で考察した井筒の「分節（I）→無分節→分節（II）」という図式モデルによれば、存在の絶対無分節という深層的了解が成立した後、「無分節→分節（II）」という向下の道がそれに続く。全ての分節の根源である無分節の状態（意識・存在のゼロ・ポイント）を実際に経てきた人とそうでない人とでは、同じ事物事象があたかも別のもののように見える。そこに分節（I）と分節（II）の隔絶が生起してくる。井筒の「表層・深層の意識構造モデル」をめぐって、西平は次のように言う。

「構造モデル」は、「分節」と「無分節」という区切り方をしない。むしろ両者の連続的相違（グラデーション）を示す。あるいは、……「分離すると同時に結合するという矛盾した合一 the contradictory unity」を、それぞれの階層構造において、示そうとする。

その典型が「C領域」である。C領域は、「白丸」（意識のゼロポイント）ではない。しかしB領域（言語アラヤ識）でもない。むしろその移行を示すための「領域」である。[16]

「分節（I）→無分節→分節（II）」の図式モデルでは、存在を「二重写し」に見る東洋の哲人は、「無分節」の位相を体験している。その「無分節」の位相を、井筒の「表層・深層の意識構造モデル」は最下層に位置する「白丸」（意識のゼロ・ポイント）で示している。このように「分節（I）→無分節→分節（II）」の図式モデルを「表層・深層の意識構造モデル」に重ね合わせて把握するとき、井筒の論旨はかなり明確に理解できるだろう。

井筒は「言語アラヤ識」からのイマージュ生起を深層意識的事象として意味論的に把握しようとする。そうすることで、いわゆる「深層意識的な言語観」「深層意識的な言語哲学」を伝統的な東洋思想に根ざして展開しようとする。それは「言語アラヤ識」から立ち昇ってくるイマージュの、いわば〈体験知〉にもとづく言語哲学である。井筒は深層意識のこのイマージュ空間に、オットーが提示した「ヌミノーゼ」、すなわち「理性の把握を超えた、そしてそのゆえに理性にとってはなんとも薄気味悪い、神霊的なもの」というイマージュの存在を認めている。[17] つまり、中間（M）領域に現われる全てのイマージュは「想像的」な性格、すなわち表層意識の立場から見ると「象徴的」な性格を帯びているのだ。

4　メタ・ヒストリカルな「対話」モデル

井筒はさらに、「共時的構造化」という方法論的視座にもとづく比較哲学的な著書『スーフィズムと老荘思想』を刊行している。この著書において、彼はイスラーム思想におけるイブン・アラビーが説く「存在」の哲学と中国の老荘思想における「道」（タオ）の形而上学が、相互に歴史的連関はないものの、その深淵な深みでは、思想構造論的に類似性を示していることを論じる。歴史的連関がない二つの思想の「共時的構造化」へ向けて、井筒は比較哲学研究の方法論について、次のように記している。

歴史的に連関しない二つの思想体系を粗雑に比較するならば、学問的厳密さを欠いた類似点と相違点の表面的な観察になってしまう。こうした誤りに陥らぬよう、二つの世界観を比較検討するに先立って、その基本構造をそれぞれ独立に生《き》のまま、またできうる限り厳密に提示することを構想した。[18]

このように井筒はまず、イブン・アラビーのスーフィズム思想と老荘思想（タオイズム）が説く世界観の基本構造をそれぞれ別々にテクストに沿って意味論的に解明する。つまり、第一部では、イブン・アラビーの世界観の基盤を成すおもな存在論的概念を抽出して分析する。第二部でも、第一部と同じ視座から、老荘思想の世界観における存在論的概念を分析する。そして第三部では、個々に分析した二つの世界観のキータームを比較検討する。これら二つの思想の存在論的構造を比較検討してみると、これらの世界観は「二つの軸、すなわち、絶対的なものと完全な人間」にもとづいて展開している。イブン・アラビーの思想では、「絶対的なもの」はハック（haqq「真理」とか「実在」の意味）、「完全な人間」はインサーン・カーミル（insān kāmil「完全な人間」の意味）と呼ばれる。一方、老荘思想では、「絶対的なもの」は「道」（tao）、「完全な人間」は「聖人」（shêng jên）とか「真人」（chên jên）などと呼ばれる。世界観の二つの軸である「絶対的なものと完全な人間」が根源的思惟パターンを構成しているが、それはスーフィズムと老荘思想ばかりでなく、それ以外の異なる地域や時代における多様な思想にも共通している。

井筒の「共時的構造化」の方法論的操作は、異なる世界観の思想テクストを比較検討するとき、メタ・ヒストリカルな、あるいは超歴史的な対話、すなわちアンリ・コルバンのいう「メタヒストリーにおける対話」（un dialogue dans la métahistoire）のために共通の根拠を準備できることを示している。

井筒は次のように言う。

スーフィズムの歴史的起源と道家思想の歴史的起源が全く関係がないのは明らかである。歴史的に言えば、或る特定の形態のセム的一神教に前者は由来し、他方、後者は私がこの研究の最初に提げた仮説が正しいならば、東アジアに特有のシャーマニズムを哲学的に練り上げたものだ。[19]

歴史文化的な距離が両者を大きく隔てるにも拘わらず、両者が哲学的次元において同じ基盤を共有することは非常に大きな意味をもつ。まず、第一に、〈存在〉のかなり特殊な概念把握——細部ないし第二次的事項群では両者の〈存在〉の概念把握は互いに違うものの、根柢的には同一である——を哲学的思索の根本に置く限りにおいて両者は互いに合致する。[20]

歴史的連関を全くもたない二つの思想が、井筒によれば、「存在」(Existence)という特殊な概念に関する哲学的思惟において「同じ基盤」を共有している。いずれの場合にも、哲学的思惟すなわち哲学することの究極的な起源は、「存在を体験すること」(*experiencing* Existence)にある。決して「存在について推論すること」(*reasoning* about Existence)にはない。井筒が言う「存在を体験すること」は、それを日常的な感覚認知レベルで体験することではなく、「超感覚的な直観」(supra-sensible intuition)レベルで体験することを意味する。[21]「哲学すること」の本質的特徴は、存在の深みに目覚めた人々の「超感覚的な直観」にもとづいて構築される。したがって、「超感覚的な直観」レベルで体験される「存在あるいはリアリティ」の直観は、一般的な人々によって共有される日常的なリアリティの見方とは全く異なる。こうした「存在あるいはリアリティ」の目覚めを体験した人々の目には、事物事象を「何かしら超えたもの」(Something beyond)の存在が現前している。たとえば、スーフィズムでは、「何かしら超えたもの」は究極的に、イブン・アラビーが言う「ハック」(haqq 真理)であり、老荘思想では、それは老子や荘子が言う「道」(tao)である。

スーフィズムと老荘思想において、「存在」の絶対的かつ究極的な根拠は「神秘の中の神秘」(the Mystery of Mysteries「玄之又玄」『老子』第一章)である。イブン・アラビーの言葉でいえば、「神秘の中の神秘」とは「不定なるもののうちで、最も不定なもの」(ankar al-nakirāt)である。それは「人間の感知しうる一切の性質や一切の関係を超えた〈何か〉」を意味する。イブン・アラビーがこの存在論的次元を「〈純粋一性〉(ahadīyah)の段階」と呼んでいることは注目に値する。この次元について井筒は言う。それがいかなる制約も受け入れることを拒絶するという意味で、「絶対的なもの」は「一者」である。つまり、「一であること」は絶対的な超越以外のことは何一つ意味していない。[22] 老荘思想においても、「道」は「一者」とみなされる。井筒によれば、老荘思想における「一者」は概念的には、「非有の段階と有のそれ」とのあいだに位置づけられるべきものである。それは「〈神秘〉(「玄」)たる〈道〉と全く同じではない」。この点について、井筒は続けて、次のように言う。

〈道〉は、ありとあらゆる存在するものにそのものの核心——老子はそれを〈徳〉と言う——として「内在する」。だが、「内在する」とみなそうが、「超越する」とみなそうが、〈道〉は〈道〉である。一切に内在する何かは、一切を超えた何かと全く同じである。この状況は、タンズィーフ(tanzīh〔絶対者の超越性〕)とタシュビーフ(tashbīh〔絶対者の内在性〕)がイブン・アラビーの体系において、概念的には区別されつつ、事実的には同一であるのと対応する。[23]

井筒の哲学的意味論によれば、絶対的なものそれ自体を示す「一者」という老荘思想の概念は、イブン・アラビーの「絶対的なもの」（ahad）と対応する。しかし、それがそれ自体の中に、「多様性の可能性」を内包する「一者」であるかぎり、老荘思想における「一者」の概念は、「名称と属性のレベルにおける一者」（One at the level of the Names and Attributes）あるいは「多が一であること」（Unity of the Many）を意味する「ワーヒド（wāhid〔統合的一者〕）」に対応する。したがって、井筒によれば、老荘思想における「一者」はスーフィズムのアハド（ahad）と「ワーヒド」（wāhid）の両方を包摂している。[24]

ここでスーフィズムと老荘思想という二つの思想をつなぐ結節点としての中心概念を、井筒は「存在」（Existence）と呼ぶ。ただし、ここで問題となるのは、老荘思想では「存在」の語が用いられていないことである。イブン・アラビーはその概念をアラビア語で「ウジュード」（wujūd）と呼んでいるが、老荘思想はそれに「名」を与えていない。二つの思想のあいだに、同じ文化的あるいは歴史的な背景がある場合、両者の哲学対話のための共通言語が必要であるか否かの問題は生起しない。ところが、イブン・アラビーと老子・荘子の場合のように、両者のあいだに何ら歴史的な関係が存在しないとき、自ずと共通言語の問題が生起してくる。イブン・アラビーの思想において、「ウジュード」の翻訳語に当たる「存在」（Existence）が、老荘思想の基本概念に適用されるとき、その思想の世界観のリアリティを表現できるという。それは「存在」の語が可能な限り単純に、その概念を表現しており、特殊な意味あいで「色づけられて」いないからだ、と井筒は言う。[25]

このように二つの思想体系の中心概念として、意味論的に「存在」を確立することによって、井筒はイブン・アラビーと老子・荘子のあいだに、超歴史的な対話が成立する共通の哲学的基盤を構築しようとする。この哲学的基盤を構築することによって、二つの体系の哲学的構造の比較考察がはじめて可能になる。老荘思想では、確かに「存在」の語は用いられていないが、老荘思想のリアリティの意味論的構造を分析することによって、井筒は老荘思想とイブン・アラビーの思想のあいだに、同じ基盤を見いだす。二つの思想体系全体を支える考え方は「存在一性」である。イブン・アラビーでは、アラビア語でワフダト・ウジュード（wahdat al-wujūd）、字義的には「存在が一つであること」であり、荘子では「天倪」（天の均《なら》し作用）と「天鈞」（天の等化作用）である。「倪」と「鈞」の語は、井筒によれば「多」の「一」すなわち「多から成る一」を示唆する。つまり、現実の「多」の存在論的差異が、形而上の渾沌（カオス）のなかで、互いに等しい「一」の状態に均されるのだ。その意味論的基盤を井筒は「存在」として解釈する。したがって、イブン・アラビーでも老荘思想でも、「存在」のリアリティは「一」と「多」のあいだの存在論的緊張関係を示す。[26]超歴史的な対話を成立させる共通の哲学的基盤は、「存在」の根本概念「一」である。それはイブン・アラビーの世界観では「ハック」（haqq 真理）として表現され、老荘思想では「道」（tao）として表現される。このように井筒は、双方が共有する概念的枠組を意味論的に分析している。

5　「意味分節・即・存在分節」

「東洋哲学」の構築をめざす井筒の哲学的な試みでは、言語的意味分節理論が東洋思想の「共時的構造化」へ向けての方法論的基盤を成している。言語的「意味分節」をとおして、存在が有機的な意味単位として識別される。それは言語の本源的機能が意味分節にあるからである。言語学者や人類学者が強調するように、言語は人間を動物から区別する。自然と文化のあいだの境界を形成するのが言語であるからである。言語は確かに重要なコミュニケーションの手段ではあるが、もっと本質的には、無数の意味単位から成る存在を分節あるいは識別するという「意味分節」機能をもっている。事物事象を意味論的に分節することで、コトバは意味を指示する機能をもつ。

井筒は意味論的な視座から、日常経験的世界の事物事象は全て言語的「意味分節」によって生起する存在の意味単位であると言う。井筒の術語では、存在の出現のための根本的条件は「意味分節・即・存在分節」と呼ばれる。井筒の哲学的意味論によれば、存在分節は感覚的経験の次元で始まる。この次元における分節の手段である感覚イメージは、秩序的な世界を創出する。したがって、存在は私たちにとって有意味的なものになる。私たちは直接、外的な事物事象に接していると考えがちであるが、井筒によれば、「イメージの意味論的構成は、その具体的な用法によって事物を指し示すことで、相互に連関するようになるすべての語の意味のあいだの相互作用の産物である」[27]。意味論的に言えば、ふつう自分の周りに形成しているものは、さまざまな意味連関ネットワークである。したがって、私たち人間がその中に生きている世界（コスモス）は、その中で存在論的単位全体が有意味的に構造化された「有意味的な存在秩序」である。それは「無数の意味単位の多層的構造」を成している。コスモスにおいては、事物事象すなわち無数の意味単位は、多重多層的に連結し互いに組み込まれつつ、一つの統合的な存在構造を成している。[28]

さらに井筒が繰り返し強調するように、東洋哲学の主流は、伝統的に「アンチコスモス的」すなわち「存在解体的」である。この点について、彼は次のように言う。

「空」とか「無」とかいう根源的否定概念を存在世界そのものの構造の中に導入し、それをコスモスの原点に据えることによって、逆にコスモスを徹底的に根底から破壊してしまおう、とそれはします。この存在解体は、その第一段階として、我々が通常「現実」と呼んでいる経験世界の存在の仮象性（仮りの現れの姿であること）をあばき出し、そうすることによって経験世界およびそこにある一切の存在者が、実在性の根拠を欠くものであることを指摘することから始まります。要するに「現実」の非現実性を主張するのでありまして、そのために多くの思想家が東洋では「夢」とか「幻」とかいう比喩を使います。[29]

井筒の意味論的視座において、存在が「夢」あるいは「幻」であるという叙述は、後述するように、禅仏教思想やシャンカラの不二一元論ヴェーダーンタ哲学のような東洋哲学の代表的な視座を示している。またデリダの言う存在論的な「脱構築」（déconstruction）を想起させる。東洋思想のどこでも見いだせるこの立場は、経験世界における事物事象の存在の否定を示す。井筒の意味論的視座から見れば、常識的な存在論は第一義的には、単なる表層的存在論として否定される。存在の深みを拓いた人々にとって、あらゆる存在の境界線は人間の分別意識の所産である。仏教伝統が人間の心の基本的機能と呼ぶ「分別」は、「超越的あるいは無分別的認識」すなわち叡智（prajñā）と対立する。「分別」のまさに最初の段階は、あるものそれ自体をそれ以外の全てのものから識別することによって、それを同定あるいは理解することである。この識別にもとづく同定は、その後の心の営みにおける全ての段階の根拠となる。識別の根拠がなければ、人間の日常的経験の世界全体は解体してしまい、事物事象は取り返しができないほど、全くの無秩序に陥ってしまうと井筒は言う。

しかしながら、禅思想は経験世界において、同一律を問うことで始まる。ものを「もの」として見ることは、最初から特定の境界状態において、そのものを見ることである。したがって、それは無限定な状態において見なければならない。ものを無限定な状態において見るためには、認識主体としてのひとは、それを「無心」(wu hsin)に見なければならない。「無心」とは心が不活発で動きがない、あるいは全くの忘我状態といった否定的な意味ではなく、心が緊張の絶頂にある心理状態を意味する。それは心が最大の強さと輝きをもって働いている状態のことである。心はその最大の輝きのなかで自らを照らすことになる。私たちが「無心」にものに接近する場合にだけ、そのものは私たちの目にその根源的実在を開示する。[30] 井筒「東洋哲学」の視座からみれば、経験世界における全ての存在論的境界線は、言語的「意味分節」を根拠とした、ただ単に明白な区分である。つまり、存在論的経験の深みにおいて、全ての事物事象を「無心」に見るとき、それらはその表層的固定性を失って、その根源的リアリティを私たちの目に顕現する。

井筒「東洋哲学」の構造は、上述した「意味分節」理論をふまえて構築されている。彼の哲学的思惟の本質は、多様な東洋思想では、東洋の哲人が自らの宗教的あるいは哲学意識の深みの次元を拓いているという認識に根ざしている。彼の哲学的思惟を貫く根本的な視点は、意識と存在が多重多層的構造を成していることである。東洋思想は当初から、意識の多重多層的構造を前提している。東洋哲学の深層から見れば、東洋の哲人たちは事物事象を、いわゆる複眼で見ることの意義を体得している。「多」は依然として「多」でありながら「一」である。「有」は依然として「有」でありながら「無」である。言いかえれば、存在の表層次元では「多」であるが、それと同時に、その深層次元では「一」である。同様に存在の表層次元においてのみ、「有」であるが、その深層次元では「無」である。

さて、ここで井筒が独自の言語的意味分節理論にもとづいて、「東洋哲学」の意味論的世界観をいかに論じているのかを掘り下げて理解するために、『華厳経』（*Avataṃsaka-sūtra*）に記される華厳的コスモロジー（人間観・世界観）に関する井筒の〈読み〉に注目してみたい。井筒「東洋哲学」の方法論的キーターム群は、華厳思想特有のキーターム群と有機的に連関することによって、井筒「東洋哲学」の具体的な意味論的世界観の構造を構成する。彼が取り上げるキーターム群は、井筒「東洋哲学」の意味論的ネットワークのなかではじめて、それぞれ固有の意味をもつ。彼が東洋思想のなかでも、特に重要視する華厳思想については、前章でもその大枠について論じたが、ここではさらに掘り下げて、華厳思想の意味論的〈読み〉の特徴を探究してみよう[31]。

この仏教思想は、中国における大乗仏教の華厳宗の傑出した僧侶、法蔵（六四三—七一二）によって哲学的に洗練されたものである。それは中観の「空」思想、唯識思想、如来蔵思想、道教の「道」思想などの思想を取り込むことによって展開された。禅思想研究で知られる鈴木大拙は、華厳思想を大乗仏教思想の頂点をなすと考えた。彼は『華厳経』の英訳を試みたが、生前中に英訳を完成できなかった。華厳思想の最も顕著な特徴は、それが現象世界に主要な強調点を置きながら、覚者の観照的な覚知の状態で実現される深層意識において開示される経験的事物の深層構造に注目するというものである。華厳の存在論的構造は、日常的意識から隠蔽されている事物事象の本質構造を開示する。こうした観点から、法蔵が洗練した存在論的構造を説明するために、井筒は法蔵の華厳思想を継承した華厳宗の第四祖、澄観（七三八―八三九）によって提示された「四つの存在領域」（四法界）の教説をふまえ、存在をめぐる独特の見解を論述する。

井筒は華厳哲学の視座から見れば、同じ一つの世界を捉える場合も、四つの異なる見方があり、これら四つの見方のそれぞれが人間の意識の「深み」に対応して、主体的に経験的世界のイマージュを生み出すという。華厳哲学における四法界に関して、井筒は次のように説く。[32]（1）最初の法界は感覚的な事物（「事」）である。それはその深層意識が拓かれていない一般的な人々の日常的な世界観を示している。ここで表層意識は、ただ日常経験的あるいは現象的な多様性の世界だけを認知している。全ての事物事象が互いに識別され、それぞれが個別性や独自性を主張して互いに対立している。（2）第二の法界は「絶対的な形而上的リアリティ」すなわち「理」である。それはすべての事物がそこから生起する「リアリティの現象以前の根拠」である。それは「形而上的無分節の、全てに滲透し全てを包摂する一性」の領域である。（3）第三の法界は「理事無礙」であり、「理」と「事」の自由で無礙の相互滲透の領域である。そこでは、あらゆる事物（「事」）は全く完全に一つの絶対的実在（「理」）をそのまま顕現している。全て個々の事物は存在論的に、独立した異なる存在であるように見えるが、「理」があらゆるところに遍在している。（4）四法界のうち、第四の法界は「事」と「事」の相互滲透（「事事無礙」）の領域である。それは日常的経験の次元において、あらゆる事物事象が存在論的に滲透していることを意味する。自己の変容した意識が事物事象を全く変容したものとして捉える以外は、最初の法界である「事」の世界に戻ってくる。この第四の領域は「事」と「事」の相互滲透性によって特徴づけられる。それは華厳哲学が到達する頂点を表現する。それは事物事象が互いに融合し合う華厳哲学の存在論的頂点を示す。この哲学的存在論によれば、全ての個物は相互に滲透し合っている。つまり、「事」は無分節的「理」の自己分節として「性起」する。それは「有」でありながら、しかも同時に「無」であるという、一見、矛盾したような性格を帯びている。華厳的存在論の「性起」に注目するとき、「事」的世界には、全ての事物事象が確かにそこにある。ところが、「理」的実相では、それらは全て「空」であって、無「自性」であり、ないものである。このように「理」と「事」の「性起」に関する存在論的事態は、「理事無礙」レベルで捉えられる。

井筒はさらに、華厳の存在論的構造を「事事無礙」レベルでも論じる。それは敢えて一言でいえば、「縁起」の視座からの探究である。華厳思想では、「縁起」と「性起」は中枢的なキータームである。同じ一つの存在論的事態を、井筒は「理事無礙」的側面から「性起」を論じるのに対して、「事事無礙」的側面から「縁起」の構造を論じる。「理事無礙」と「事事無礙」は華厳的コスモロジーにおいて表裏一体の関係にある。「縁起」（サンスクリット語では、pratītya-samutpāda）とは、自分だけでは存在できないものが、自分以外の他の一切のものに依存しながら、他の一切のものを「縁」として生起することを意味する。この語は華厳的存在論における「事」的存在の根源的かつ全体的な相互連関性を示すものである。華厳的コスモロジーの「縁起」的思惟パターンは、言うまでもなく、事物事象の生起を原因と結果の因果関係で説明するアリストテレス的な思惟パターンとは全く性質を異にする。[33]

事物事象には「自性」は存在しない。井筒が「本質」の語を使用するとき、彼の念頭には仏教用語の「自性」がある。井筒は「自性」の語を「本質」として読み直すことで、異なる多様な思想を共時的に構造化しようと試みる。華厳的存在論では、事物事象のあいだに、「自性」的差異は存在しない。ところが、区別は存在する。Aは無「自性」的にAであり、Bは無「自性」的にBである。それと同じように、その他の一切のものがそれぞれ無「自性」的に全体的関連性の構造において存在している。つまり、存在とは相互関連性そのものである。全てが全てと関連し合う、そういう全体的関連性の網が先ずあって、その関係的全体構造のなかで、はじめてAはAであり、BはBであり、AとBとは個的に関係し合う。全ての事物事象が無「自性」で、それら相互のあいだに「自性」的な差異がないにもかかわらず、それらが個々別々であるということは、全ての事物事象が全体的連関性においてのみ存在していることを意味する。

したがって、井筒の図式モデル（華厳的存在論）が示すように、たとえば、Aの存在には、BもCもその他あらゆるものが関わっている。Bの存在にもCの存在にも、全く同じ構造が見られる。全てが全てに関わり合っているので、「全体的関連性の網」を無視しては、事物事象の存在を考えることができない。もっとも、井筒が示す図は、全てのものが相互に関わり合う有様を、ある一瞬に捉えて図式化したものであり、いわば共時的《サンクロニック》な構造である。ＡＢＣ……などの存在のなかで、ただ一つが動いただけでも全体の構造が変わり、一瞬一瞬に違う形が現成する。したがって、存在リアリティの全体を通時的《ディアクロニック》な構造としても捉える必要がある。井筒が示す図式モデルについて、井筒は「図式は、通時性を補って見ていただきたい」と付記している。つまり、華厳的コスモロジーによれば、どの瞬間においても、たとえば、Ａという一つのものは、他の全てのものとの相互連関においてのみ、Ａというものであり得る。そのことは、Ａの内的構造そのもののなかに、他の全てのものが隠れた状態で含まれていることを意味する。[34]

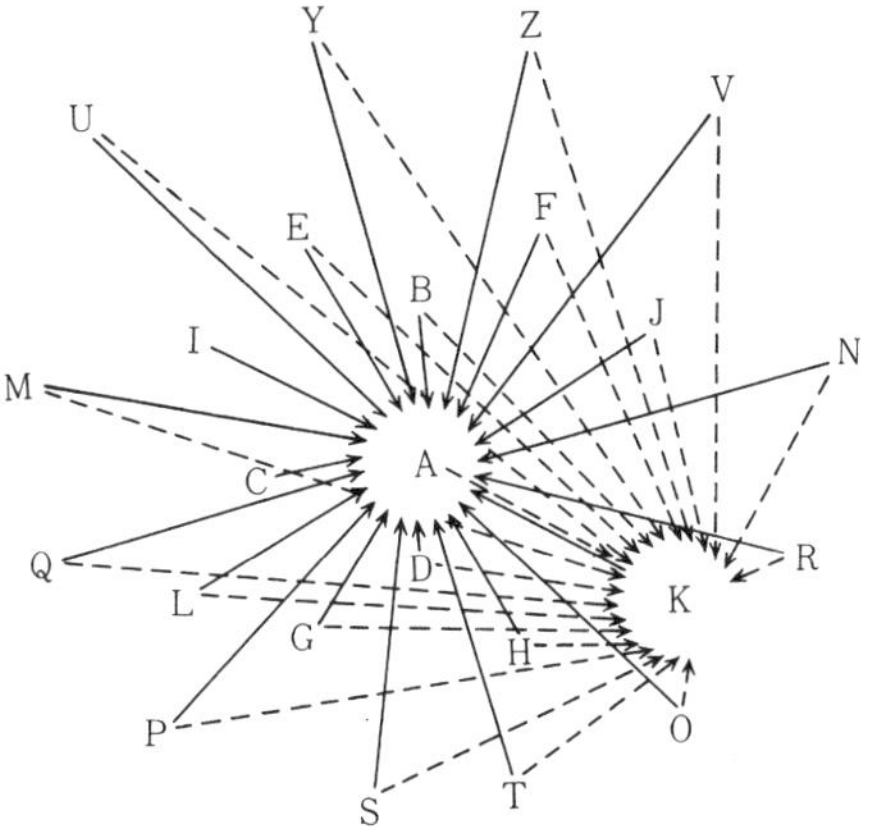

華厳的存在論の図式（『井筒俊彦全集』第九巻、46頁より）

華厳の存在論では、全てのものは相互依存的に瞬間ごとに生起する。存在世界のこうした流動的な全体的連関性の構造は、無限に拡がっていき、一塵もそれから外れることはない。ただ一つのものにも、存在世界の全体が参与しているのだ。存在世界は一瞬一瞬にして新たに現成していく。世界における一輪の花でさえも、その存在は花以外の全ての事物が生起する力に負っている。土、空気、日光、雨、虫、鳥、人間など、ごく身近なものから受ける直接的な影響に始まって、存在論的な関係性の連鎖は、世界の究極的な境界にまでも及んでいる。実際、全世界は直接的にかつ間接的に、全ての事物間の複雑な関係性の網目の只中で、一輪の花の生起と結びついている。華厳哲学の立場からみれば、一輪の花でさえも、ただ単なる花ではなく、世界における全ての事物の力動的で同時的かつ相互依存的な生起と存在を示す。存在に関するこうした華厳哲学の視座は、その中で全ての事物事象が生起し相互連関し合っているコスモロジー、すなわち、深層意識にのみ開示される事物事象の相互連関性の存在論的構造を提示している。

さらに井筒は、華厳的存在論の「性起」と「縁起」という中枢的な鍵概念によって、存在世界を記号化し、事物事象を全て記号的機能性で把握しようとする現代の記号学の立場から、Aはシニフィアン、(abcde…)をシニフィエとして捉えなおし、華厳的存在論を解釈する。華厳的存在論では、日常経験的な存在論に根ざす記号学が説くように、たとえば、シニフィアンA―シニフィエaというように、単純な一対一の記号構造ではない。ABCは全く同じ無限数の存在論的構成要素(abcde…)から成っている。A＝(abcde…)であり、BもまたB＝(abcde…)であり、C＝(abcde…)である。つまり、記号化された事物事象の存在論的な意味構造は、シニフィアンA―シニフィエ(abcde…)となる。シニフィアンは異なっても、シニフィエはいつも同じ(abcde…)である。すべての事物事象が全て、同じ複合的な構成要素から成るものの、井筒は相互の事物事象のあいだに「有力」と「無力」の違いを認める。華厳思想における「有力」と「無力」は「相互に転換し合って融通無礙」である。「有力」と「無力」の概念に基づく華厳の「主伴」的な存在論理によれば、構成要素群のなかのどれか一つ(あるいは幾つか)が「有力」であるとき、残りの要素は「無力」の状態に引き落とされる。ここで「有力」とは「積極的、顕現的、自己主張的、支配的」ということであり、「無力」とは「消極的、隠退的、自己否定的、被支配的」である。事物事象の相互間の存在論的差異性は、いわば「主伴」的な論理によって支配される。[35]

存在世界の現象的次元では、「有力」な要素だけが浮き出ており、「無力」な要素は見えない。しかしながら、「無力」な要素は決して不在なのではなく、現象的存在次元の深層に存在している。事物事象を複眼で見ることのできる、いわゆる「複眼の士」には、何を見ても、その「有力」な側面だけに焦点を絞るようにできているが、事物事象の「無力」な側面も「有力」な側面も、同時に見えている。華厳思想のコスモロジーが開示する言語哲学によれば、日常経験的な存在論に根ざす記号学と違って、このような独特な存在論的意味構造を示している。

華厳コスモロジーにおける事物事象の形而上的・存在論的な構造において、全ての事物事象は礙げ合うことなく相互滲透している。このことを説明するために、井筒はエラノス会議（一九八〇年）の「存在論的な事象の連鎖——仏教の存在観」と題した講演において、華厳哲学のコスモロジーを論じた際、リアリティの「因陀羅網《いんだらもう》」（Indrajāla）構造と呼ぶものを取り上げて例示している。それは互いを映し出すとともに、互いの中に映し出される、数え切れない宝珠から成ると言われる「インドラ神の網」の神話的イマージュについて説かれるものである。たとえば、真ん中に置かれて燃えている燭台の火が、全ての鑑に映し出され、それぞれの鏡は中心の火のそれ自身のイマージュを創出する——そのことが「性起」を意味する。それぞれの鏡に映し出される火はそれ自体、独立していて、一つであり、独特なもののように見える。ところが、現実には多様であり複雑である。そのなかに、全ての鏡に映し出される全ての火が含まれているからである——そのことが「縁起」である。一が全であり、全が一である。全が全の中にある。ただ一つの事物事象には、無限の層から成る全世界が含まれているのだ。[36]

ここで注目すべきことは、華厳哲学における「性起」すなわち「仏性の生起」の思想によって、華厳哲学が多くの伝統的な東洋思想が共有する元型的な思惟パターンを内包していることを明らかにしている。具体的に言えば、シャンカラのヴェーダーンタ哲学、「無名」が限りない「有名」になるとの視座を説く老荘思想、さらに「顕現」(tajallī)すなわち絶対的リアリティの「自己顕現」の概念にもとづいて構築されたイブン・アラビーのイスラーム哲学などと根源的思惟パターンを共有している。その主要なものの見方は、「一者」が絶対無限定あるいは絶対無分節の原初的な形而上的な状態から下降し、それ自体を現象的「多」の世界へと分節していくというものである。つまり、全ての事物事象は一つの絶対的リアリティ、仏性あるいは「理」が自らを可視化させた多くの異なる現象形態にすぎない。いかなる事物事象が、いかなる場所で、またいかなる時間に生起したとしても、その事物事象と同時に全ての事物事象も、まさにその事物事象のなかに生起する。華厳哲学における「理事無礙」は、まさにこうした事態を意味する。華厳哲学の存在論的な頂点を示す「事事無礙」は、「理事無礙」の基盤があって、はじめて理解することができる。

これまでの議論を踏まえて言えば、井筒「東洋哲学」の本質的特徴は、日常経験的な存在分節状態が存在の絶対未分節状態——それが「渾沌」であれ「無名」であれ、あるいは「無」であれ——の表層的な顕現であるという点にある。井筒の意味分節論によれば、存在の絶対未分節状態は、存在のあらゆる意味分節に先立つ、原初的な未分節状態における存在リアリティそれ自体である。したがって、それはまさに井筒の言う「存在のゼロ・ポイント」即「意識のゼロ・ポイント」である。さらに井筒「東洋哲学」のより重要な特徴は、人間の意識の深みにおいて、存在の無分節状態を認識した後、「存在のゼロ・ポイント」即「意識のゼロ・ポイント」を、多重多層的な哲学の構築へと向かう新たな始源として捉えなおしているという点にある。井筒「東洋哲学」は、まさに「無名」や「無」さらに「空」などの東洋的なキータームに根ざした流動的なコスモロジーの構築を可能にする哲学的思惟を展開する。

井筒「東洋哲学」において、存在の表層構造は自然世界が現実であり、世界の全ての事物事象は実在であるという、まさに素朴実在論のようである。しかし、その理論的根拠は全く素朴実在論とは異なる。井筒の「東洋哲学」の意味論的視座からみれば、全ての存在論的な境界線は、言語によって意味論的に分節される、ただ単にうわべだけの区別にすぎない。存在論的な経験の深みでは、それらは意味分節の皮相的な固定性を失ってしまう。井筒「東洋哲学」の構造は、存在論的な境界線によって区別される次元と全ての区別から完全に自由な次元という両次元において、全ての事物事象を捉えるという、いわゆる複眼視によって特徴づけられる。

6　「東洋哲学」の根源的思惟パターン

井筒のこうした哲学的思惟は、『意識と本質』の副題も示すように、自らの「精神的東洋」を索めて、井筒「東洋哲学」の意義と問題性を明らかにする試みである。彼は東洋思想の諸伝統の中から、いくつかの根源的思惟パターンを取り出し、井筒「東洋哲学」の意味論的世界観とその構造を明らかにしようと試みた。それでは、井筒が言う「東洋哲学」の根源的思惟パターンとはなにかを、これまでの考察をふまえて、井筒の哲学的思惟に沿いながら探究してみたい。

井筒「東洋哲学」の根源的思惟パターンについては、まず、存在と意識の表層と深層を同時に捉える「二重の見」に注目しなければならない。すでに論じたように、井筒は中国・宋代の禅師・青原惟信の言葉に沿って、修行の三段階を提示するが、その第三段階に「二重の見」の語を用いている。それは分節と無分節が二つでありながら、それら双方を同時に見ることである。井筒はこれを「二重の見」の同時現成とも言う。新田義弘は現象学的分析の立場から、井筒の説明に沿って、「日常の経験世界の意味秩序を支える存在論的枠組（分別知）を脱却し、無分別知へと変遷した知が、ふたたび差別の世界に帰ってくる」ところに生起すると述べる。また、それは「絶対的無執着（存在無定立）の心をもって、存在を無差別相において見る」と「絶対的執着（存在定立）の心をもって、存在を境界差別相において見る」の「二重の見」であると言う。[37] 区切りのない真相の存在リアリティがコトバによって意味分節され、意味分節態が見せかけの存在を得る。それによって無分節の存在リアリティは隠れてしまう。ところが、コトバの分割線が取り除かれると、無分節の存在リアリティが現われてくる。区切りがある分節態の世界を見ながら、それと同時に、区切りのない無分節の世界を「二重写し」に見る。こうした事態に、井筒は東洋哲学の根源的思惟パターンの特質を見ている。

井筒の言う「二重の見」の同時現成については、華厳的コスモロジーの「理事無礙」が、遺著『意識の形而上学——『大乗起信論』の哲学』において、「真如の双面性（二重性）」として捉えられている。宗教史的に見れば、華厳思想が「理事無礙」と呼ぶ事象について、『大乗起信論』がすでに詳細に論じていた。その詳細な分析を華厳思想では「理事無礙」として捉えなおしたのだ。『大乗起信論』によれば、「真如」には二面性あるいは二層構造が存在する。一方では、コトバを超越した真如があり、他方では、コトバで語られる真如がある。前者は「離言真如」と呼ばれ、全ての有意味的分節を拒否するかぎりでの真如、すなわち、コトバを超えた無分節態の真如である。後者は「依言真如」と呼ばれ、言語に依拠し、コトバで意味分節される分節態の真如である。井筒の言葉を援用すれば、「真如の真相を把握するためには、我々は「離言」「依言」両側面を、いわば両睨みにし、双方を同時に一つの全体として見なければならない」[38]。真如はそれ自体では、絶対無分節であり、全くコトバ以前であるが、その下に拡がる言語的な意味分節・存在分節の世界は、隅から隅まで絶対無分節の「真如」それ自体の分節態にほかならない。

こうした二側面を含む全一的「真如」を、本来の全一性において示すために、井筒は上下二段の部分領域から成る一円として、その基礎構造を略図化して説明する（図「真如の双面性」を参照）。上段の半円（A空間、またはA領域）は、井筒によれば、「割れ目も裂け目もない一面のブランク・スペースで、言詮不及の無分節態」、下段の半円（B空間、またはB領域）は「無数の有意味的存在単位からなる分節態」である。A空間は「絶言絶慮の非現象における「真如」」、B空間は「現象的存在界に展開した次元での「真如」」。Aは元来、コトバにならないばかりでなく、心に思い描くことすら

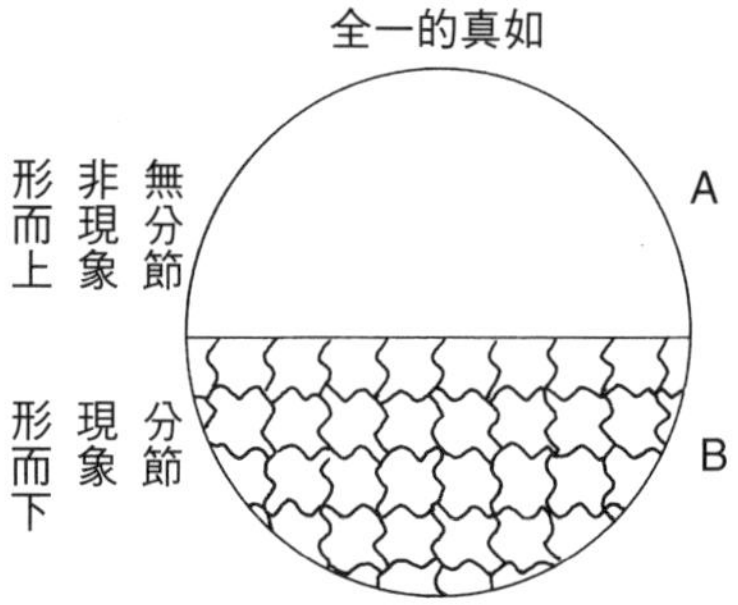

真如の双面性（離言真如と依言真如）
（『井筒俊彦全集』第十巻、505頁より）

できない「真如」の形而上的極限を空間的イメージで表現したものである。一方、Ｂは言語と意識が「アーラヤ識」をトポスとして関わり合うことによって生起する流転生滅の事物の構成する形而下的世界を表現している。ここで留意すべき点は、Ｂ空間がＡ空間との関連において、形而上学的・存在論的に二重の意義をもつことである。[39] 井筒が注目するのは、真如の現象態と非現象態が「対立」すると同時に「両立」するという双面性すなわち二重構造である。こうした存在のあり方は、華厳思想の言葉で表現すれば、「理事無礙」である。「理」（コトバを超えた真理）が「事」（コトバとなった真理）となって現われる。こうした双面性は、華厳思想では「無礙」と呼ばれる。

　これまでの議論からも明らかなように、井筒「東洋哲学」の哲学的思惟が示す重要な特徴の一つは、存在のリアリティが多重多層的構造を成していることである。私たちがふだん「現実」と呼び、またそのように考えている日常経験的世界は、実は存在の表層にすぎない。その下には、いくつもの層が重なって垂直方向に広がっていて、存在領域の多重多層的構造を成している。また、現実を見る人間の意識も、表層から深層に及ぶ存在領域の広がりをもっている。井筒の意味論的視座によれば、人間存在は自分の周りに錯綜する意味連関の網を有意味的に織り出して、その内部に生きている。この意味連関の網目構造は、数限りない意味単位が多重多層的に配列されて、有意味的な存在空間を織り出す。それはエリアーデが言う「コスモス」であり、最も原初的かつ根源的な形態では、オットーのいわゆる「ヌーメン的空間」である。井筒はそれを一種の宗教的存在体験の所産として捉える。また、存在が「コスモス」として生起する以前の「原初の浮動的無定形状態」、秩序以前の無秩序を「カオス」と呼ぶ。それは井筒によれば、コスモスに敵対する無秩序ではなく、コスモス成立の前に、コスモスが成立する場所としての根源的無秩序である。存在の有意味的構造への反逆、コスモスに対する攻撃的あるいは否定的エネルギーに変成したカオスを、井筒は「アンチコスモス」と呼ぶが、それはコスモスの有意味的構造の奥底にひそんで、そのロゴス的秩序を内面から解体しようとする特徴をもつ。

井筒が「東洋哲学」の根源的思惟パターンとして注目するのは、東洋思想が伝統的に「アンチコスモス的」あるいは「存在解体的」であることだ。つまり、それは「空」とか「無」という根源的否定の概念を存在リアリティの構造のなかへ導入して、それを存在リアリティの原点に据える。そのことによって、存在リアリティを根柢から破壊しようとする。その「存在解体」は、私たちがふだん「現実」と呼ぶ日常経験的世界の「仮象性」(仮の現われであること)をあばき出し、日常経験的世界の事物事象が実在性の根拠を欠くものであることを明らかにする。したがって、多くの伝統的な東洋思想において「存在は夢である」と言われ、「夢」とか「幻」のメタファーが用いられる。それは井筒は「存在は夢である」の命題が東洋哲学の「存在解体」の宣言であると言う。それは井筒によれば、東洋哲学のアンチコスモス的な哲学的表現である。その第一段階が、日常経験的世界における「事物事象の実在性の否定」である。事物事象のあいだには、本質的に決定された区別の線が引かれていると捉えるのは、表層的存在論の立場である。ところが、存在の深層の立場から見れば、全ての存在の境界線は人間の分別意識の所産であって、本当は実在しない。井筒は意識・存在の全体を、主客の区別をはじめ、全ての意味分節に先立つ「未発」の状態、すなわち絶対的未分節の根源性において捉える。日常経験的意識から出発して、意識・存在の深みにおいて、ついに「意識のゼロ・ポイント」に達し、そこからまた、日常経験的意識に戻ってくる。井筒は「分別」と「無分別」の同時生起こそが東洋哲学的思惟の究極的なあり方であると捉える。

さらに、井筒「東洋哲学」の根源的思惟パターンとして、井筒が強調するのは華厳思想に代表される「事事無礙」的存在論である。「事事無礙」において、事物事象には「自性」はないけれども、事物事象のあいだには区別がある。たとえば、Aは無「自性」的にAであり、Bは無「自性」的にBであり、同じように他の一切の事物事象が無「自性」的にそのものなのである。全ての事物事象が全ての事物事象と関連し合う、そういう全体的関連性の網が先ず存在しており、そうした関係構造のなかで、はじめてAはAであり、BはBであり、AとBは個的に連関し合っている。したがって、事物事象の実在性は存在しないままに、複雑な相互関連の網だけが存在する。井筒による「大乗仏教の華厳系の論理の構築の試み」において、新田義弘は、いわゆる「二重の見」が「自己直観と世界直観に関する井筒の極限化された解釈」であり、また井筒がそれを「存在解体のあとにくる機能」として捉えていることを確認する。そのうえで、新田は現象学的な視点から、「井筒の言う存在無化と意識の空化は、一方で、現象学の方法的歩みに起きる実体的思惟からの脱却としての自己否定、措定的対象化思惟としての反省的思惟の自己滅却にあたる」と論じる。[40] 筆者は井筒の生前中、彼が青年時代以後、フッサールやハイデッガーさらにメルロ＝ポンティなどの現象学の研究動向に大変関心を抱いていたと聞いたことがある。実際、井筒の著書には、しばしば現象学の研究者やその方法的視座が出てくる。新田の指摘を俟つまでもなく、井筒「東洋哲学」の根源的思惟パターンが現象学の方法論的立場とかなり類似していることは注目すべき点である。したがって、井筒が自ら示唆したように、この根源的思惟パターンを探究する方法論は「東洋的現象学」であるとも言えるだろう。

井筒は東洋の伝統的な諸思想とそれらを特徴づける形而上的実在体験の本質的特徴を、東洋思想をそれらの具体的な宗教文化的伝統すなわちコンテクストから外すことによって、共時的に構造化しようとする。つまり、井筒「東洋哲学」の目的は、東洋の哲学的思惟を深層的に規制する根源的思惟パラダイムを明らかにし、東洋思想の伝統における意識・存在の有機的な意味関連性を意味論的に解明することにある。井筒のこうした哲学的思惟の意味論的方法は、遺著『意識の形而上学』に至るまで、井筒の哲学的思惟の志向性を貫いている。ただし、井筒が東洋思想をそのコンテクストから切り離して共時論的に構造化しようとすると、構造論的モデルから脱け落ちる宗教文化的な諸側面をいかに取り込むのかという研究課題も明らかになってくる。この点については、次の最終章で詳論したい。

第六章　ヴェーダーンタ哲学の意味論的〈読み〉

井筒は全ての著作を貫いて、八世紀にインドで活躍したシャンカラ（Śaṅkara）のヴェーダーンタ哲学に言及している。そのことは、彼が長年にわたり哲学的思索を続けるなかで、ヴェーダーンタ哲学に強い関心を抱いていたことを示している。そこで本章では、井筒が独自の「東洋哲学」を哲学的意味論の視座から構想するなかで、シャンカラの哲学を東洋的主体性のあり方の根源的形態として取り上げたことに注目し、シャンカラの哲学が開示する意味論的世界観を、いわゆる「マーヤー的意識」の深層構造論として掘り下げて明らかにしてみたい。

井筒のインド哲学への関心は、独自の「東洋哲学」の構築へ向けて、ヴェーダーンタ哲学のなかでも、シャンカラの「マーヤー」概念の本質構造を解明することにあった。彼自身は必ずしもヴェーダーンタ哲学に関する文献学的研究に主眼を置いていたわけではなかった。それは井筒も述べているように、わが国のインド哲学の研究領域には、中村元や前田專學などのインド哲学者たちによって、シャンカラ哲学に関する卓抜な文献学的な研究業績が蓄積されてきたからである[01]。したがって、井筒はインド哲学研究において、哲学的意味論の視座から、シャンカラの不二一元論哲学を〈読む〉ことに専心した。本章では、井筒「東洋哲学」構想のなかで、まず、インド哲学の二つの立場をめぐって彼の哲学的意味論の立場を明らかにし、そのうえで、井筒がシャンカラの不二一元論ヴェーダーンタ哲学をいかに意味論的に読み解いたのかを解釈学的に明らかにしてみたい。さらには彼のヴェーダーンタ哲学理解の現代的意義についても考えてみたい。

1　哲学的意味論の視座から見たインド哲学の特徴

議論を始めるまえに、まず、ウパニシャッドとヴェーダーンタ哲学について少し記しておこう。「ヴェーダーンタ」（Vedānta）の語は、本来、「ヴェーダ聖典（Veda）の終わり（anta）」を意味する。その語は「ヴェーダ聖典の究極の趣旨」という意味を併せ持っている。ウパニシャッドとはヴェーダ聖典の終結部を構成すると同時に、その教えがヴェーダ聖典全体の極意であることを含意している。ふつうウパニシャッドと言えば、紀元前六〇〇年ごろから紀元後二〇〇年ごろにかけて作られた古ウパニシャッドを指す。井筒が引用するウパニシャッドのおもなテクストは、そのなかでも初期の部類に属する『ブリハッド・アーラニヤカ・ウパニシャッド』（*Bṛhadāraṇyakopaniṣad*）と『チャーンドーギヤ・ウパニシャッド』（*Chāndogyopaniṣad*）である。これら二つのウパニシャッドはそれぞれ、哲人ヤージニャヴァルキヤ（Yājñavalkya）とウッダーラカ・アールニ（Uddālaka Āruṇi）の説いた思想によって有名である。ウパニシャッド思想の根本概念は、少なくともシャンカラ派の宗教伝統では、

「ブラフマン（brahman）とアートマン（ātman）との一体性」（brahmātmaikyam）であると言われる。ブラフマンが宇宙原理であるのに対して、アートマンは個体原理である。ブラフマンによって示される大宇宙は、アートマンによって示される小宇宙と対応関係にある。

現代のシャンカラ派の哲学伝統では、ウパニシャッドさらにヴェーダーンタ哲学のエッセンスは「汝はそれなり」（tat tvam asi）や「我はブラフマンなり」（ahaṃ brahmāsmi）などの神秘的文章（「大文章」mahāvākya）に簡潔に表現されていると言われる。それは井筒の表現を借りれば、ウパニシャッドの哲人たちの「形而上的実在体験の言語化」である。「ブラフマンとアートマンとの一体性」という神秘的表現が説く世界は、日常経験的な言説を超えた世界であり、日常経験的世界の網目構造を抜け出した深層意識の次元に位置する。「汝はそれなり」という大文章は、ウパニシャッドの哲人ウッダーラカ・アールニが自分の息子シュヴェータケートゥ（Śvetaketu）に九回繰り返して教示したコトバである。この文章は、シャンカラ派において、全ヴェーダ聖典の趣旨、すなわちブラフマンとアートマンの同一性を端的に表現しているとみなされている。このコトバをイスラーム思想のコンテクストに移すと「汝はアッラーなり」となり、井筒が言うように、「解釈の仕方によっては、そのままアッラーの神性を否定することになりかねない」。この問題を提起したのはオックスフォード大学教授のゼーナー（R.C. Zaehner 一九一三―一九七四）であった。ゼーナーは「ウパニシャッドないしヴェーダーンタ哲学が実際にイスラーム思想界に流入した」という主張を、スーフィズム初期のバーヤジード・バスターミー（Bāyazīd [Abū Yazīd] Basṭāmī 七七七―八七四）のテクスト分析によって立証しようとした。今日の東洋学の水準から見直すと、井筒も指摘するように「それほど無根拠の主張ではなかったということがわかってきた」。この時代におけるイスラーム思想へのインド哲学の強力な影響は明らかであるが、イスラーム思想界へのヴェーダーンタ哲学の導入を進めたのはスーフィズムであったと井筒は言う。[02]「ブラフマン」や「アートマン」の語によって言説される存在の根源は、井筒によれば、「形而上的「一者」」である。それは「絶対未分節の言語、言葉以前の言葉、それ自体は絶対の沈黙」であり、さらに「まだ言葉として分節作用を全く現わしてはいないけれど、しかも無限に自己を意味的に分節していくことのできる根源的非言語」である。[03]

ヴェーダーンタ哲学は、ウパニシャッド思想の解釈学として展開した唯一の正統派哲学である。ヴェーダーンタ哲学には、現代のインド社会で社会的な影響力をもつシャンカラの不二一元論（advaita-vāda）をはじめ、ラーマーヌジャ（Rāmānuja）の被限定者不二一元論（viśiṣṭādvaita-vāda）やマドヴァ（Madhva）の二元論（dvaita-vāda）などの諸学派が存在するが、それらのなかでも、井筒はシャンカラの不二一元論哲学に親近感を覚えていた。晩年の主著『意識と本質』において、井筒はインド哲学のなかで、ニヤーヤ・ヴァイシェーシカ派の存在範疇論（パダールタ）、バルトリハリの言語的不二論、『バガヴァッド・ギーター』などのテーマについても論じているが、とりわけ、シャンカラの哲学に最も多くの紙幅を割いていることは注目に値する。そのことは、井筒がシャンカラの不二一元論哲学を、「東洋哲学」の構造を解明するうえで、典型的な哲学的思惟パターンの一つとして考えていたことを示唆している。

シャンカラの哲学は、大乗仏教思想と同じく「本質」否定から出発し、同じ方向を辿りながらも、最終的に全く正反対の極限に達する。それは大乗仏教思想では、その形而上学的構造の根源に、源に、「ブラフマン」という最高度にリアルな実在を据えるからである。このように井筒は、東洋思想の古典的テクストを意味論的に読み解いていく過程で、東洋思想のなかでも、特にインド哲学における二つの立場に注目している。すでに論じたように、それらは「存在＝空名」の立場と「名→存在＝実在」の立場である。シャンカラの哲学に関する井筒の意味論の特徴をなおいっそう掘り下げて明らかにするためにも、ここで、それら二つの立場の特徴を、井筒の意味論的理解に沿って簡潔に確認しておこう。それらの立場はそれぞれ、「東洋哲学」の構造を根本的に規制する一つの座標軸、すなわち「言語と存在の原初的連関」に関する東洋の哲人たちの関心にもとづく哲学的パラダイムを示している。[04]

最初に「存在＝空名」の立場。その立場は、言語の存在分節的な意味機能によって生み出される個々の存在単位がすべて、個別的な語の意味の実体化にすぎないという見解である。つまり、全ての事物事象は真の実在ではないというのだ。それはインド宗教思想の存在論を根源的に規定する一つの重要な哲学的パラダイムである。この立場は、コトバが実在を指示することを否定する。東洋には、「名」と「実」の関係について、「言語不信」ともいうべき徹底的な言語否定的な立場がある。ナーガールジュナ（龍樹 Nāgārjuna 一五〇—二五〇頃）以後の大乗仏教思想がそれを代表する。一方、「存在＝空名」の立場に対して、インドには「名→存在＝実在」という哲学的パラダイムも存在する。それはコトバと存在のあいだに、一対一の実在的対応関係を認める立場である。この思想的パラダイムを代表するのは、インドのアビダルマ仏教や、ヒンドゥー教のサーンキヤ思想、ニヤーヤ・ヴァイシェーシカ思想などである。その立場は「もの」が実在しており、それをコトバすなわち「名」が実在対応的に指示するというもので、コトバと存在のあいだに本源的な対応関係がある。たとえば、徹底した実在論を説くヴァイシェーシカ思想では、事物とか「もの」を「パダールタ」（padārtha; pada-artha）という語で表現する。その語は「語の意味」という意味であり、語の意味がそのまま「もの」であることを示す。言語が実在を指示することを明示している。

シャンカラの不二一元論哲学についてはすでに述べたように、「存在＝空名」の立場を採りながらも、形而上学的構造の根源に、「ブラフマン」という究極的実在を据える。シャンカラは日常経験的な事実を、最高実在ブラフマンの幻力（マーヤー māyā）が織り出すスクリーンに現れる幻影に譬えている。マーヤーの織り出す幻影の事物を、客観的に実在すると思い込んでいる人びとは、マーヤーの垂れ幕の彼方、すなわちブラフマンという真実在それ自体を見てはいない。「存在＝空名」の立場を採る哲人たちは、コトバにその究極的な原因があると言う。井筒によれば、言語は「意味分節・即・存在分節」をその本源的機能とする。また、全ての語はそれぞれ特有の意味をもっているが、意味の表示する〈区画〉線（荘子のいわゆる〈封〉〈畛〉）によって、存在がさまざまの違った形に分別される。[05] 井筒が言う「意味分節」を根源的機能とするコトバは、渾然として無差別・無限定な存在の表層に無数の分割線を引いて、そこに「分別」による存在風景を現出させる。コトバ（「名」）とその指示対象（「実」）の関係については、大乗仏教思想もヴェーダーンタ哲学も、原則的に言語否定的な立場を採る。

井筒「東洋哲学」では、コトバ以前は「存在の絶対究極的境位」として捉えられる。それは井筒の言葉によれば、「言語的意味分節以前」すなわち「存在論的未分節・無分節」という存在・意識の根源を意味する。それは老子の「無名」の境位に当たる。つまり、「無」（すなわち「無名」）は様々な名前を得て、「有」（すなわち「有名」）に転成する。井筒は言う、「この絶対無分節的境位を、肯定的に、根源的〈有〉と措定するか、否定的に、根源的〈無〉と措定するかによって、東洋の形而上学は大きく二つに分かれる」。それは「有」の形而上学、あるいは「無」の形而上学である。ところが、「存在の始原、根源、極限を無分節と解するかぎり、結局は同じところに帰一してしまう」と井筒は言う。[06]

井筒の意味論的視座から見れば、大乗仏教思想が「存在＝空名」の立場すなわち「無」の形而上学を説く。それに対して、不二一元論ヴェーダーンタ哲学は、存在＝空名」の立場を採りながらも、最終的に「名→存在＝実在」の立場、すなわち、絶対的実在としてブラフマン（＝アートマン）を存在リアリティの根源にもつ「有」の形而上学を説く。

2　ヴェーダーンタ哲学の意味論的世界観

このようにインドの形而上学は、その思想構造の視点から、「有」の形而上学と「無」の形而上学とに大別される。井筒はヴェーダーンタ哲学のなかで、「有」の形而上学を示すインドの言語的不二論（Śabdādvaita-vāda）を代表する哲人バルトリハリ（Bhartṛhari ca. 530-630 C.E.）が提唱した「語・梵」（śabda-brahman）すなわち「語ブラフマン」の思想と、「無」の形而上学を示す禅の思想を比較検討する。それら二つの形而上学のあいだには、哲学的意味論の視点からみると、構造論的な類似点が存在すると井筒は言う。言うまでもなく、禅では絶対者を立てないので、バルトリハリが説く「宇宙全体の絶対的根源実体」、根源的一者としての「語ブラフマン」すなわち「コトバとしてのブラフマン」は決して認めない。ところが井筒は、それら二つの思想構造のあいだに、すなわち、「コトバすなわち言語的絶対者としての「語・梵」と禅のコトバすなわち根源的未分節者、非言語」とのあいだに、きわめて注目すべき類似点があることを指摘する。

バルトリハリは『ヴァーキヤ・パディーヤ』（*Vākyapadīya*「文章単語論」）第一巻冒頭の詩節において、「コトバはブラフマンである」という主張を宣言する。

はじまりももたず終りももたない〔永遠なものである〕ブラフマンは、コトバそれ自体であり、不滅の字音《アクシャラ》である。そこから現象世界の構築《プラクリヤー》があるそれ〔ブラフマン〕は、意味＝対象＝事物〔アルタ〕として、〔この世界に〕別の姿をとって現れてくる。[07]

ここに述べられているのは、インド哲学者の赤松明彦によれば、「不変のブラフマンが観念のうちで多様に変成する」ことである。この詩節において、「そこから現象世界の構築《プラクリヤー》があるそれ〔ブラフマン〕」（prakriyā jagato yataḥ）という最初の句は、『ブラフマ・スートラ』（一・一・二）におけるブラフマンの定義、すなわち「〔ブラフマンとは、〕そこからこの〔世界の〕生起などがあるものである」（janmādy asya yataḥ）を受けていることは明らかである。バルトリハリは自らの言語哲学でも、根源的一者であるブラフマンが、現象世界の多様な事物事象に関わり合っていることを認めている。この詩節では、『ブラフマ・スートラ』における「生起など」の語が消えて、その代わりに「構築」（プラクリヤー）の語が使用されていることは注目すべき点である。文法学では、「構築」とは語や意味の成り立ちを分析的に説明することを意味する。バルトリハリにとって、コトバは本来、絶対無分節なものであるが、「構築」とはそのブラフマンを「分析して区分を設け、日常的なレベルでの意味理解のために組み立てること」である。[08] ここでは絶対無分節のブラフマンとコトバは一体化している。これこそがバルトリハリの言語哲学なのだ。

禅が説く「無」と同じく、「語ブラフマン」もそれ自体として、意味論的に「絶対の無」であり、その展開面では全現象世界の究極因である。バルトリハリの言語哲学では、ブラフマンは超越的な最高実在であり、それと同時に絶対的なコトバそのものである。それは現象世界を背後から根源的に支え、真理そのものとしてのコトバである。つまり、井筒が指摘するように、「経験的世界におけるあらゆる事物事象の生起は「語・梵」の自己分節による」。さらに「語ブラフマン」は本性上、永遠不断に自己分節の過程にある。したがって、禅と同じように、バルトリハリの「言語的不二論」についても、「根源的非言語が絶えず自己を分節して具体的な個々の語となり、それらの語が個々の事物事象を現成させて、その結果、我々の経験界が現われてくる」と井筒は言う。[09] このように井筒の哲学的意味論の視座からみれば、バルトリハリの根源的一者としての「語ブラフマン」の考え方は、コトバとしての「無」の言語的存在的自己分節を説く禅の考え方と根本的に共通の思想構造をもっている。

さらにインド哲学の様相にもう少し踏み込んで、井筒が不二一元論ヴェーダーンタ哲学の思想構造を大乗仏教思想のそれと意味論的に比較検討している点に注目してみたい。まず、大乗仏教思想は、その形而上学的構造の根源に「空」とか「無」を置いて、「本質」に対しては徹底して否定的である。「本質」の否定とは、一般的に「無自性」(niḥsvabhāva) あるいは「無我」と言われる。「無自性」とは「自性」(svabhāva) がないことを意味するが、そのことは、井筒によれば、「あるものをそのものとして結晶体に保つ、不変不動の実在的中核」であると説明される。[10]「自性」とは認識論的に言えば、私たちが日常経験的世界において、あるものをそのものとして「……の意識」の対象とする志向性の基盤となる。その意味における「自性」、すなわち「本質」が欠如しているとして、その実在性が否定される。それは「空」を中核として、全て存在するものが「縁起」によって存在しているからである。

仏教の「空」に根ざす存在論について、井筒が注目したのは、言語の「本質」喚起的な機能が重要な役割を担っている点にあった。「本質」は実際、どこにも存在していないが、それがあるかのように見える。言語の「本質」喚起的な機能について、井筒は『大乗起信論』(解釈分、三ノ一)の「一切の言説《ごんせつ》は仮名《けみょう》にして実なく、ただ妄念に随えるのみ」を引用して、次のように言う。[11]全てのコトバは本来、「仮に立てられた徒《あだ》なる名前だけであって、別にそれに対応する「実」、つまり「本質」があるわけではなく、ただ妄念の動きにつれて起ってくるもの」である。つまり、コトバが「妄念の所産」と言われるが、そのことはコトバの働きで妄念が起こることを示している。言語と妄念は表裏一体を成しているのだ。これが日常経験的世界であり、そのような世界を無数の「本質」でもって認識する意識が、「……の意識」の次元、すなわち表層意識である。

この表層意識が深まっていき、それが深層意識へと転換していくと、絶対無分節の「真如」は無分節のまま現出する。そのとき、日常経験的世界において、全ての存在者を区別する「本質」は全て消滅する。このことを『大乗起信論』（解釈分、三ノ一）に基づいて、井筒は次のように注記する。[12]すなわち、「一切の諸法（経験界で分節されているあらゆる存在者）は、ただ妄念によりて差別あるのみにして、もし心念を離るるときは、則ち一切の境界《きょうがい》の相なし（本質によって分節された、それぞれ違った客観的事物、認識の対象としての姿はなくなってしまう）」。きまった一つの「本質」も、実際のところ、妄念が描き出すイマージュであり、空なるものにすぎないという。

ただし、井筒は大乗仏教の形而上的体験における「空」には、「真空妙有」というコトバによって示される有的側面の存在を認める。たとえ「本質」が実在しなくても、現実世界には、それなりの実在性がある。このように井筒は「「本質」はないのに、事物はある」として、大乗仏教に特有の哲学的思惟パターンを認める。「本質」抜きの分節世界という存在論的構造を正当化するのが、いわゆる「縁起」の論理であるが、現実の世界はどうしても「縁起」だけでは説明し切れない。そうした状況のなかで、この問題性に真正面から実践的に取り組もうとしたのが禅であると井筒は言う。元来、「本質」喚起を本性とするコトバを、「本質」を喚起させずに使う禅のコトバの用法、すなわち非「本質」喚起的な言語の用法に、井筒は取り組んだのだ。[13]

すでに述べたように、不二一元論ヴェーダーンタ哲学と大乗仏教思想は、同じように「本質」否定から出発し、同じ方向に道を辿りながらも、両者は全く正反対の終着点に到達する。仏教の形而上学の構造には、その極点に「空」あるいは「無」が位置するが、それに対して、不二一元論ヴェーダーンタ哲学は、その形而上学的構造の頂点に、ブラフマンという「有的充実の極限、最高度にリアルな実在（ens realissimum）」を据える。不二一元論ヴェーダーンタ哲学者のシャンカラも、仏教の哲人たちと同じように日常経験的事物の「本質」の実在性を否定するが、深層意識の立場からみれば、実在性を欠く虚妄にすぎない事物事象は全て、ブラフマンの「「名と形」的な歪《ひずみ》」（nāma-rūpa vikāra）である。ブラフマン自身の限定的現われであるかぎり、全ての経験的な事物事象には、「ある種の実在性」が認められなければならない。本質論的に言えば、シャンカラにとって、個々別々の事物事象の「本質」は幻妄であるが、大乗仏教の思想とちがって、全ての経験的事物に唯一絶対の「本質」を認める。シャンカラの哲学的思惟にとって、ブラフマンはあらゆる経験的事物の真の、そして唯一の、「基体」（adhiṣṭhāna）の位置を占めるのだ。

ちなみに、シャンカラのマーヤー論について、インド哲学者の加藤隆宏は、井筒がサンスクリット術語に独自の訳語を与えていることに注目する。それは井筒が vikāra を「歪《ひずみ》」と訳している点である。その語は事物や状態の変化を意味し、サーンキヤ哲学の開展説では、質料因から生み出された様々な「変容」を意味する。加藤が指摘するように、井筒はこの「変容」（vikāra）の語に「歪」というややネガティブなイメージを伴う訳語を当てる。この訳語によって井筒は、シャンカラ派の仮現説において、唯一で純粋なブラフマンの根源から、人を惑わせる幻術にたとえられる「歪」が生じてくるというマーヤー論のコンテクストを適確に捉えている。[14]

不二一元論ヴェーダーンタ哲学も、まずは大乗仏教思想と同じように、日常経験的世界における

「本質」の虚妄性を認める。ところが、それは大乗仏教思想とは全く逆の帰結に到達する。この点について、井筒は哲学的意味論の視点から適確に叙述する。

仏教が現象的無に始まる「本質」の無性を最後の最後まで追いつめていって、ついに形而上学的絶対無に終着するのに反して、不二一元論は「本質」の現象的無性を窮極まで追って、ついに形而上学的絶対有に終着するのである。一方は無、他方は有。だが両方ともに絶対無分節であることはかわらない。ここに、絶対無分節的無と絶対無分節的有とが鋭く対立し、それに基いて、性格を異にする二つの存在論が成立する。[15]

つまり、仏教が「現象的無」に始まる「本質」の無性を追いつめて、最終的に「形而上学的絶対無」に終着する。一方、不二一元論哲学は「本質」の「現象的無性」を追っていき、最終的に「形而上学的絶対有」に終着する。思想構造論的に捉えると、両方とも「本質」は絶対無分節であるが、一方は「無」であり、他方は「有」である。ここに「絶対無分節的無」と「絶対無分節的有」が対立して存在する。このように井筒の意味論的分析は、東洋思想の「本質」に関する根源的な思惟形態を明示すると同時に、不二一元論ヴェーダーンタ哲学の根源的な特徴を明らかにしている。

3　古ウパニシャッドの意味論的〈読み〉

これまでの議論をふまえ、井筒が東洋哲学の根源的思惟パターンを示すと捉える不二一元論ヴェーダーンタ哲学について、井筒の〈読み〉をもう少し具体的に考察してみたい。ヴェーダーンタ哲学の思想的な源泉は古ウパニシャッドにある。井筒はヴェーダーンタ哲学において、「名色（＝名称と形態）」（nāma-rūpa）の思想が取り上げられるとき、しばしば引用される古ウパニシャッドのテクストを具体例として取り上げ、哲学的意味論の地平から、存在と言語の関わりを論じる。井筒によれば、古ウパニシャッドにおける「ブラフマン」は、意味論的に言えば、中国哲学の「道」に該当する。たとえば、『老子』における「道は隠れて名無し」（道隠無名、下、四一）とか、「道は常にありて無名なり」（道常無名、上、三二）。「無名」の境位における「道」を、老子は樸《あらき》に譬える。樸はいろいろに裁断されて、始めて様々な器物になる。それらの器物は特殊な「名」をもつことになる。根源的一者が現象的多者になる。「無名」の根源が「有名」の現象世界へと分節される。「道」そのものは「一」であり、そこには全く分割線は引かれていない。元々、渾然としてどこにも裂け目のなかった「道」の至る所に裂け目ができる。一つひとつの裂け目は「名」によって固定される。井筒の言葉を援用すれば、「絶対的「一」であった「道」の本源的な真相は、そこに生起する現象的「多」の背後に隠れてしまう。現象的「多」の世界は、重々無尽に連なる無数の「名」の網目構造である」[16]。井筒は老荘思想における「道」も、まさに「東洋哲学」における言語的意味分節理論の原型であると言う。

古ウパニシャッドの「ブラフマン」についても、井筒は『老子』における「道」と同じく、「東洋哲学」における言語的意味分節理論の元型であり、まさに絶対無分節者の言語的意味分節の思想であると言う。彼は古ウパニシャッドの具体例として、まず『チャーンドーギヤ・ウパニシャッド』(VI.i.4)の言葉を引用して、彼の意味分節理論にもとづくウパニシャッド思想、さらにヴェーダーンタ哲学に関する解釈を論じる。『チャーンドーギヤ・ウパニシャッド』のテクストでは、ブラフマンが様々な土製品の素材に喩えられる。それは粘土のメタファーによる言説である。そのテクストによれば、「我が子よ、土器にはいろいろあるけれども、それらの真相は、ただ一塊の土によって一挙に知ることができる。様々に変ってはいるが、その違いは、結局は、コトバの上での違い、名の違い、にすぎない。要するに、いずれも土であるにすぎないのだ」[17]。このウパニシャッドのテクストにもとづいて、井筒は言う。一塊の土が壺とか皿などの器物に作り変えられるとき、それらの器物は全く同じ一つの土の「変容」(vikāra)にすぎない。それらの器物は相互に異なる存在者として認識されるが、その差異は「名称」(nāma-dheya)の違いにすぎず、全ての器物は土から作られたものにすぎない。つまり、「土である」ことだけがリアリティなのだ。

ここで言われる「土」とは、存在の根源である「ブラフマン」のこと。「ブラフマン」は祭式との密接な関連のもとで形成された概念である。元来、祈禱句・呪句を意味する語であったが、やがて呪力・霊力そのものとなり、ついには宇宙の最高原理を指し示すようになった。ブラフマンはそれ自体、井筒が言う「絶対無限定的存在《リアリティ》」である。ところが、それが様々に分節され、分節された事物事象はそれぞれ「名称」を帯びる。そのことによって世界が現象する。事物事象は、意味の差異に依拠する個別の「名称」によって、仮に自己同一性を保っているが、ちょうど器物が全く同じ一つの土の「変容」にすぎないのと同じように、それは「コトバの意味的幻影」にすぎないと井筒は言う。さらに、このウパニシャッドのテクストをめぐって、井筒は次のような意味論的分析をおこなう。

この比喩で土に当たるものはブラフマンとなり、土から成る一切の器物は現象的多者、いわゆる森羅万象、となる。この存在論的状境において、ブラフマンは全てに共通し遍在する唯一絶対の無分節的存在リアリティであり、一切の個別的「名」に先行する「分節以前」。それをコトバが意味分節し、そこに千差万別のものの世界が現出する。「分節以前」と「分節以後」。これら二つの存在領域の中間にコトバが介在する。このような全体的構図において、コトバの介入による「分節以後」が、不二一元論の説くマーヤー的世界であることは言うまでもない。[18]

つまり、「分節以前」と「分節以後」という二つの存在領域のあいだに、「コトバ」が介在する。そのことによって、「分節以後」すなわち「マーヤー的世界」が生起する。絶対無分節すなわち絶対的一者であるブラフマンが、コトバによって把捉され、多様な「名」を付けられることによって、限りなく個別的な差異が多層多重に錯綜する現象的多者として顕現する。井筒の哲学的意味論の視座から捉えなおすと、「名」は「意味分節・即・存在分節」の標識である。「絶対的一者」であるブラフマンが、コトバによって無数の意味単位すなわち存在単位に分割され、意味的・存在的モナドとしての特殊な限定的属性が被せられる。こうした過程を経て、ブラフマンは本来的「無属性」の状態から現象的「有属性」の状態へと移行する。シャンカラの不二一元論哲学では、ここに「マーヤー的世界」が現出すると言う。

さらに井筒は、もう一つ別の古ウパニシャッドのテクストを挙げる。それは「有」の形而上学を示す代表的な『チャーンドーギヤ・ウパニシャッド』(VI.ii.1)の言葉、すなわち「大初、有(sat)だけがあった。それは絶対無二であった」である。これはウパニシャッドの哲人、ウッダーラカ・アールニの言葉であるが、形而上的「一者」による多の創出を神話的モチーフにしたがって説明する。形而上的「一者」について、ウッダーラカは太初には、「この世界は有(sat)のみであった。唯一であって、第二のものはなかった」という。[19] 井筒によれば、この文章を読むと、絶対に「無」の入り込む余地のない「純粋〈有〉的な形而上学の根本命題」であるように思えるが、このテクストでは、「有」が「段階的に自己限定を重ねることによって存在世界を生み出してゆく太源」である。ここでは「有」は、「まだ分化していない、自己限定以前の、存在分節以前の絶対者〈ブラフマン〉」として理解される。このことは重要な古ウパニシャッドのテクストである『ブリハッド・アーラニヤカ・ウパニシャッド』(I.iv.11)の文章、すなわち「太初、世界にはブラフマンだけがあった。それはまったく独一であって、まだ分化・開展していなかった」と比較すると、さらに明らかになる。さらに井筒は言う。

〈有〉であるとはいえ、この境位においては、まだなんらの分化・開展もない絶対無限定的全一なのであるから、この〈有 sat〉は〈非有 a-sat〉（↓〈無〉）と、ひっきょう、同じことである。絶対無分節の〈有〉は、無分節（未分節）であるという意味で、つまりまだそこに何ものの表徴もないという意味において、完全に〈無〉と同定されうる〈有〉なのである。[20]

ウパニシャッド思想のなかには、「有」ではなく「無」を存在の太初とする立場も見られる。たとえば、『チャーンドーギヤ・ウパニシャッド』（III.xix.1）、すなわち「初めには、この（世界）はまったくの非有であった。それが有になった」。さらに『タイッティリーヤ・ウパニシャッド』（II.7）の「太初には非有だけがあった。そこから有が生じた」。こうした立場は『リグ・ヴェーダ』にまで遡る非常に古い思想である。井筒の哲学的意味論の視座からみれば、「無」を「無」と言わないで、「非有」と表現していることは、きわめて示唆的である。それは「これから自己分化、自己限定、自己分節の動的プロセスに移ろうとしている〈無〉は、あらゆる存在者を潜勢的に包蔵しているという点からみて、すでに〈有〉である」からである。「有」と「無」のコトバの含意を捉えるとき、少なくとも井筒の意味論的な枠組では、それら二つのコトバは単純な「有」と「無」ではなく、「一見それとわからぬ形での相互滲透」が見られる。[21]

つまり、「有」（sat）と「非有」（a-sat）の関係をめぐって、井筒は次のように解釈する。「非有」とは「何ものも明確な輪郭で截然と他から区別されていない存在状態」である。それは「全てのものが混融する存在昏迷。いずれがいずれとも識別されず、どこにも分割線の引かれていない、渾然として捉えどころのないようなあり方、つまりカオスということ」である。一方、「非有」に対立する「有」は、「全てのものが互いにきっぱりと区別され、それぞれ己れの本質に準じて正しく働くことが期待されるような存在のあり方、存在秩序」である。井筒によれば、「「名《ナーマ》と形《ルーパ》」に従って整然と分節され秩序づけられた事物事象のシステムがあってはじめて、人はそこに「有」を感得するのだ。絶対無分節的存在状態は、存在よりも無に近い。それが「非有」なのである」。つまり、「非有」から「有」への動きは、「カオスからコスモスへの存在論的変貌」として捉えられる。[22]

同様のことは、ナーガールジュナが言う「空」の思想についても当てはまると井筒は言う。存在世界は「意味」として分節された無数の事物事象によって構成されている。個々の事物事象を相互に分節する境界線は、浮動的な意味凝固性をもつにすぎない。つまり、井筒「東洋哲学」では、「コトバ以前」は、存在論的な地平から見れば、「存在の絶対究極的境位」である。そのことを意味論的な地平から見るとき、「言語的意味分節以前」すなわち「存在論的未分節・無分節」であると理解される。

4　シャンカラの不二一元論哲学の意味論的〈読み〉

井筒はヴェーダーンタ哲学を「東洋哲学」の根源的思惟パターンを示すものとして捉えるが、特に注目するのがシャンカラの哲学である。彼は晩年の一九九〇年、「マーヤー的世界認識――不二一元論的ヴェーダーンタの思惟構造をめぐって」と題する論文を『思想』に発表した。さらに一九八六年十二月、天理国際シンポジウム'86での公開講演「コスモスとアンティコスモス——東洋哲学の立場から」の中でも、シャンカラの哲学について詳論している。井筒の主要な関心は「東洋哲学」の立場から、シャンカラの哲学が「マーヤー的世界」と呼ぶ、「有意味性の世界」を分析することにあった。言いかえれば、彼は「コトバと、コトバによって喚起される、存在の意味分節的表象形態と、存在をそういう形でしか見ることのできない人間意識の本性的メカニズム」をめぐって、シャンカラの哲学における「マーヤー」の思想構造を意味論的に分析しようとしたのだ。[23]

井筒のヴェーダーンタ哲学解釈の根本的な特徴は、彼がシャンカラの哲学を「東洋哲学的な存在解体」の思想とみなした点にある。その際、彼が注目したのは、シャンカラ自身の思想というよりはむしろ、もう少し広い視点から、シャンカラも含めた不二一元論思想全体であった。井筒の哲学的パースペクティヴから見れば、インド哲学の文献学的研究において、シャンカラの真作であるかどうかが疑わしいと思われる著作、たとえば、『ヴィヴェーカ・チューダーマニ』(*Vivekacūḍāmaṇi*)よりも、シャンカラの真作であることが明らかな『ウパデーシャ・サーハスリー』(*Upadeśasāhasrī*)のほうが、必ずしも「資料的価値が高いというわけではない」という。井筒は「マーヤー」概念の本質構造を開明するものであれば、シャンカラの真作か偽作かを問うことなく同等の価値を認める。文献学的にシャンカラの偽作とみなされる『ヴィヴェーカ・チューダーマニ』は、現代のシャンカラ派宗教伝統の総本山、シュリンゲーリ僧院では、シャンカラの真作として大変尊重されている。[24]

井筒の「マーヤー的意識」の構造分析において、「マーヤー(幻妄)」(māyā)概念をふまえて日常経験的世界を捉えるとき、日常経験的な世界は「幻」になる。つまり、マーヤーは「ミュトス的形象」として、「絶対者ブラフマンが、自己の上に繰りひろげて自己をいつわりの姿で見せる宇宙的幻想の煙幕」であり、「あらゆるものはmāyāmaya（マーヤー的、「幻」的）である」。私たち人間の意識のあり方から見ると、それは「人間意識の根源的無知、すなわち存在《リアリティ》をそのように細かく分割された形でしか見ることのできない人間意識の根本的欠陥構造」を示す。[25]つまり、存在の諸相はすべて人間意識の所産、「現象的（つまり、仮の現われの）世界」であり、私たちはそのことに気づかずに夢幻の世界に生きていることになる。

このシャンカラの哲学について、井筒が論じるテクスト理解の特徴を一言で表現すれば、東洋哲学的な存在解体である。その第一段階は、彼の言葉では「経験的現実の非現実化」である。シャンカラが言う「マーヤー」は、人間意識の意味分節機能と根本的な関わりをもつ。井筒によれば、「我々の意識の深層領域に貯えられ、かつ刻々に新しく形成されていく無数の意味単位、まるでアミーバーのように伸び縮みし浮動して止まぬ根源的意味単位が、意識表層に投影されると、あたかも固定した不動のものであるかのごとき幻影を我々に抱かせる。特に意味が言語的に凝結した場合はなおさらのこと」である。[26]つまり、私たちの目の前に存在する事物事象は、存在《リアリティ》の表層部分にすぎず、その深みには「無数の意味単位」の拡がりが存在する。

不二一元論哲学の東洋哲学的な存在解体の最終段階として、井筒は「無分節のブラフマン」への帰着を挙げる。シャンカラの哲学的視座から捉えると、様々な限定の様相の下に現われる有属性ブラフマン（saguṇa-brahman）は、究極的に内的分割のない、無分節の無属性ブラフマン（nirguṇa-brahman）に帰着する。[27]こうしたブラフマンの存在論をめぐって、井筒は形而上的「一」と現象的「多」、あるいは「分節以前」と「分節以後」という、いわば二項対立のかたちで、存在《リアリティ》を哲学的意味論の視座から構造化する。つまり、不二一元論の内的構造において、「分節以前」（純粋、無限定的ブラフマン）の実在性が「絶対に取り消し不可能な実在性」であるのに対して、「分節以後」のそれは「窮極的には常に取り消し可能な、つまり、第二次的な、実在性」にすぎない。[28]

ヴェーダーンタ哲学の伝統には、究極的実在ブラフマンの存在論を開展説とみなすのか、あるいは、それを仮現説と捉えるのか、という二つの言説のしかたが存在する。「開展説」は**pariṇāma-vāda**と呼ばれ、ブラフマンが自己開展して現象的世界になるという説である。この言説は、古ウパニシャッドにおける人格神による世界創造の思想に当てはまる。一方、「仮現説」は**vivarta-vāda**と呼ばれ、ブラフマンとマーヤー的存在形態の関係を、前者が後者として現われたものであると説く。つまり、経験的世界における存在の分節態は、存在の絶対的無分節のブラフマン（「一者」）の表層的事態にすぎない。開展説によれば、絶対無分節のブラフマンたる「一者」が現象的世界たる「多者」になるのに対して、仮現説では、ブラフマンたる「一者」が現象的な「多者」として現われる、あるいは「多者」のように見える。シャンカラの不二一元論哲学では、ブラフマンの本性が理論的に確立されるに伴い、仮現説はその哲学のマーヤー論の主要潮流となったが、このことは当然の帰結であったと言わなければならない。ただし、不二一元論的なマーヤー論は、それが「マーヤー」論であるかぎり、思想構造論的に「仮現説」でなければならないが、それと同時に強力な「開展説」的契機を内包していることにも留意しなければならない。[29]

このように彼は、ヴェーダーンタ哲学の伝統において、ブラフマンの存在論をめぐる開展説と仮現説という二つの言説の存在を十分に認識していた。井筒は幼少の頃より、禅的体験を実践していたこともあり、禅思想と類似した思想構造をもつシャンカラの不二一元論哲学が説く「仮現説」に親近感を覚え、その思想構造を掘り下げて探究した。

5　「マーヤー的世界」の意味論

先に挙げた『チャーンドーギヤ・ウパニシャッド』における土の比喩による言説では、土がブラフマンたる「一者」に、様々な土製品は現象的「多者」の素材に喩えられる。井筒の意味論的な視座によれば、ブラフマンは唯一の絶対無分節的存在《リアリティ》であり、全ての「名と形」（nāma-rūpa）に先行する「分節以前」である。それがコトバによって意味分節されることで、そこに千差万別の現象的「多者」の世界が現出する。「分節以前」と「分節以後」という二つの存在領域のあいだには、コトバが介在する。井筒によるシャンカラの不二一元論哲学において、コトバによって意味分節される「分節以後」は「マーヤー的世界」である。

シャンカラ派の宗教伝統では、シャンカラの哲学がしばしば簡潔に、次のように表現されている。

ブラフマン実在　brahma satyam
世界虚妄　jagan mithyā
個我即ブラフマン　jīvo brahmaiva nāparaḥ

シャンカラ派では、多様な現象世界は実在しているように見えるが、実際には「マーヤー」（幻妄）であり、ブラフマンのみが唯一で真の実在であるという世界観を説く。井筒もこうしたものの見方に関して、古来、世界を夢幻に譬える世界観や人生観が東洋の伝統にあり、無常観として深く沁みこんだ存在把握の仕方が日本の精神風土にもあることを指摘する。井筒の言葉を援用すれば、「「世界虚仮」。人生はただ一場の夢。存在の儚さ、虚妄性の感覚は、それの通俗的（「俗諦的」vyāvahārika）解釈において、我々の世界像を否定的色彩で染める」。ところが、ヴェーダーンタ学派のなかでも、特にシャンカラの不二一元論哲学は、仏教の場合と同じく、「俗諦的」解釈に対して「真諦的」（pāramārtika）解釈を立てることで、二重真理説を説く。[30] 真理あるいは知に二つの次元があるとの思想は、すでにウパニシャッド文献にも見られるし、大乗仏教において、空観を大成した龍樹（ナーガールジュナ）の二諦論にも見られる。『中論』（XXIV.8）では、ブッダが二つの真理（二諦）、すなわち、「世俗の覆われた立場での真理」と「究極の立場から見た真理」を説く。[31] 井筒はこの二重真理の構造を、「東洋哲学の本質論における一つの典型的思惟形態」であると認める。すなわち、真諦的な覚知の深まりとともに、存在の夢幻性が濃密となり、究極的に全ての存在が「空」であると捉えられる。シャンカラの哲学でも、俗諦から真諦への移行は、大乗仏教の場合とよく似たプロセスを辿るが、井筒によれば、両者のあいだに微妙かつ根本的な違いがある。それは「マーヤー意識が成立するところが、不二一元論的思惟の出発点である」という点である。というのも、シャンカラの不二一元論哲学では、「マーヤー意識」の成立から全てが始まるからだ。

先に論じたように、ここで留意すべきことは、真諦的な立場で現成する事態が、不二一元論哲学と大乗仏教思想ではまさに正反対であるという点である。つまり、仏教では、「真諦的知の極限において存在が一挙に空化（無化）」されるが、ヴェーダーンタ哲学では反対に、「真諦的知の極限において存在は絶対化され有化」される。[32] 井筒はブラフマンを「全宇宙の究極的根底」「絶対者」「マクロ的主体」「絶対無分節」「一」「意識／存在のゼロ・ポイント」というコトバで置き換える。一方、アートマンについては「個我」「個別的主体性の究極の根基」「個的人間実存の中核」「ミクロ的主体」「多」「分節」というコトバで表現する。前章で提示した井筒の「真如の双面性」の図式において、「真如」は「ブラフマン」に入れ替えれば、そのままシャンカラの二重真理の構造論になる。このことは、井筒「東洋哲学」の構造を理解するうえで極めて重要な示唆になる。[33]

シャンカラが説く「マーヤー的世界」の現出を意味論的に辿っていくと、ブラフマンと存在世界が二つの別異の存在ではないことは明らかである。ただ、「マーヤー的世界」が現象的に「多者」として存在するかぎり、それらはブラフマンの現われとして実在性をもつ。しかし、不二一元論的な視座から、井筒はその実在性について次のように言う。「それは、我々の意識が「名と形」を超えて、「分節以前」の、絶対無限定的純粋性におけるブラフマンを直証するに至るまでの事態であって、ブラフマンの直証覚知が起こると同時に取り消されてしまうような実在性である」[34]。このプロセスの中に、井筒は意味論的な視座から、言語的意味形象の「分節」作用の働きを見て取っている。その際、「名」（nāma）は「意味分節＝存在分節」の標識をなす。現象的「多者」は、それぞれの「名」によって独自の意味領域すなわち存在領域として成立する。この点について、井筒は次のように言う。

> 絶対無分節、すなわち絶対的一であるブラフマンが、コトバによって把捉され、様々な「名」を付されることによって、限りない個別的差異性の多層多重に錯雑する現象的多者として顕現するのだ。[35]

井筒はマーヤーの源泉を人間意識の本性的構造、すなわち意識のマナス的機能に見る。それは「コトバの喚起する意味分節的表象形態（「名と形」）をブラフマンにかぶせて、ブラフマン自身を不可視化し、ブラフマン的一性を現象的多性の姿でのみ顕現するように操作するもの」である。[36] たとえば、夕闇の中で道に横たわる縄を蛇と見間違えるような場合である。たまたま記憶に残っている蛇の諸属性を、誤って縄にかぶせ（付託）て、縄を縄と見る代わりに蛇だと思い込んでしまう。わが国のインド哲学研究では、「付託」の訳語が当てられる不二一元論の用語 adhyāsa は、原義では何か（A）のうえに何か別のもの（B）を据える、被せることを意味する。井筒はまず、シャンカラの「付託」の簡略な定義、すなわち「何か（A）を正しく認識せず、（誤って）別の何か（B）をそれのかわりに認知してしまうこと」（シャンカラ『ブラフマ・スートラ註解』序）を引用する。そのうえで、シャンカラが同じ『ブラフマ・スートラ註解』（*Brahmasūtrabhāṣya*）のなかで、その語を説明する文章、すなわち、「付託《かぶせ》とは、以前に認識された何かを、過去把持的に、他の何かの中に移して（それをその形で我々の目の前に）顕現させて見せることである」を紹介する。シャンカラは「付託」を「一種の属性移転現象」として解釈していると井筒は言う。中村元も指摘するように、シャンカラによれば、「付託」の語は「無明」（avidyā）と同義語であり、ヴェーダーンタ的色彩の強い意味あいをもつ。[37]

井筒の不二一元論ヴェーダーンタ哲学理解によれば、経験的世界は本性的に「マーヤー的世界」あるいは「仮有」であり、私たち自らも「マーヤー的主体」として「マーヤー的世界」の一部である。この経験的世界のマーヤー性の真相を把捉するためには、「マーヤー生起以前の存在次元」から、すなわち深層意識的な立場から、そのことを捉えなおす必要がある。そのために、不二一元論の思想伝統では、人間意識の三層構造論あるいは四層構造論が展開されたと井筒は言う。つまり、それは「覚醒位」（jāgrat）、「夢眠位」（svapna）、「熟睡位」（suṣupta）、「第四位」（turīya, turya, caturtha）であり、少しずつ深みを増していくように配列されている。不二一元論の思想伝統におけるこの意識構造論について、井筒は筆者の論考「深層意識の『第四位』」（『思想』一九八七年）をふまえて議論する。[38]

まず、第一の「覚醒位」は、外的な事物事象の世界に目覚めている意識、すなわち常識的な意識である。ここでの認識主体は、身体的われ（身体と同定された我、すなわち「自我」）であり、「マーヤーの夢を夢みている人」である。第二の「夢眠位」は、本質的には「覚醒位」の延長であり、主体も客体もマーヤー的である。主体は「覚醒位」の体験を感覚、知覚、情緒的素材として、それらを原体験のまま、あるいは新たなコンビネーションにおいて「自分の内部に再現する」。この「夢眠位」の状態では、「覚醒位」で一対一の関係で固定されていたシニフィアンとシニフィエの結びつきが弛緩して、意味の深層的な流動性が働き始める。第三の「熟睡位」は、夢も見ない深い眠りであって、意識の認識機能は作動しない。ここでは、「コトバの有意味性に依拠する主体の意識もない」し、「シニフィアンもシニフィエも姿を消してしまう」。存在の意味分節的構造が解体されるのは、一時的に、すなわち深い眠りが続いているかぎりのことであり、永続することはない。井筒によれば、「マーヤーのマーヤー性の覚知を、一時的にせよ可能にする点において、「熟睡位」は現象的「分節以後」と、非現象的「分節以前」を媒介する中間領域」として捉えることができる。[39]

最後の「第四位」は、意識論的には三昧《サマーディ》の状態であり、存在論的には絶対的「分節以前」の状態である。この境位においては、アートマンとブラフマンが完全に合一する。井筒の言葉によれば、「一切の存在分節的多は痕跡もとどめずに消融し、ただ純粋な無属性ブラフマンがその絶対一性において全面顕現する」[40]。ここではじめて、世界が全てブラフマンであり、ブラフマン以外には一物も実在しない、という不二一元論の真理が「生きた体験」として覚知される。経験世界で私たちが出合う全ての事物事象が、井筒の言う絶対無分節の状態、すなわち「存在のゼロ・ポイント」・「意識のゼロ・ポイント」を基盤にもつことを認識するとき、井筒の言葉を援用すれば、そこから「限りなく柔軟なコスモス（限りなく内的組み替えを許すダイナミックな秩序構造）が、おのずからそこに拓けてくる」。井筒が構築しようとした「東洋哲学」は、「内的に解体された、アンチコスモス的なコスモス」を基盤とする「存在解体」的な哲学である。[41] つまり、井筒の不二一元論ヴェーダーンタ哲学理解において、形而上的「一」と現象的「多」、すなわち無属性ブラフマンとマーヤー的世界は、井筒の意味論的な視座から見れば、意味分節以前と意味分節以後として構造化される。

6　哲学的意味論が拓く知の地平

井筒はこうしたシャンカラの哲学に代表される不二一元論ヴェーダーンタ哲学テクストの〈読み〉を一つの出発点として、東洋思想的遺産の地盤のうえに、独自の哲学的思惟の創造性を追究する。東洋の思想伝統の展開可能性を模索するために、井筒は意味論的解釈学の方法論を選んだ。そのことによって、不二一元論ヴェーダーンタ哲学という東洋思想の貴重な文化的遺産を、独自の創造的な哲学的思惟の原点の一つとして展開しようと試みたのだ。彼の意識構造モデルをとおして、不二一元論ヴェーダーンタ哲学の中に、「内的に解体された、アンチコスモス的なコスモス」を基盤として展開する東洋思想の根源的思惟パターンを見いだすことができる。不二一元論ヴェーダーンタ哲学ばかりでなく、東洋的「無」の哲学のなかにも、井筒は未来志向的に拓かれた思想の可能性、すなわち、内的に解体された、限りなく「柔軟なコスモス」へ向けて展開可能な知の地平を拓く可能性を、独自の哲学的意味論の立場から見据えていた。

井筒の哲学的意味論の射程が拓く知の地平の根本的な特徴は、それが意識・存在の多元的・重層的な構造を哲学的思惟の本質としていることである。井筒が東洋思想に関して強調したポイントの一つに、東洋の哲人たちが日常経験的世界の事物事象を成立させる境界線を取り外して、事物事象を在るがままに見ることを知っているという事実がある。インドのウパニシャッドの哲人をはじめ、東洋の哲人たちは、いわば複眼で存在のリアリティを見ることを〈体験知〉として実践してきた。

井筒は意識・存在の重層構造を「意識と存在の構造モデル」として論じる。観想修行によって意識の深層が拓かれると、「意識のゼロ・ポイント」即「存在のゼロ・ポイント」の絶対無分節の状態が生起する。表層意識を超えた意識の深みを見ることで、意識主体は存在の深みを、それが在るがままに見ることができるのだ。

また、哲学的意味論の視座が開示するもう一つの井筒「東洋哲学」のポイントは、シャンカラが「マーヤー」（幻妄）のコトバを用いて、現実は「マーヤー」であると論じるように、井筒「東洋哲学」の底流をなす視座が、「アンチコスモス」的すなわち「存在解体」的であることである。井筒の哲学的思惟では、「夢」とか「幻」の比喩（メタファー）が用いられる。「この世で人が経験する一切の事物事象は、ちょうど奇術師が、見物人の目の前に繰り出して見せる虚妄の事物事象、幻影《マーヤー》のごときものである」という。[42] この点について、井筒は次のように言う。

> この世界には様々なものがある。というのは、実は、ただあるように見えるだけなのだ、と言うのです。人は自分のまわりに種々様々な、無数の、互いに異なるものを見る。しかし、第一義的には、異なる事物を見ているのではない。どの場合でも、どんなものを見るにしても、実は同じ一つのブラフマンを見ているだけである。なぜなら真の意味である（存在する）のは、ただブラフマンだけなのですから。[43]

つまり、シャンカラの哲学のパースペクティヴからみれば、私たちが普通に経験する存在の諸相は全て、人間の意識の所産であり、日常経験的な世界は現象的（すなわち、仮の現われの）世界であり、私たちはそれと気づかずに夢幻の世界に生きている。したがって、シャンカラはあらゆるものが「マーヤー的」（māyāmaya）であると言うのだ。「マーヤー」（幻妄）、「空」さらに「無」という根源的に否定的な概念を、存在リアリティの構造の中へと導入し、コスモスの根源に据えるとき、コスモスは根底から解体される。存在解体をとおして、日常経験的世界の仮象性が明らかになり、全ての存在者はその実在性の根拠を失う。したがって、井筒「東洋哲学」では、現実の「非現実性」が強調される。シャンカラの不二一元論哲学をはじめ、伝統的な東洋思想をこのように捉えなおすとき、それらは現代哲学の要請に応じて、新たな知のパラダイムを拓く可能性を示唆する。

このように井筒は、人間存在の意識を深層意識へ向けて拡がる多元的・多層的な構造として捉え、その構造を次第に移り変わっていく存在リアリティの風景として描写する。井筒の表現を援用すれば、「絶対無分節者がそのまま意味的に分節されたものであることを我々が悟る時、そこに自由への「開け」ができる。その時、世界（コスモス的存在秩序）は、実体的に凝り固まった、動きのとれない構造体であることをやめて、無限に開け行く自由の空間」となる[44]。このように井筒は、哲学的意味論の立場から、方法論的柔軟性をもった言語的意味分節理論を展開する。

ただし、井筒哲学については、言うまでもなく、今後とも検討すべき研究課題は数多く残されていると言わなければならない[45]。まず、シャンカラの哲学に関する文献学的研究に惹き付けて言えば、時代的に古層に属するウパニシャッド文献群では、世界が「幻妄」（マーヤー）であるとの思想は、いまだ議論の中心に据えられなかったことに注目しなければならない。その意味では、シャンカラのウパニシャッド解釈は、ウパニシャッドの伝統的な内容を伝えるものというよりも、むしろ新たな解釈を提示するものであった。後代のシャンカラ派伝統は、このシャンカラのウパニシャッド解釈を正統な理解として保持するようになる。実際、インド哲学の伝統では、不二一元論哲学でもって、シャンカラは「仮面の仏教徒」とか「大乗仏教徒のようなマーヤー論を語るもの」などと批判され、正統な思想からの逸脱であるともみなされてきた。そのように捉えると、シャンカラはウパニシャッド思想を創造的に〈誤読〉したことになる。その創造的な〈誤読〉の内容すなわち「汝はそれなり」は、現代インドのシャンカラ派宗教伝統では、正統なウパニシャッド思想の理解として受け入れられ、元々のウパニシャッドの文脈から切り離されて、いわゆる「大文章」(mahāvākya) となっている。

シャンカラ以後のウパニシャッド思想の理解が、少なくとも現代のシャンカラ派伝統において、彼の〈誤読〉の影響下にあることは、宗教学的にも興味深い宗教現象の一つである。現代のシャンカラ派宗教伝統(スマールタ派)では、シャンカラは開祖とみなされ、人びとを救うために生まれた「シヴァ神の化身」(śivāvatāra) であると信じられている。そのために、シャンカラに伝統的に帰せられる諸『ウパニシャッド註解』などの著作は、その伝統の人びとのあいだで、いわゆる「聖典」としての意義をもっている。こうした宗教的事実は、聖典解釈学的にシャンカラの〈誤読〉とその意義を捉えなおす必要性を示唆する。[46]

井筒が晩年、執筆したシャンカラの哲学に代表される不二一元論ヴェーダーンタ哲学の意味論的な論考は、彼にとって新たな東洋思想テクスト解釈の試みであった。井筒「東洋哲学」構想のなかで、不二一元論ヴェーダーンタ哲学は、単なる「東洋的現象」ではなく、東洋哲学に特有な「存在解体」の根源的思惟パターンを示す。シャンカラの不二一元論ヴェーダーンタ哲学では、「存在的多者」が存在の表層的事態であり、その深層に絶対無分節の「絶対的一者」を見る。つまり、有属性ブラフマンは、究極的に無属性ブラフマンに帰着する。『意識と本質』以後の著書の中で明確に展開された井筒「東洋哲学」の枠組は、本書でしばしば強調してきたように、エラノス講演の中で次第に醸成されていった。今日、東西の哲学的叡知を融合した形で、新たな多元的文化パラダイムが求められている思想状況において、井筒は東洋の伝統的思想が内的に解体された「アンチコスモス的なコスモス」とか「柔軟なコスモス」を思想的基盤に据えていることに注目した。シャンカラの思想に代表される不二一元論ヴェーダーンタ哲学は、大乗仏教思想やスーフィズムのイブン・アラビーの存在一性論などと同じように、井筒が構築をめざした「東洋哲学」において、根源的で重要な哲学的思惟パターンを提示している。

さらに井筒「東洋哲学」構想のなかで、今後とも検討すべきもう一つの研究課題は、井筒が東洋思想の伝統を網羅しながら、それらの思想全体を諸伝統における複雑な文化的あるいは歴史的な連関から引き離し、共時的思考の意味論的次元へと移すことで、東洋哲学を新たな形に構造化しようとした「共時的構造化」という方法論的視座と連関する。井筒は「東洋哲学」を構築する試みのなかで、東洋思想全体を諸伝統の複雑な文化的あるいは歴史的な連関から引き離すことによって、東洋思想の共時的構造化を試みた。そうした東洋思想の「共時的構造化」のなかで、切り捨てられた部分も存在する。少し具体的に言えば、井筒は初期のクルアーン研究では、ジャーヒリーヤ時代からイスラームの時代への世界観の展開をある程度、時間軸に沿って論じている。そこでは世界観の歴史的変容が意味論的に分析されている。ところが、晩年の「東洋哲学」構想では、様々な東洋思想を取り上げているが、それらの世界観は歴史・文化的なコンテクストに位置づけて明らかにするのではなく、むしろ彼の意味分節論の視点から、東洋思想テクストが示す意識・存在の意味構造に焦点を絞って議論している。東洋思想の古典的テクストをその歴史・文化的なコンテクストから切り離して論じる場合、その哲学的意味論の枠組から脱け落ちる部分も存在する。

たとえば、『大乗起信論』における「真如」のコトバは「一つの仮りの名」すなわち「便宜的な符丁」にすぎない。「真如」の代わりに、「道（タオ）」とか「無」とか言っても同じことかといえば、井筒は決してそうではないと言う。それらのコトバのあいだには「歴然たる違い」がある。それは「それぞれの術語の背景にある言語的意味のカルマが違うからだ」と井筒は言う。彼の言葉を援用すれば、「同じく意識と存在のゼロ・ポイントを指示するにしても、例えば「真如」と「道」では、意味指示のアプローチが、文化パタン的に、全然違っている」[47]。こうした複雑な文化的あるいは歴史的な連関のなかで「意味分節的に特殊化され特定化され」たコトバを、それらのコンテクストから切り離して論じるとき、「言語的意味のカルマ」も切り捨てられる可能性がある。

シャンカラの哲学についても、井筒の意味論的なテクスト解釈が大変説得力をもっていることは言うまでもない。ところが、シャンカラの哲学をその歴史・文化的なコンテクスト、すなわちシャンカラ派の宗教伝統に位置づけると、伝統的にシャンカラの真作として信じられてきた「バクティ頌」（bhaki-stotra　讃詩）は、神へのバクティ（信愛）による救いを強調している。また、それがシャンカラ派の信仰者にとって、生きる心の支えとなっている。こうした具体的な宗教現象を切り離して、シャンカラの哲学は「アンチコスモス」的であると言うとき、その哲学がもつ歴史・文化的あるいは言語的な「意味のカルマ」を切り捨てることになってしまうと言わなければならない。したがって、井筒が「東洋哲学」構想において、意味論的に論じられる部分と切り離される部分をもう一度連関させながら、井筒の意味論的方法論を再考していくことが、井筒哲学研究における今後の重要な研究課題であると言えるだろう。

結論

日本で「哲学」と言えば、これまでほとんど西洋哲学だけを意味してきた。そうした哲学研究の状況において、井筒俊彦は長年にわたる哲学的思惟の蓄積をふまえ、晩年の主著『意識と本質』が示すように、独自の「東洋哲学」の構築を試みた。初期の著作で専ら取り組んだイスラーム思想は言うまでもなく、西洋の主要な思想、ユダヤ思想、インドのサーンキヤ、ニヤーヤ、ヴァイシェーシカ、ヴェーダーンタなどの思想、禅思想をはじめ、華厳や唯識さらに密教の思想、中国では老荘や儒教の思想さらに現代思想など、古今東西の思想の原典テクストを原語で読み解いた。それらの思想について、井筒は意味論的に現代哲学の視座から「意味の深み」を論じているが、それらは文献学的な研究成果にもとづいたものである。ただし、「東洋哲学」の構築のために、テクストをあえて創造的に〈誤読〉することも厭わなかった。

井筒の哲学的思惟の根本的な特徴は、一言でいえば、言語哲学でいう「意味分節理論」にある。彼はコトバと意識および存在の意味分節との密接な関係性を繰り返し説いている。とりわけ、井筒が構想した「東洋哲学」の目的は、哲学的意味論の視座から、意識と存在の根源的なあり方を探究することにあった。「絶対無分節」から「分節」への言語的意味分節の過程で、意識および存在が現われ、存在世界が現出する。こうした「絶対無分節」から「分節」への転換の過程で、井筒が伝統的な東洋思想の掘り下げた意味論的分析をおこなうことによって、独自の言語的意味分節論にもとづく「東洋哲学」を構築しようと試みた。

彼が「哲学的意味論」を方法論的視座として明確に自覚するようになったのは、一九六七年にエラノス会議で講演するようになって以降であった。それ以前にも、井筒は特にフンボルト学派の言語哲学の影響を受けて、クルアーンという聖典テクストを意味論的な視座から分析することによって、クルアーンの意味論をイスラームのコンテクストをふまえて共感的に探究していた。彼がイスラームの意味論的研究に本格的に取り組むようになった契機は、マッギル大学におけるウィルフレッド・C・スミスとの出合いにあった。人間の心の働きを根源的に規制する意識構造論的な要因として、井筒は幼少時から、意味というものの不思議、その限りない深みに強い関心を抱いていた。実際、「意味」の世界は限りなく深く、また広い。井筒は全ての著作を貫いて、そのことを繰り返し述べている。それは幼少のとき以降、彼自身の禅的体験に根ざした確信であり、また実感でもあった。

井筒には、従来の言語学が「意味」の現象を、いかにも自明の常識的な事実として取り扱い、社会慣習的な意味コードの次元に限定して考察していることに不満があった。井筒がエラノス会議に招かれ、東洋思想の古典テクストを意味論的に読み解く講演を続けていくにつれて、「東洋哲学」

を強く意識し、その構想を次第に醸成していく。それと同時に、オットー宗教学やヒルマンのユング派心理学の視座をふまえて、コトバの深層的意味すなわち「意味の深み」の問題性を明らかにしていく。仏教の唯識思想やユング派心理学などを援用しながら、東洋思想の深層構造を探究することによって、深層意識の次元を包摂する東洋哲学的パースペクティヴへの道を切り拓いた。

井筒「東洋哲学」を支える哲学的意味論のキーワードは「言語アラヤ識」である。私たちの存在認識は根源的に「言語アラヤ識」に依存していると井筒は言う。「言語アラヤ識」に隠れている意味、「種子《しゅうじ》」のエネルギーによる存在分節が、一定のイマージュを喚起する。そのイマージュの生起そのものは深層意識内での出来事である。まさに「言語アラヤ識」の語《コトバ》は、井筒「東洋哲学」構想を基底から支えている。私たちが日常生活において、何気なく使っているコトバも、常識的あるいは社会慣習的な意味の堅い皮殻のすぐ下で、「意味の深み」につながっている。コトバは全て「言語アラヤ識」に根を下ろしているのだ。このように井筒が深層的意味論を展開するとき、それは新たな言語哲学の可能性を秘めている。それは従来の言語哲学とは異質の言語哲学、いわば深層意識的な言語哲学である。東洋思想の伝統では、言語アラヤ識からのイマージュ生起に根ざす〈体験知〉にもとづいて、「東洋哲学」の伝統が展開されてきた。この体験知としての「東洋哲学」のコスモロジーを哲学的意味論の立場から分析することによって、井筒は「東洋哲学」の意味論的世界観における多元的・重層的な構造を明らかにしている。したがって、井筒「東洋哲学」という言語哲学的構想は、ある意味で「東洋的現象学」であるとも言えるだろう。

「東洋哲学」の主流はアンチコスモスの立場にある、と井筒は強調する。「空」とか「無」を存在空間の原点に据えることで、それは存在の秩序構造を根柢から揺るがそうとする。こうした「存在解体」の特徴は、たとえば、有名な「荘周胡蝶の夢」やシャンカラの「マーヤー（幻妄）」に見られるように、しばしば「夢」とか「幻」というメタファーで表現される。存在が「夢」であるとは、井筒の哲学的意味論の立場から見れば、全ての存在の境界線は人間意識の「意味分節」の所産にすぎない。それは人間意識の意味喚起作用に根ざしている。しかし、東洋思想の重要な特徴は、「存在解体」の極限に現成する「空」とか「無」を、さらに進んで逆に、日常経験的な「有」の世界の始点として捉えなおすところにある。「空」とか「無」は、意味論的に絶対無分節的な存在リアリティとして、存在世界の根源性に据えられる。そのことによって、様々に意味分節される日常経験的「多」の存在世界が根源的未分化・無限定の「一」へと引き戻される。つまり、井筒の哲学的意味論によれば、アンチコスモスとは決して存在の虚無化を意味するのではなく、むしろ存在リアリティを全ての言語的意味分節に先立つ未発の根源的な状態において捉えることを意味する。

東洋哲学における「空」や「無」は、根源的未分化・無限定の「一」としての「空」であり「無」である。一切のコトバを超え、「名」を超えている。それは「意識のゼロ・ポイント」すなわち「存在のゼロ・ポイント」という体験的事態を示す。その体験的事態は、井筒「東洋哲学」の構造において、形而上学的思惟の極限、すなわち絶対無分節の状態である。老荘思想の「道」などの絶対無分節の境位を示すキーターム群は全て仮名である。それらのどの一つも本名ではない。その事態は言語を絶対的に超越している。それは、あらゆる形でのコトバの接近を拒否するところの「口では言えないもの」（arrēton）であり、ルードルフ・オットーが言う「聖なるもの」の非合理的な要素すなわち「ヌミノーゼ」(das Numinöse) と共通した意味構造をもつ。

純粋な「無」の拡がりに、言語の存在分節的な働きによって、数限りない事物事象が現出すること は、『老子』が説く「無名」から「有名」への転換である。意識と存在の形而上的「無」が、意識と存在の経験的「有」へと移行する。根源的に無限定の「一」としての「空」や「無」は、次に意識すなわち主体、さらには存在すなわち客体となって、「有」的に意味分節される。コトバを超え「名」を超えている真実在には、自己顕現への志向性が本源的に内在している。つまり、井筒が哲学的意味論の地平から捉えた東洋哲学の基本構造は、根源的無分節の「空」や「無」を起点として、現象的「有」の展開が始まり、「空」や「無」に根ざす「有」の存在秩序(コスモス)が生起する、というものである。

井筒はエラノス会議でおこなった一二回の講演をとおして、哲学的意味論の視座から、東洋思想の古典テクストを読み解いた。そのテクスト〈読み〉によって、独自の「東洋哲学」の地平を切り拓いていった。井筒がイラン革命のために帰国後、『意識と本質』などの著書のなかで、日本語で本格的に論じる独自の「東洋哲学」構想の萌芽は、エラノス講演録(『東洋哲学の構造——エラノス会議講演集』)のなかに、すでに見いだされる。井筒「東洋哲学」の意味論的世界観では、存在リアリティが存在秩序(「有」)でありながら、それが同時に、根源的無分節の「空」あるいは「無」によって、始めから内的に解体されている。井筒「東洋哲学」構想における哲学的思惟の本質は、存在分節が意味論的に言語的意味分節であることにある。

井筒の言語的意味分節論は、東洋哲学が開示する深層意識の深みへと迫っていくなかで、その思想の深層構造を可能なかぎり生き生きと言説している。彼は現代哲学の地平において、伝統的な東洋思想の伝統をふまえながら、意識と存在の深層を射程に据えて、独自の壮大な「東洋哲学」の共時的構造化を試みた。ところが、言うまでもなく、「共時的構造化」の過程で、東洋思想全体を諸伝統の複雑な文化的・歴史的な連関から引き離すことによって、切り捨てられた思想の諸側面も存在する。したがって、今後の井筒研究の課題は、井筒「東洋哲学」の意味論的世界観をいっそう掘り下げて展開していくと同時に、井筒の哲学的思惟を東洋思想の諸伝統に照らして、切り捨てられた思想の歴史・文化的な諸側面にも目配りしながら再検討していくことであろう。

東西の叡知を融合した新たな「知のパラダイム」が求められている現代世界において、井筒「東洋哲学」は、グローバルな「知のパラダイム」構築に寄与する可能性を限りなく秘めている。それは創造的かつ未来志向的に「東洋哲学」の深層構造を明らかにしようとするものであり、まさに時代を先取りした画期的な試みであったと言えるだろう。

注

序章

01 司馬遼太郎「アラベスク――井筒俊彦氏を悼む」『歴史のなかの邂逅 同時代篇』中央公論新社、二〇二三年、一七四―一九五頁。

02 『井筒俊彦全集』第五巻、三七六―三七八頁。

03 『井筒俊彦全集』第八巻、三七四頁。また『井筒俊彦全集』第二巻、二三四頁も参照。

04 『井筒俊彦全集』第二巻、二三五頁。

井筒俊彦の初期の代表的著書『神秘哲学』については、その初版本（一九四九年）の企画と発行は「哲学道教団・神秘道／附属 哲学修道院／ロゴス自由大学」で、発売元は「光の書房」であった。光の書房では、「世界哲学講座」シリーズを刊行したが、第一巻は金倉圓照「印度哲學史」／岩崎勉「希臘哲學史」、さらに第一四巻が井筒俊彦『神秘哲学』であった。

井筒が『神秘哲学』の「序文」で次のように記していることからも、当時、井筒は光の書房の社主であった上田光雄と親交があったことが窺える。

本書の執筆はもともと私自身の発意ではなく――自己の非才を知り抜いている病身の私が、これほど大がかりな仕事を、どうして自分から思いたつことができよう――始めから上田氏の熱烈な支持と激励とにはげまされてとりかかったものなのである。（『井筒俊彦全集』第二巻、二三八頁）

上田は、井筒の『神秘哲学』を新たな教育機関「ロゴス自由大学」の教科書として用いることを考えていたようだ。また、上田が創設した「哲学道教団・神秘道」は、後に聖天信仰を基盤とした「神秘道不思議教団」として組織し直されているという。ちなみに、上田は「神秘道不思議教団教主」の立場で、エッセイ「生長の家とNuminose」を『宗教時報』（第三九号、宗教時報社、一九五一年）に執筆し、「ヌミノーゼ」が宗教の本質的要素であることを強調している。

真のカテゴリーから見た宗教の本質的要素は「ヌミノーゼ」Numinoseでなければならぬことは専門学者の肯定するところです。ヌミノーゼは所謂る「非合理的非合理」の世界、即ち「超論理的論理」の世界、つまり神的ロゴスの世界の本質的要素でありまして、この要素を欠くところの教えは擬似宗教であって、真のカテゴリーに属する宗教ではありません。（『宗教時報』（第三九号、四七頁）

このエッセイのなかで、上田は「ヌミノーゼ」の語に言及しているが、その語を造った宗教学者オットーの名は挙げていない。井筒と上田との関わりについては、いまだ明らかでない点も多く、今後の研究課題の一つである。

05 若松英輔『井筒俊彦　叡知の哲学』四二—五六頁、および『井筒俊彦全集』第二巻「解題」、六〇四—六〇六頁、安藤礼二『井筒俊彦　起源の哲学』三九—四〇頁を参照。

06 『井筒俊彦全集』第二巻、二三五—二三六頁。

07 同右書、二三六頁。

08 『井筒俊彦全集』第十巻、二六六頁。第二巻、二三六頁。

09 『井筒俊彦全集』第八巻（遠藤周作との対談「文学と思想の深層」）、三二六—三二九頁。

10 関根正雄「井筒俊彦氏のこと」（『井筒俊彦著作集』第一巻付録、中央公論社、一九九一年）、二頁。

11 『井筒俊彦全集』第八巻（「西脇先生と言語学と私」）、七一頁。

村上博子「朝《あした》にも夕《ゆうべ》にも感謝を」『井筒俊彦著作集』第四巻月報、中央公論社、一九九二年、七頁。

12 『井筒俊彦全集』第八巻、七二頁。
13 『井筒俊彦全集』第十巻、六〇九―六一〇頁。ちなみに、井筒が出合った二人のタタール人の詳細な背景については、坂本勉「序　イスラーム学事始めの頃の井筒俊彦」坂本勉・松原秀一編『井筒俊彦とイスラーム』二―二六頁を参照。
14 同右書、六一〇頁。
15 同右書（司馬遼太郎との対談「二十世紀末の闇と光」）、六〇五―六三八頁。また、坂本勉・松原秀一編『井筒俊彦とイスラーム』二―二六頁を参照。
16 『井筒俊彦全集』第七巻（「行脚漂泊の師　ムーサー」）、二二六頁。
17 同右書、二二七頁。
18 『井筒俊彦全集』第十巻（「二十世紀末の闇と光」）、六一三頁。
19 同右書、六一四頁。
20 『井筒俊彦著作集』第七巻（井筒俊彦訳『コーラン』「解説」）中央公論社、八五二頁。近年の宗教学における聖典研究をふまえた議論については、拙論「宗教伝統における聖典の意味構造」（一回―十一回）『グローカル天理』（第二一巻・第七号―第二三巻・第三号、二〇二〇年七月―二〇二二年三月）天理大学おやさと研究所を参照。
21 井筒豊子『井筒俊彦の学問遍路――同行二人半』慶應義塾大学出版会、二〇一七年、六―七頁。
22 同右書、二五頁。
23 同右書、二二頁。
24 鎌田繁「解説」、井筒俊彦『クルアーンにおける神と人間』鎌田繁監訳、仁子寿晴訳、慶應義塾大学出版会、二〇一七年、三六三頁。
25 井筒豊子『井筒俊彦の学問遍路』七二頁。

26 同右書、七三頁。

27 同右書、七三頁。

28 Wilfred C. Smith, *The Meaning and End of Religion: A New Approach to the Religious Tradition of Mankind* (New York: Harper & Row, Publishers, 1978), p. 195; ウィルフレッド・キャントウェル・スミス『宗教の意味と終極』保呂篤彦・山田庄太郎訳、国書刊行会、二〇二一年、二五二頁。

Wilfred C. Smith, "Comparative Religion: Whither–and Why?" in: *The History of Religions: Essays in Methodology*, edited by Mircea Eliade and Joseph M. Kitagawa (Chicago: The University of Chicago Press, 1959), p. 35. ウィルフレッド・スミス「これからの比較宗教学のあり方」(M・エリアーデ、J・M・キタガワ編、岸本英夫監訳『宗教学入門』東京大学出版会、一九六二年、五一—五二頁。

29 William A. Graham, *Beyond the Written Word: Oral Aspects of Scripture in the History of Religion* (Cambridge: Cambridge University Press, 1987), pp. 5-6.

30 井筒豊子『井筒俊彦の学問遍路』八一頁。

31 Wilhelm von Humboldt's gesammelte Werke, sechster Band (Berlin: Verlag von G. Reimer; Photomechanischer Nachdruck, Berlin: Walter de Gruyter, 1988), S. 42. 亀山健吉『言葉と世界——ヴィルヘルム・フォン・フンボルト研究』法政大学出版局、二〇〇〇年、一四〇—一四一頁、一六—一七頁。

32 Leo Weisgerber, *Das Menschheitsgesetz der Sprache* (Heiderberg: Quelle & Meyer, 1964), S. 38. レオ・ヴァイスゲルバー『母語の言語学』福田幸夫訳、三元社、一九九四年、五〇頁。

33 『井筒俊彦全集』第五巻(「対話と非対話」)、一九〇頁。

34 同右書(『イスラーム生誕』はしがき)、二三五頁。

35 『井筒俊彦全集』第十巻(『イスラーム生誕』文庫版後記)、四四三頁。

36 井筒豊子『井筒俊彦の学問遍路』三一頁。

37 『井筒俊彦全集』第九巻、三五五頁。

38 『井筒俊彦全集』第六巻、四二一頁。

39 Henry Corbin, *Creative Imagination in Ṣūfism of Ibn ʻArabī*, translated from the French by Ralph Manheim, Bollingen Series XCI, (Princeton: Princeton University Press, 1969), p. 354, note 41.

40 『井筒俊彦全集』第六巻、四二〇―四二一頁。

41 安藤礼二『大拙』講談社、二〇一八年、二八頁。

42 『井筒俊彦全集』第十巻、四八〇頁。

43 『井筒俊彦全集』第五巻（「『神秘哲学』新版前書き」）、一七一頁。

44 納富信留「ギリシア神秘哲学の可能性――井筒俊彦『神秘哲学』のプラトン論」『慶應義塾大学言語文化研究所紀要』第四六号、慶應義塾大学言語文化研究所、二〇一五年、一〇頁。

45 『井筒俊彦全集』第十巻、四七三頁。

46 『井筒俊彦全集』第六巻、三〇五頁。

47 『井筒俊彦全集』第九巻、二九四―二九五頁。

48 西谷啓治『宗教とは何か』（『西谷啓治著作集』第十巻）創文社、一九八七年、五頁、一〇七―一一二頁。西谷啓治（上田閑照編）「私の哲学的発足点」『宗教と非宗教の間』岩波書店、一九九六年、二三八―二五二頁。さらに、上田閑照『ことばの実存――禅と文学』筑摩書房、一九九七年、九五―一一〇頁。同『宗教　哲学コレクションI』岩波書店、二〇〇七年、六三―七六頁、一一二―一七五頁。

49 『井筒俊彦全集』第九巻、二九三―三四四頁。天理国際シンポジウム'86における公開講演「コスモスとアンティコスモス――東洋哲学の立場から」の原稿は、天理国際シンポジウム事務局編『天理国際シンポジウム'86　コスモス・生命・宗教――ヒューマニズムを超えて』（天理大学出版部、一九八八年）に収録されている。またその英訳原稿は、井筒本人による英訳文チェックを経たうえで、Tenri University press より出版されている。Cf. Toshihiko Izutsu, "Cosmos and Anti-cosmos: From the Standpoint of Oriental Philosophy," in *Tenri International Symposium '86 Cosmos-Life-Religion: Beyond Humanism*, edited by Tenri International Symposium Office (Tenri: Tenri University Press, 1988), pp. 99-123.

50 『井筒俊彦全集』第九巻、三三七―三四一頁。

51 同右書（井筒豊子『意識の形而上学』あとがきに代えて）、五九五―五九六頁。

52 同右書、六〇一―六〇二頁。

第一章

01 Toshihiko Izutsu, *Language and Magic* (Tokyo: Keio University Press, 2011), pp. 80-85. 井筒俊彦『言語と呪術』安藤礼二監訳、小野純一訳、慶應義塾大学出版会、二〇一八年、九四―九九頁。

02 新田義弘「知の自証性と世界の開現性――西田幾多郎と井筒俊彦」『思惟の道としての現象学』以文社、二〇〇九年、一六〇―一六四頁。

03 同右書、一六一頁。

04 『井筒俊彦全集』第五巻、四九〇―四九一頁。

05 『井筒俊彦全集』第二巻、三〇頁。

06 同右書、三三頁。

07 Rudolf Otto, *West-östliche Mystik*, Gotha: L. Klotz, 1926; München: Verlag C. H. Beck, Dritte Auflage, 1971, S. 1-2. R・オットー『西と東の神秘主義』華園聰麿他訳、人文書院、一九九三年、一八頁。オットーの宗教論に関する詳しい

議論については、澤井義次『ルードルフ・オットー 宗教学の原点』慶應義塾大学出版会、二〇一九年、一七〇—一七一頁、および Yoshitsugu Sawai, *Rudolf Otto and the Foundation of the History of Religions* (London: Bloomsbury Academic, 2022)、さらに前田毅『聖の大地——旅するオットー』国書刊行会、二〇一六年を参照。

08 『井筒俊彦全集』第二巻、三八〇頁。

09 澤井義次『ルードルフ・オットー 宗教学の原点』二一五—二一六頁。および Yoshitsugu Sawai, *Rudolf Otto and the Foundation of the History of Religions* を参照。

10 『井筒俊彦全集』第五巻、一七三—二〇四頁。

11 同右書、二〇一頁。

12 『井筒俊彦全集』第八巻、三九〇頁。

13 『井筒俊彦全集』第五巻、四五二頁。

14 『井筒俊彦全集』第十巻、四六〇頁。

15 『井筒俊彦全集』第六巻、九—一〇頁。

16 『井筒俊彦全集』第八巻、一五三頁。

17 同右書、一七二頁。

18 氣多雅子「形而上学的体験の極所——「精神的東洋」とは何か」（澤井義次・鎌田繁編『井筒俊彦の東洋哲学』）、一三五—一五七頁。長岡徹郎「井筒俊彦における「東洋哲学」の哲学的意義——西田哲学との比較から」『理想』第七〇六号、二〇二一年、四一頁。

19 Leo Weisgerber, *Das Menschheitsgesetz der Sprache* (Heiderberg: Quelle & Meyer, 1964), S. 33. レオ・ヴァイスゲルバー『母語の言語学』福田幸夫訳、三元社、一九九四年、四三頁。フンボルト研究で知られる亀山健吉は、ヴァイスゲルバーの母語の働きについて、次のように論じている。つまり、母語の働きは次の三つに大別される。まず第一に、母語は「現実を精神の所有へと造り変える」ような「精神の創造的な力」（eine geistschaffende Kraft）として働く。第二に、母語は「人間の文化活動の中に常に必然的に潜んでいる力」であり、「文化の所産には、母語の痕跡を常に残す」という意味で、「文化を担う力」（eine kulturtragende Kraft）である。第三に、母語は「言語共同体の法則に基づき、その集団の人間を統一し、かつ動かしていく」ような「歴史を支配する力」（eine geschichtsmächtige Kraft）として存在する。亀山健吉『言葉と世界――ヴィルヘルム・フォン・フンボルト研究』法政大学出版局、二〇〇〇年、一三九―一四四頁を参照。

さらにフンボルトの言語論については、Wilhelm von Humboldt, Gesammelte Werke, sechster Band. Berlin: Verlag von G. Reimer; Photomechanischer Nachdruck, Berlin: Walter de Gruyter, 1988. 泉井久之助『言語研究とフンボルト』（弘文堂、一九七六年）なども参照。

20 『井筒俊彦全集』第五巻、二三五頁。

21 *Toshihiko Izutsu, God and Man in the Koran: Semantics of the Koranic Weltanschauung,* (Tokyo: Keio University Press, 2015; originally published in 1964 by the Keio Institute of Cultural and Linguistic Studies), p. 3. 井筒俊彦『クルアーンにおける神と人』七―八頁。

22 丸山圭三郎『ソシュールの思想』（岩波書店、一九八一年）、および『ソシュールを読む』（岩波書店、一九八三年）。

23 丸山圭三郎『言葉とは何か』（ちくま学芸文庫、二〇〇八年）、六七―六八頁。

24 『井筒俊彦全集』第十巻、四五〇頁。

25 同右書、四五五―四五六頁。

26 同右書、四四九頁。

第二章

01 『井筒俊彦全集』第二巻、三〇頁。

02 同右書、三一―三二頁。

03 池内恵「井筒俊彦の主要著作に見る日本的イスラーム理解」（『道の手帖　井筒俊彦――言語の根源と哲学の発生』河出書房新社、二〇一四年）、一六八頁。この論文は元々、『日本研究』第三六集、国際日本文化研究センター、二〇〇七年九月に発表されたものである。

04 『井筒俊彦全集』第二巻、二六八頁、および『井筒俊彦全集』第九巻、三〇五頁。Rudolf Otto, *Das Heilige* (1917; München: Verlag C.H. Beck, 1963), S. 5-7. Rudolf Otto, *The Idea of the Holy*, translated by John W. Harvey (London: Oxford University Press, 1923), pp. 5-7. 井筒が関心を抱いていたルードルフ・オットーの宗教論については、拙著『ルードルフ・オットー　宗教学の原点』を参照。

05 『井筒俊彦全集』第十巻（「『イスラーム生誕』文庫版後記」）、四四三―四四四頁。

06 同右書、四四三頁。Toshihiko Izutsu, *Language and Magic: Studies in the Magical Function of Speech*, Tokyo: The Keio Institute of Philological Studies, 1956. さらに、その当時の井筒の学的関心については、井筒豊子『井筒俊彦の学問遍路』三一―三三頁を参照。

07 Cf. Toshihiko Izutsu, *The Structure of the Ethical Terms in the Koran: A Study in Semantics*, Tokyo: The Keio Institute of Cultural and Linguistic Studies, 1959; 改訂版 *Ethico-Religious Concepts in the Qur'ān*, Montreal: McGill University Press, 1966.

08 牧野信也「旧版の解説」『意味の構造』『井筒俊彦全集』第十一巻、二〇一五年、三八三―四〇〇頁参照。

09 Toshihiko Izutsu, *God and Man in the Koran*：*Semantics of the Koranic Weltanschauung*, Tokyo: The Keio Institute of Cultural and Linguistic Studies, 1964.

10 Toshihiko Izutsu, *The Concept of Belief in Islamic Theology: A Semantic Analysis of Īmān and Islām*, Tokyo: Keio University

Press, 2016 (originally published in 1965), p. 248. 井筒俊彦『イスラーム神学における信の構造――イーマーンとイスラームの意味論的分析』鎌田繁監訳、仁子寿晴・橋爪烈訳、慶應義塾大学出版会、二〇一八年、三七四頁。

11 Toshihiko Izutsu, *A Comparative Study of the Key Philosophical Concepts in Sufism and Taoism: Ibn ʿArabī and Lao-tzŭ, Chuang-tzŭ*, 2 vols, Tokyo: The Keio Institute of Cultural and Linguistic Studies, Vol. 1, 1966, Vol. 2, 1967. 改訂版 *Sufism and Taoism: A Comparative Study of the Key Philosophical Concepts*, Tokyo: Iwanami-shoten, 1983.

12 『井筒俊彦全集』第五巻（「『イスラーム生誕』はしがき」）、二三五頁。
井筒が慶應義塾大学で教えていた時期に、彼から教えを直接受けた研究者には、鈴木孝夫（一九二六―二〇一二）、牧野信也（一九三〇―二〇一四）、黒田壽郎（一九三三―二〇一八）、岩見隆（一九四〇―二〇一七）、松本耿郎（一九四四―）などがいた。井筒はエラノス会議に招かれて以降、次第に「東洋哲学」構想を意識するようになるが、それ以前の井筒は、慶應義塾大学の教授として、おもに言語哲学やイスラーム哲学の研究に取り組んでいた。この時期に、井筒のもとで教えを受けた鈴木は、井筒の言語哲学に関心を抱き、後に言語学者として多くの著作を刊行した。また牧野、黒田、岩見さらに松本は、井筒のイスラーム哲学に関心を抱き、後にイスラーム研究者になった。詳しい内容については、坂本勉・松原秀一編『井筒俊彦とイスラーム』を参照。

13 エラノス会議については、拙論「解説　エラノス会議と井筒「東洋哲学」」（井筒俊彦『東洋哲学の構造――エラノス会議講演集』澤井義次・監訳、金子奈央・古勝隆一・西村玲訳、慶應義塾大学出版会、二〇一九年）、五一一―五三〇頁を参照されたい。

14 拙論「井筒俊彦先生ご夫妻との思い出」『井筒俊彦全集』第九巻月報（第9号）、五―六頁。

15 井筒俊彦「『エラノス叢書』の発刊に際して――監修者のことば」『時の現象学 I』（エラノス会議編、日本語版監修＝井筒俊彦・上田閑照・河合隼雄、エラノス叢書1）平凡社、一九九〇年、一九頁。

16 井筒の一二回の講演録は発表年代順に、「井筒ライブラリー・東洋哲学叢書」（The Izutsu Library Series on Oriental

Philosophy）の第四巻として、筆者が責任編集し、慶應義塾大学出版会から刊行されている。Cf. Toshihiko Izutsu, *The Structure of Oriental Philosophy: Collected Papers of the Eranos Conference*, 2 vols., Tokyo: Keio University Press, 2008. 邦訳書として、井筒俊彦『東洋哲学の構造』を参照。

　ちなみに、井筒の二〇年にわたる海外での研究活動については、井筒豊子『井筒俊彦の学問遍路』を参照。絶えず同行していた豊子夫人の目から見た井筒の研究や日常生活に関する覚書は、井筒の研究活動を具体的に把握するうえで貴重な手がかりとなる。

17　『井筒俊彦全集』第九巻（「事事無礙・理理無礙」『コスモスとアンチコスモス』）、三頁。

18　『井筒俊彦全集』第六巻（「第一級の国際人」）、四二〇頁。

19　『井筒俊彦全集』第九巻（「禅的意識のフィールド構造」）、三五五頁。

20　『井筒俊彦全集』第四巻（「哲学的意味論」）、一三二頁。

21　同右書、三六五頁。ちなみに、禅思想への関心が世界的に高まる思想動向の中で、井筒は禅思想に関する論考を、四つのエラノス会議での講演（一九六九年、一九七〇年、一九七二年、一九七三年の講演）を含むかたちで、一九七七年、テヘランのイラン王立哲学アカデミーから、*Toward a Philosophy of Zen Buddhism* (Tehran: Imperial Iranian Academy of Philosophy, 1977) として出版している。同書の邦訳書として、井筒俊彦『禅仏教の哲学に向けて』野平宗弘訳、ぷねうま舎、二〇一四年を参照。

22　詳しい内容は、井筒俊彦『東洋哲学の構造』および拙論「解説　エラノス会議と井筒「東洋哲学」」を参照されたい。

23　『井筒俊彦全集』第六巻（「意識と本質」）、三〇六頁。

24　同右書、三〇七頁。

25　井筒「東洋哲学」における「東洋」の語がもつ意味に関する詳細な議論については、拙論「東洋思想の共時的構造化へ――エラノス会議と「精神的東洋」」（澤井義次・鎌田繁編『井筒俊彦の東洋哲学』慶應義塾大学出版会、二〇一八年）、二三三―二五七頁を参照。

26 『井筒俊彦全集』第十巻（「二十世紀末の闇と光」）、六〇五―六三八頁。

27 『井筒俊彦全集』第六巻（上田閑照・大沼忠弘との鼎談「神秘主義の根本構造」）、三二五頁。

28 この点に関する詳しい議論については、拙論「東洋思想の共時的構造化へ」（澤井義次・鎌田繁編『井筒俊彦の東洋哲学』）、二四七―二四八頁を参照。

29 『井筒俊彦全集』第十巻（「意味論序説」）、四四九頁。

30 若松英輔「解説「読む」という秘儀――内的テクストの顕現」（井筒俊彦『『コーラン』を読む』岩波現代文庫、二〇一三年、四〇一―四〇二頁。若松英輔『叡知の詩学　小林秀雄と井筒俊彦』四頁。

31 『井筒俊彦全集』第五巻（「イスラーム哲学の原像」）、四一一―四一二頁。

32 同右書、四五〇―四五一頁。

33 同右書、四五九―四六二頁。

34 同右書、四五二―四五五頁。

35 『井筒俊彦全集』第七巻（「イスラーム文化」）、一八七―一八八頁。井筒は「スンニ的なイスラームは顕教的な宗教であって、シーアは宗教の内面を大事にする密教的な宗教である」とも述べている。詳しくは、『井筒俊彦全集』第五巻（岩村忍との対談「イスラーム世界とは何か」）、二一六頁を参照されたい。

36 同右書、一八八頁。

37 同右書、一九五頁。イスラーム研究者の小田淑子は、井筒のイスラーム理解について、「井筒はクルアーンを全訳したにもかかわらず、シャリーアには無関心である」と述べ、さらに「井筒のシャリーア軽視は神の人格性の忌避だけでなく、宗教の形而上的思索を偏重する井筒の宗教観にも由来する」と批評している。詳しくは小田淑子

「シンポジウム『イスラーム思想と井筒「東洋哲学」』報告」（『宗教哲学研究』第三九号、宗教哲学会、二〇二二年）、一二一頁を参照。
38 『井筒俊彦全集』第六巻（「意識と本質」）、三六―四〇頁。
39 同右書、四七―五七頁。
40 同右書、六六―六九頁。Cf. Yoshitsugu Sawai, "Izutsu's Semantic Perspectives of Indian Philosophy," *Tenri Journal of Religion*, No. 45, Tenri University Press, 2017, pp. 13-23.
41 同右書、一七二―一七三頁。
42 『井筒俊彦全集』第五巻（「イスラーム哲学の原像」）、四九三頁。
43 同右書、四九七―四九八頁。
44 『井筒俊彦全集』第七巻（「コーランを読む」）、四〇四―四九〇頁。島薗進『宗教学の名著30』筑摩書房、二〇〇八年、二二九―二三六頁を参照。
45 同右書、四六四頁。
46 同右書、四六五頁。
47 鎌田繁「『東洋哲学』とイスラーム研究」（澤井義次・鎌田繁編『井筒俊彦の東洋哲学』）、二七頁。
48 鎌田繁「『東洋哲学』とイスラーム研究」二八頁。

第三章

01 井筒豊子『井筒俊彦の学問遍路――同行二人半』慶應義塾大学出版会、二〇一七年。
02 井筒俊彦「『エラノス叢書』の発刊に際して」（『時の現象学Ⅰ』）、一七―一八頁。
03 井筒俊彦「『エラノス叢書』の発刊に際して」（平凡社編『エラノスへの招待――回想と資料』）平凡社、一九九九五年、一九頁。
04 井筒俊彦「「エラノス叢書」の発刊に際して」一四―一五頁。
05 『井筒俊彦全集』第八巻（「ユング心理学と東洋思想」）、六五頁。
06 同右書、四八四―四八六頁。河合俊雄「井筒俊彦とエラノス精神」（『井筒俊彦　言語の根源と哲学の発生』増補新版、安藤礼二・若松英輔責任編集、河出書房新社、二〇一七年）、一三九―一四〇頁。またアンリ・コルバンについては、Cf. Henry Corbin, *Creative Imagination in Ṣūfism of Ibn ʿArabī*, translated from the French by Ralph Manheim. Bollingen Series XCI. (Princeton: Princeton University Press, 1969). Steven M. Wasserstrom, *Religion After Religion: Gershom Scholem, Mircea Eliade, and Henry Corbin at Eranos* (Princeton: Princeton University Press, 1999), pp.145-156. コルバンのいわゆる「イマジナル」の概念については、ジャン＝ジャック・ヴュナンビュルジェ『イマジネール』川那部和恵訳、白水社、二〇二二年、二九―三一頁も参照。
07 『井筒俊彦全集』第八巻、二五―二六頁。
08 河合隼雄「井筒哲学と心理療法」（若松英輔編『井筒俊彦ざんまい』）、二〇六―二〇八頁。
09 河合隼雄『ユング心理学と超越性』（『河合隼雄著作集』第Ⅱ期・3）岩波書店、二〇〇二年、九一―九四頁。
10 『井筒俊彦全集』第九巻（井筒俊彦「事事無礙・理理無礙」）、三頁。
11 拙稿「井筒俊彦先生ご夫妻との思い出」『月報』（第九号）『井筒俊彦全集』第九巻、五―六頁。
12 井筒豊子『井筒俊彦の学問遍路』四七頁。
13 『井筒俊彦全集』第九巻、三五五頁、および第六巻、四二〇―四二一頁。
14 『井筒俊彦全集』第九巻、三六五頁。
15 Toshihiko Izutsu, *Toward a Philosophy of Zen Buddhism* (Tehran: Imperial Iranian Academy of Philosophy, 1977. 井筒俊彦『禅仏教の哲学に向けて』。

16 『井筒俊彦全集』第六巻、三〇六頁。
17 同右書、三〇七頁。
18 『井筒俊彦全集』第六巻、一九三―一九七頁。ちなみに、『意識と本質』の副題は、「精神的東洋を索めて」であるが、『思想』に掲載された論文「意識と本質」の副題は「東洋哲学の共時的構造化のために」であった。『井筒俊彦著作集』第六巻（中央公論社）では、副題が改められ、「東洋的思惟の構造的整合性を索めて」となっている。井筒にとって中心的テーマは「東洋」であったが、その語がただ単に地理的な場所ではないことは自ずと明らかである。若松英輔『井筒俊彦　叡知の哲学』三五四―三五八頁を参照。
　また井筒の「東洋哲学」構想において、「東洋」の語がいかなる意味をもつのかについても、つぎの論考がある。斎藤慶典『「東洋」哲学の根本問題あるいは井筒俊彦』二二―二三頁。永井晋「イマジナルの現象学」『思想』一二月号、二〇〇四年、二八頁。
19 『井筒俊彦全集』第五巻、一五頁。
20 同右書、一六頁。
21 同右書、一六―一七頁。
22 『井筒俊彦全集』第十巻、六〇五―六三八頁。
23 納富信留『世界哲学のすすめ』ちくま新書、二〇二四年、二二〇頁、三二五頁。本書のなかで納富は、井筒「東洋哲学」に関連して、「東洋」の概念を用いる不適切さとして、次の二点を挙げている（前掲書、二二〇―二二一頁参照）。まず第一に、「東洋 The East, Orient」という「地理的・文化的範囲が曖昧でかつ広すぎること」であり、第二に「東洋」が「「西洋」との対比概念としてのみ成立しており、強力な「西洋」を前提にした、実態のない架空の「他者」」であることとである。これらの指摘は今後、井筒哲学とその特徴を検討するうえで重要な論点を示唆している。

さらに、ちくま新書で刊行された『世界哲学史』シリーズ（伊藤邦武・山内志朗・中島隆博・納富信留責任編集、全八巻・別巻、二〇二〇年）において、井筒「東洋哲学」を理解するうえで、次の諸論考は示唆に富む。安藤礼二「哲学と批評」（『世界哲学史 8』一二七―一五二頁）、中島隆博「世界哲学としての日本哲学」（『世界哲学史 別巻』一五七―一八七頁）、野元晋「イスラームの言語哲学」（『世界哲学史 別巻』二六七―二七八頁）。

24 Toshihiko Izutsu, *God the Man in the Koran*, p 3. 井筒俊彦『クルアーンにおける神と人間』七頁。和訳は部分的に修正した。

25 『井筒俊彦全集』第六巻、三一五―三一六頁。

26 古勝隆一「井筒俊彦の老荘理解をめぐって――シャマニズム・聖人・渾沌」（澤井真編『井筒俊彦の思想形成期における東洋思想とその学問的視座』研究代表者：澤井真、二〇二〇年度―二〇二二年度科学研究費助成事業・基盤研究（B）、天理大学DPセンター、二〇二四年）、六八頁。

27 アンリ・マスペロ『道教』川勝義雄訳、平凡社、一九七八年、三一一頁。

28 Toshihiko Izutsu, *Sufism and Taoism: A Comparative Study of the Key Philosophical Concepts*, Tokyo: Iwanami-shoten, 1983, p. 300. 井筒俊彦『スーフィズムと老荘思想』下巻、仁子寿晴訳、慶應義塾大学出版会、二〇一九年、二〇頁。

29 古勝隆一「井筒俊彦の老荘理解をめぐって」七二頁。

30 Toshihiko Izutsu, *The Structure of Oriental Philosophy: Collected Papers of the Eranos Conference*, vol. I, p. 29. 井筒俊彦『東洋哲学の構造』三〇―三一頁。

31 Ibid., vol II, pp. 173-174. 同右書、四六六頁。

32 Ibid., p. 183. 同右書、四七四―四七五頁。

01　エラノス会議の具体的な内容については、M・グリーン他『エラノスへの招待――回想と資料』（エラノス叢書・別巻）、平凡社、一九九五年を参照。エラノス会議の起源などの詳しい内容については、R・リッツェマの次の論考を参照。Cf. Rudolf Ritsema, "The Origins and Opus of Eranos: Reflections at the 55th Conference," *Eranos Jahrbuch*, vol.56/1987, Frankfurt am Main: Insel Verlag.

02　井筒がエラノス会議で行なった一二回の講演は、井筒ライブラリー・東洋哲学叢書（慶應義塾大学出版会）の第四巻として、Toshihiko Izutsu, *The Structure of Oriental Philosophy: Collected Papers of the Eranos Conference*, vols. 2 (Tokyo: Keio University Press, 2008) として出版されている。同書が収録している一二篇の論文は、『エラノス年報』(*Eranos Yearbook*) に掲載された井筒のエラノス講演ペーパーを、筆者が編集したものである。
井筒とエラノス会議との関わりについては、同書第二巻の巻末に掲載された拙論「編者のエッセイ」(Editor's Essay) を参照されたい。Cf. Yoshitsugu Sawai, "Izutsu's Creative 'Reading' of Oriental Thought and Its Development," in Toshihiko Izutsu, *The Structure of Oriental Philosophy*, vol. 2, 2008, pp. 215-223.

03　『井筒俊彦全集』第九巻、三頁。

04　『井筒俊彦全集』第八巻、五〇七頁。

05　『井筒俊彦全集』第九巻、三五五頁。河合俊雄「井筒俊彦とエラノス精神」、一三八頁。

06　『井筒俊彦全集』第九巻、三六五―三六六頁。

07　大橋良介「井筒哲学をどう読むか」『井筒俊彦著作集』第九巻月報（第6号）、中央公論社、一九九二年、四頁。

08　拙稿「井筒俊彦先生ご夫妻との思い出」『井筒俊彦全集』第九巻月報（第9号）、五―六頁。

09　『井筒俊彦全集』第九巻、三六六頁。

10　『井筒俊彦全集』第六巻、三〇七頁。

11　『井筒俊彦全集』第八巻では、二つの論考すなわち「意味分節理論と空海」（三八四―四二一頁）と「言語哲学としての真言」（四二三―四五七頁）を収録している。

12　『井筒俊彦全集』第八巻、三九一頁。

13　同右書、四〇七頁。

14　高木訷元『空海の座標――存在とコトバの深秘学』慶應義塾大学出版会、二〇一六年、二〇九頁。

15　密教文化研究所弘法大師著作研究会編『定本弘法大師全集』第三巻、高野山大学密教文化研究所、一九九四年、四〇頁。

16　高木訷元『空海の座標』二一〇頁。

17　同右書、二一一頁。

18　『井筒俊彦全集』第六巻、三〇七―三〇八頁。井筒が説く「存在はコトバである」との命題をめぐっては、仏教学者の竹村牧男が『空海の言語哲学――『声字実相義』を読む』の第五章「井筒俊彦の空海論について」において批判的考察をおこなっている。竹村牧男『空海の言語哲学――『声字実相義』を読む』春秋社、二〇二一年、三四一―三八一頁を参照。

ちなみに安藤礼二は、竹村が井筒の空海論を批判している点について、「井筒俊彦の空海理解はきわめて正当なものである」と論じている。安藤礼二「井筒俊彦と空海」（澤井真編『井筒俊彦の思想形成期における東洋思想とその学問的視座』研究代表者：澤井真、二〇二〇年度―二〇二二年度科学研究費助成事業・基盤研究（B）、天理大学DPセンター、二〇二四年）、五五―六五頁。

19　『井筒俊彦全集』第十巻、四九三頁。

20　『井筒俊彦全集』第四巻、一三二頁。このエッセイは元々、『慶應義塾大学言語文化研究所所報』六号（一九六七年六月）に掲載された。

21　井筒は『クルアーンにおける神と人間』（*God and Man in the Koran*）を出版した一九六四年当時、「ヴァイスゲルバーなどに代表されるドイツ言語学系の意味論を展開させて、意味論的社会学、あるいはより一般的に文化の意味論的解釈学とでもいえるようなものを方法論的に作り出してみたいと考えていた」と記している。詳しくは、『井筒俊彦全集』第五巻（「『イスラーム生誕』はしがき」一九七九年）、二三五頁を参照。

22　『井筒俊彦全集』第十巻、二八七頁。井筒の「東洋哲学」構想の中で、特にインド哲学に関する解釈については、拙論「井筒俊彦とインド哲学」『道の手帖・井筒俊彦』（増補新版、二〇一七年）を参照されたい。

23　『井筒俊彦全集』第六巻、三一五―三一六頁。神秘主義における人格神の位置づけをめぐる問題点については、島田勝巳「「神秘哲学」から「東洋哲学」へ」（澤井義次・鎌田繁編『井筒俊彦の東洋哲学』）、九八―九九頁を参照。

24　鎌田繁「井筒のイスラーム理解と流出論」『宗教研究』八八巻別冊、二〇一五年、九四―九五頁。

25　『井筒俊彦全集』第九巻、三八―四七頁。Cf. Toshihiko Izutsu, *The Structure of Oriental Philosophy*, vol. 2, pp. 151-186.

26　『井筒俊彦全集』第六巻、一三頁。

27　『井筒俊彦全集』第五巻、四二一―四二五頁。筆者は井筒の「東洋哲学」の構造の中でも、特に存在の構造に焦点を絞って、井筒の哲学的思惟の特徴を論じたことがある。詳しくは次の拙論を参照されたい。Cf. Yoshitsugu Sawai, "The Structure of Reality in Izutsu's Oriental Philosophy," in *Japanese Contribution to Islamic Studies: the Legacy of Toshihiko Izutsu Interpreted*, edited by Anis Malik Thoha, Kuala Lumpur: IIUM Press, 2010, pp. 1-15.

28　Toshihiko Izutsu, *The Structure of Oriental Philosophy*, vol.1, 255-262.

29　『井筒俊彦全集』第五巻、四九三頁。

30　同右書、三〇〇頁。

31　『井筒俊彦全集』第十巻、四九二頁。

32　『井筒俊彦全集』第八巻、三二一―三二二頁。

33　『井筒俊彦全集』第十巻、四九五頁。

34 同右書、四九五頁。
35 『井筒俊彦全集』第九巻、三〇五頁。
36 同右書、三〇一頁。
37 同右書、三二九頁。
38 同右書、三三五―三三七頁。
39 同右書、三九二頁。
40 同右書、三一九六頁。

第五章

01 『井筒俊彦全集』第六巻、三〇七頁。
02 同右書、三一一頁。
03 同右書、二九六頁。
04 同右書、三〇四頁。
05 Toshihiko Izutsu, *God and Man in the Koran: Semantics of the Koranic Weltanschauung*, pp. 1-28. 井筒俊彦『クルアーンにおける神と人間』一六―四一頁。
06 『井筒俊彦全集』第六巻、一三五―一三八頁。
07 同右書、一四〇―一四二頁。
08 末木文美士『仏教――言葉の思想史』岩波書店、一九九六年、一七五―一九七頁。
09 『井筒俊彦全集』第五巻、一八七―一八八頁。『井筒俊彦全集』第九巻、三八四―三八五頁。鈴木大拙『日本的霊性 完全版』角川文庫、二〇一〇年、三二七―三二九頁。また、この点の議論については、西平直『井筒俊彦と二重の見』ぷねうま舎、二〇二一年も参照。

10 末木文美士「禅から井筒哲学を考える」『井筒俊彦 言語の根源と哲学の発生』（増補新版）、一四四―一五二頁。金子奈央「井筒俊彦における禅解釈とその枠組み」（澤井義次・鎌田繁編『井筒俊彦の東洋哲学』）、二〇四―二〇五頁。

11 永井晋「元型イマージュの構造と発生――井筒の発生的現象学」『理想』第七〇六号、二〇二一年、九一頁。

12 西平直『井筒俊彦と二重の見』一三二頁。

13 小川隆『語録の思想史――中国禅の研究』岩波書店、二〇一一年、一〇―三二頁。

14 『井筒俊彦全集』第六巻、一九八―一九九頁。末木文美士「井筒／仏教／神智学」『理想』第七〇六号、二〇二一年、五頁。

15 同右書、二〇五―二一三頁。

16 西平直『井筒俊彦と二重の見』一三三頁。

17 『井筒俊彦全集』第六巻、二一八頁。

18 Toshihiko Izutsu, *Sufism and Taoism: A Comparative Study of Key Philosophical Concepts* (Tokyo: Iwanami-shoten; Berkeley: University of California Press, 1983), p. 1. 井筒俊彦『スーフィズムと老荘思想――比較哲学試論』上巻、仁子寿晴訳、慶應義塾大学出版会、二〇一九年、五頁。

19 井筒は「絶対的なものと完全な人間」のテーマをめぐって、一九六七年のエラノス会議において、老荘思想に焦点を絞って講演している。詳しくは、井筒俊彦のエラノス会議講演集を参照。Toshihiko Izutsu, "The Absolute and the Perfect Man in Taoism," *The Structure of Oriental Philosophy: Collected Papers of the Eranos Conference*, vol. 1, Izutsu Library Series onid Oriental Philosophy 4 (Tokyo: Keio University Press, 2008), pp. 1-74. 井筒俊彦「老荘思想における絶対的なものと完全な人間」『東洋哲学の構造』三―八三頁。

また、井筒「東洋哲学」の意味論的構想とその展開については、同書（第二巻）の巻末に掲載された拙論「井筒の東洋思想の創造的〈読み〉とその展開」（Editor's Essay, "Izutsu's Creative 'Reading' of Oriental Thought and Its Development"）、pp. 215-223. を参照。さらにエラノス会議の創設については、主宰者ルードルフ・リチェマによる次の論文を参照。Cf. Rudolf Ritsema, "The Origins and Opus of Eranos: Reflections at the 55th Conference," *Eranos Jahrbuch*, vol. 56/1987, Frankfurt am Main: Insel Verlag.

20 Toshihiko Izutsu, *Sufism and Taoism*, p. 479. 井筒俊彦『スーフィズムと老荘思想』下巻、二七五頁。

21 Ibid., p. 479. 同右書、二七五頁。

22 Ibid., p. 479. 同右書、二七五頁。

23 Ibid., p. 486. 同右書、二八六頁。

24 Ibid., p. 487. 同右書、二八六頁。老子の思想に関する井筒の解釈については、井筒の『老子』英訳書を参照。Cf. *Lao-tzŭ: The Way and Its Virtue*, translated and annotated by Toshihiko Izutsu, the Izutsu Library Series on Oriental Philosophy 1, Tokyo: Keio University Press, 2001.

25 Ibid., p. 472. 同右書、二六四―二六五頁。邦訳を部分的に修正した。

26 Ibid., pp. 472-473. 同右書、二六五―二六六頁。

27 『井筒俊彦全集』第十巻、五〇二頁を参照。

28 井筒俊彦「コスモスとアンティ・コスモス――東洋哲学の立場から」『コスモス・生命・宗教――ヒューマニズムを超えて』（天理国際シンポジウム'86）天理大学出版部、一二四頁。Cf. Toshihiko Izutsu, "Cosmos and Anti-Cosmos: From the Standpoint of Oriental Philosophy," in *Cosmos-Life-Religion: Beyond Humanism*, Tenri International Symposium '86, Nara: Tenri University Press, 1988, p. 109.

29 同右論文、一三三頁。Cf. ibid., p. 116.

30 Toshihiko Izutsu, *The Structure of Oriental Philosophy*, the 1st vol., p. 88. 井筒俊彦『東洋哲学の構造』九六—九九頁。
31 Ibid., the 2nd vol., pp. 174-177. 同右書、四六六—四七〇頁。
32 『井筒俊彦全集』第九巻、三八—四三頁。
33 同右書、四八—四九頁。
34 同右書、四五—四七頁。また、西平直『井筒俊彦と二重の見』八六頁も参照。
35 同右書、五四—五八頁。
36 Toshihiko Izutsu, *The Structure of Oriental Philosophy*, the 2nd vol., pp. 178-186. 井筒俊彦『東洋哲学の構造』四七〇—四七五頁。
37 新田義弘「知の自証性と世界の開現性——西田幾多郎と井筒俊彦」『思惟の道としての現象学』以文社、二〇〇九年、一六一頁。西平直も著書『井筒俊彦と二重の見』において、井筒が言う「二重の見」の構造に注目して、その構造を考察している。
38 『井筒俊彦全集』第十巻、五〇三頁。『大乗起信論』における真如の双面性に関する議論については、西平直『井筒俊彦と二重の見』九一—九八頁を参照。
39 『井筒俊彦全集』第十巻、五〇五—五〇六頁。
40 新田義弘『思惟の道としての現象学』一六三頁。

第六章

01 『井筒俊彦全集』第十巻、三七〇頁。中村元および前田専学による代表的なシャンカラの哲学研究として、中村元『シャンカラの思想』(岩波書店、一九八九年)、および前田専学『ヴェーダーンタの哲学』(平楽寺書店、一九八〇年)を参照。

02 『井筒俊彦全集』第十巻、三一〇—三一五頁。
03 『井筒俊彦全集』第五巻、一九七頁。
04 『井筒俊彦全集』第十巻、二八五—三〇三頁。
05 同右書、二九三頁。
06 同右書、三〇〇頁。
07 バルトリハリ（赤松明彦訳注）『古典インドの言語哲学 1』平凡社、一九九八年、一五頁。*Bhartṛharis Vākyapadīya*: Die Mūlakārikās nach den Handschriften Herausgegeben und mit einen Pāda-Index versehen, von Wilhelm Rau (Wiesbaden: Kommissionsverlag Franz Steiner, 1977), S. 38; *Brahmasūtra*, I.i.2 in Śaṅkara, *Brahmasūtrabhāṣya* (Delhi: Motilal Banarsidass, 1980), p. 46. 但し、バルトリハリの和訳は若干修正した。
08 赤松明彦『インド哲学10講』岩波書店、二〇一八年、一九〇—一九三頁。
09 『井筒俊彦全集』第五巻、一九八頁。
10 『井筒俊彦全集』第六巻、一九頁。
11 同右書、一七—一八頁。
12 同右書、一八頁。
13 同右書、二三頁。
14 同右書、二五頁。加藤隆宏「井筒俊彦とシャンカラ——マーヤー論と二真理説」（澤井真編『井筒俊彦の思想形成期における東洋思想とその学問的視座』天理大学ＤＰセンター、二〇二四年）、九一頁。
15 同右書、二五頁。
16 『井筒俊彦全集』第八巻、一六四—一六五頁。『老子』については、*Lao-tzŭ*, translated and annotated by Toshihiko Izutsu, pp. 88-89, pp. 105-107. 井筒俊彦『老子道徳経』古勝隆一訳、慶應義塾大学出版会、二〇一七年、一〇三—一〇五頁、一二九―一三二頁を参照。

17 『チャーンドーギヤ・ウパニシャッド』(VI.i.4)の邦訳は、井筒自身によるもの。詳しくは、井筒俊彦「文化と言語アラヤ識」、『井筒俊彦全集』第八巻、一六六―一六七頁を参照。同じウパニシャッドの内容に関する議論については、『井筒俊彦全集』第十巻、四九五―四九七頁も参照。Cf. *Chāndogyopaniṣad*, VI. i. 4, Works of Śaṅkarācārya in Original Sanskrit, vol. I, *Īśadidaśopaniṣadaḥ Śaṁkarabhāṣyasametāḥ*, (Delhi: Motilal Banarsidass, 1964; reprint ed., 1978), p. 505.

18 『井筒俊彦全集』第十巻、四一七頁。

19 同右書、三〇〇―三〇一頁。Cf. *Chāndogyopaniṣad*, VI. ii.1, Works of Śaṅkarācārya in Original Sanskrit, vol. I, p.506.

20 『井筒俊彦全集』第十巻、三〇一頁。Cf. *Bṛhadāṇyakopaniṣad*, I. iv. 11, Works of Śaṅkarācārya in Original Sanskrit, vol. I, p. 680.

21 同右書、三〇二頁。Cf. *Chāndogyopaniṣad*, III.xix.1, Works of Śaṅkarācārya in Original Sanskrit, vol. I, p.439; *Taittirīyopaniṣad*, II.7, *op.cit.*, p. 302.

22 『井筒俊彦全集』第八巻、三一四―三一五頁。

23 『井筒俊彦全集』第十巻、三六九―三七〇頁。

24 『井筒俊彦全集』第十巻、三七〇頁。二十世紀後半のインド哲学研究を代表するダニエル・H・H・インゴルス(Daniel H.H. Ingalls 一九一六―一九九九)によれば、シャンカラは人間意識の四層構造論において、「覚醒位」と「夢眠位」を注意深く識別している。ところが、『ヴィヴェーカ・チューダーマニ』の著者はそれら二つの意識状態を同定している。こうした点からも、インゴルスは『ヴィヴェーカ・チューダーマニ』がシャンカラの真作ではないと指摘している。Cf. Daniel H.H. Ingalls, "The Study of Śaṁkarācārya," *Annals of the Bhandarkar Oriental Research Institute*, vol. XXXIII, parts I-IV, 1952, p. 7.

シャンカラ派宗教伝統において、『ヴィヴェーカ・チューダーマニ』がシャンカラの真作としてみなされ、シャンカラ派の宗教伝統で大変尊重されている点については、拙著『シャンカラ派の思想と信仰』（慶應義塾大学出版会、二〇一六年）、一〇七頁などを参照されたい。

25 『井筒俊彦全集』第九巻、三三四頁。また、『井筒俊彦全集』第十巻、三七〇―四三一頁を参照。

26 『井筒俊彦全集』第九巻、三三五頁。

27 同右書、三三六頁。

28 『井筒俊彦全集』第十巻、四二六頁。

29 同右書、四〇八頁。

30 『井筒俊彦全集』第十巻、三七二頁。

31 中村元『龍樹』講談社学術文庫、二〇〇二年、三七九頁。

32 『井筒俊彦全集』第十巻、三七四頁。

33 加藤隆宏「井筒俊彦とシャンカラ」八七―八九頁。

34 『井筒俊彦全集』第十巻、四一九頁。

35 同右書、四一六頁。

36 同右書、四二七頁。

37 同右書、三八六―三九〇頁。Śaṅkara, *Brahmasūtrabhāṣya*, upodghāta, Delhi: Motilal Banarsidass, 1980, pp. 6-9. 中村元『シャンカラの思想』五四七頁。ちなみに、シャンカラの哲学研究で知られるドイツのインド哲学者パウル・ハッカー（Paul Hacker 一九一三―一九七九）は、「誤った認識」（mithyājñāna）も「無明」（avidyā）と同じ意味であると論じている。Cf. Paul Hacker, "Eigentümlichkeiten der Lehre und Terminologie Śaṅkaras: Avidyā, Nāmarūpa, Māyā, Īśvara," *Kleine Schriften* (Wiesbaden: Franz Steiner Verlag, 1978), S. 71-72.

38 同右書、四二一―四二五頁。人間意識の構造論に関する井筒の詳細な議論については、井筒が言うように、拙論

「深層意識の『第四位』」『思想』一九八七年九月号を参照。さらに、現代インドにおけるシャンカラ派の宗教伝統において、解脱へ向けて意識の深化プロセスがいかに意識構造論として説かれているのかについては、拙論「シャンカラ派伝統における意識構造」『印度学佛教学研究』第六八巻第二号、日本印度学佛教学会、二〇二〇年、八二八―八三五頁を参照。

39　同右書、四二四―四二五頁。

40　同右書、四二五頁。

41　『井筒俊彦全集』第九巻、三四三頁。

42　同右書、三三三頁。

43　同右書、三三四頁。

44　『井筒俊彦全集』第九巻、三四三頁。

45　井筒「東洋哲学」研究は、本書のなかでも少し論じたように、幅広い研究領域において進められている。ここでは、仏教学者の石井公成も、論文「井筒俊彦の言う「東洋哲学」なるものを疑う」（澤井真編『井筒俊彦の思想形成期における東洋思想とその学問的視座』一九―四一頁）のなかで、井筒「東洋哲学」研究が取り組むべきいくつかの研究課題を挙げていることを付記しておきたい。

46　こうした聖典解釈学的な方法論的射程については、拙著『シャンカラ派の思想と信仰』三―七頁を参照。

47　『井筒俊彦全集』第十巻、四八九―四九一頁。

参考文献

『井筒俊彦全集』全十二巻・別巻、慶應義塾大学出版会、二〇一三—一六年。
第一巻『アラビア哲学』
第二巻『神秘哲学』
第三巻『ロシア的人間』
第四巻『イスラーム思想史』
第五巻『存在顕現の形而上学』
第六巻『意識と本質』
第七巻『イスラーム文化』
第八巻『意味の深みへ』
第九巻『コスモスとアンチコスモス』
第十巻『意識の形而上学』
第十一巻『意味の構造』
第十二巻『アラビア語入門』
別　巻『未発表原稿・補遺・著作目録・年譜・総索引』

『井筒俊彦・英文著作翻訳コレクション』全七巻、慶應義塾大学出版会、二〇一七―一九年。
『老子道徳経』古勝隆一訳
『クルアーンにおける神と人――クルアーンの世界観の意味論』鎌田繁監訳、仁子寿晴訳
『存在の概念と実在性』鎌田繁監訳、仁子寿晴訳
『イスラーム神学における信の構造――イーマーンとイスラームの意味論的分析』鎌田繁監訳、仁子寿晴・橋爪烈訳
『言語と呪術』安藤礼二監訳、小野純一訳
『東洋哲学の構造――エラノス会議講演集』澤井義次監訳、金子奈央・古勝隆一・西村玲訳
『スーフィズムと老荘思想』上下巻、仁子寿晴訳

井筒俊彦「『エラノス叢書』の発刊に際して――監修者のことば」『時の現象学Ⅰ』（エラノス会議編、井筒俊彦・上田閑照・河合隼雄日本語版監修、エラノス叢書1）平凡社、一九九〇年。

Izutsu, Toshihiko. *Language and Magic: Studies in the Magical Function of Speech* (Tokyo: Keio University Press, 2011; originally published in 1956 by the Keio Institute of Philosophical Studies). 井筒俊彦（安藤礼二監訳、小野純一訳）『言語と呪術』慶應義塾大学出版会、二〇一八年。

———. *The Structure of the Ethical Terms in the Koran: A Study in Semantics*. Tokyo: Keio Institute of Philosophical Studies, 1964. 改訂版 *Ethico-Religious Concepts in the Qur'ān*. Montreal: McGill University Press, 1966. 井筒俊彦（牧野信也訳）『意味の構造――コーランにおける宗教道徳概念の分析』新泉社、一九七二年。一部改稿版『意味の構造』『井筒俊彦著作集』第四巻、中央公論社、一九九二年。

———. *God and Man in the Koran: Semantics of the Koranic Weltanschauung*. Tokyo: Keio University Press, 2015; originally published in 1964 by the Keio Institute of Cultural and Linguistic Studies. 井筒俊彦（鎌田繁監訳、仁子寿晴訳）『クルアーンにおける神と人間――クルアーンの世界観の意味論』慶應義塾大学出版会、二〇一七年。

——. *The Concept and Reality of Existence*. The Keio Institute of Cultural and Linguistic Studies, 1971. 井筒俊彦（鎌田繁監訳、仁子寿晴訳）『存在の概念と実在性』慶應義塾大学出版会、二〇一七年。

——. *The Concept of Belief in Islamic Theology: A Semantic Analysis of Īmān and Islām*. Tokyo: Keio University Press, 2016; originally published in 1965 by the Keio Institute of Cultural and Linguistic Studies. 井筒俊彦（鎌田繁監訳、仁子寿晴・橋爪烈訳）『イスラーム神学における信の構造――イーマーンとイスラームの意味論的分析』慶應義塾大学出版会、二〇一八年。

——. *A Comparative Study of the Key Philosophical Concepts in Sufism and Taoism: Ibn ʻArabī and Lao-tzŭ, Chuang-tzŭ*, 2 vols, Tokyo: The Keio Institute of Cultural and Linguistic Studies, Vol. 1, 1966, Vol. 2, 1967; *Sufism and Taoism: A Comparative Study of the Key Philosophical Concepts*, Tokyo: Iwanami-shoten, 1983. 井筒俊彦（仁子寿晴訳）『スーフィズムと老荘思想』上下巻、慶應義塾大学出版会、二〇一九年。

——. *Lao-tzŭ: The Way and Its Virtue*. Edited by Yoshitsugu Sawai. Keio University Press, 2001. 井筒俊彦（古勝隆一訳）『老子道徳経』慶應義塾大学出版会、二〇一七年。

——. *The Structure of Oriental Philosophy: Collected Papers of the Eranos Conference*. Edited by Yoshitsugu Sawai. Tokyo: Keio University Press, vol. 2, 2008. 井筒俊彦（澤井義次監訳、金子奈央・古勝隆一・西村玲訳）『東洋哲学の構造――エラノス会議講演集』慶應義塾大学出版会、二〇一九年。

——. *Toward a Philosophy of Zen Buddhism*. Tehran: Iranian Institute for Philosophy, 1977. 井筒俊彦（野平宗弘訳）『禅仏教の哲学に向けて』ぷねうま舎、二〇一四年。

——. "Cosmos and Anti-Cosmos: From the Standpoint of Oriental Philosophy," in *Cosmos-Life-Religion: Beyond Humanism*. Tenri International Symposium '86. Nara: Tenri University Press, 1988. 「コスモスとアンティ・コスモス――東洋哲学の立場から」『コスモス・生命・宗教――ヒューマニズムを超えて』（天理国際シンポジウム'86）天理大学出版部、一九

八八年。

Izutsu, Toshihiko and Toyo. *The Theory of Beauty in the Classical Aesthetics of Japan.* The Hague: Martinus Nijhoff Publishers, 1981.

赤松明彦『インド哲学10講』岩波書店、二〇一八年。

安藤礼二「井筒俊彦と華厳的世界——東洋哲学樹立に向けて」（澤井義次・鎌田繁編『井筒俊彦の東洋哲学』慶應義塾大学出版会）、二〇一八年。

——「哲学と批評」『世界哲学史8』ちくま新書、二〇二〇年。

——『井筒俊彦 起源の哲学』慶應義塾大学出版会、二〇二三年。

——「井筒俊彦と空海」（澤井真編『井筒俊彦の思想形成期における東洋思想とその学問的視座』〈研究代表者：澤井真、二〇二〇年度—二〇二二年度科学研究費助成事業・基盤研究（B）〉、天理大学DPセンター、二〇二四年）。

池内恵「井筒俊彦の主要著作に見る日本的イスラーム理解」『道の手帖　井筒俊彦——言語の根源と哲学の発生』河出書房新社、二〇一四年。

池澤優「井筒俊彦と道家思想——郭店楚簡『老子』『太一生水』から考える」『宗教研究』八九巻別冊、二〇一六年。

——「井筒「東洋哲学」の現代的意義——兼ねて郭店『老子』と『太一生水』を論ず」（澤井義次・鎌田繁編『井筒俊彦の東洋哲学』慶應義塾大学出版会）、二〇一八年。

——「応用倫理の領域における井筒「東洋哲学」の可能性」『宗教研究』九一巻別冊、二〇一八年。

泉井久之助『言語研究とフンボルト』弘文堂、一九七六年。

市川裕「井筒俊彦とユダヤ思想——哲学者マイモニデスをめぐって」『慶應義塾大学言語文化研究所紀要』第四六号、二〇一五年。

——「近代ユダヤ教正統主義におけるコスモスとアンチコスモス」澤井義次・鎌田繁編『井筒俊彦の東洋哲学』慶

應義塾大学出版会、二〇一八年。

井筒豊子『井筒俊彦の学問遍路——同行二人半』慶應義塾大学出版会、二〇一七年。

伊藤邦武・山内志朗・中島隆博・納富信留責任編集『世界哲学史』全八巻・別巻、ちくま新書、二〇二〇年。

岩本明美「井筒「東洋哲学」と鈴木大拙」『宗教研究』第九二巻別冊、二〇一九年。

上田閑照『ことばの実存——禅と文学』筑摩書房、一九九七年。

——『宗教　哲学コレクションI』岩波書店、二〇〇七年。

大橋良介「井筒哲学をどう読むか」『井筒俊彦著作集』第九巻月報（第6号）、中央公論社、一九九二年。

小田淑子「シンポジウム『イスラーム思想と井筒「東洋哲学」』報告」『宗教哲学研究』第三九号、宗教哲学会、二〇二二年。

小川隆『語録の思想史——中国禅の研究』岩波書店、二〇一一年。

小野純一「根源現象から意味場へ——思考を生む知性の仕組みを辿る」（澤井義次・鎌田繁編『井筒俊彦の東洋哲学』慶應義塾大学出版会）、二〇一八年。

——『井筒俊彦　世界と対話する哲学』慶應義塾大学出版会、二〇二三年。

ヴュナンビュルジェ、ジャン＝ジャック（川那部和恵訳）『イマジネール』白水社、二〇二二年。

加藤隆宏「井筒俊彦とウパニシャッド」『理想』第七〇六号、二〇二一年。

——「井筒俊彦とシャンカラ——マーヤー論と二真理説」澤井真編『井筒俊彦の思想形成期における東洋思想とその学問的視座』二〇二四年。

鎌田繁「井筒のイスラーム理解と流出論」『宗教研究』八八巻別冊、二〇一五年。

——「「東洋哲学」とイスラーム研究」（澤井義次・鎌田繁編『井筒俊彦の東洋哲学』慶應義塾大学出版会）、二〇一八年。

――「井筒「東洋哲学」におけるモッラー・サドラー存在論の位置づけ」『宗教研究』第九三巻別冊、二〇二〇年。

――「井筒俊彦とイスラーム神秘哲学」『宗教哲学研究』第三八号、宗教哲学会、二〇二一年。

亀山健吉『言葉と世界　ヴィルヘルム・フォン・フンボルト研究』法政大学出版局、二〇〇〇年
河合俊雄「井筒俊彦とエラノス精神」『井筒俊彦　言語の根源と哲学の発生』増補新版、安藤礼二・若松英輔責任編集、河出書房新社、二〇一七年。

河合隼雄「井筒哲学と心理療法」若松英輔編『井筒俊彦ざんまい』、慶應義塾大学出版会、二〇一九年。

河東仁「西洋における metapsychisches Wesen の探究と記憶術」『宗教研究』八九巻別冊、二〇一六年。

――「「意識のゼロ・ポイント」とユング心理学」『宗教研究』第九二巻別冊、二〇一九年。

グリーン、M.他『エラノスへの招待――回想と資料』エラノス叢書・別巻、平凡社、一九九五年。

氣多雅子「井筒「東洋哲学」の哲学的視座」『宗教研究』八八巻別冊、二〇一五年。

――「形而上学的体験の極所――「精神的東洋」とは何か」澤井義次・鎌田繁編『井筒俊彦の東洋哲学』。

――「井筒俊彦の言語アラヤ識と上田閑照の根源語」『宗教研究』第九三巻別冊、二〇二〇年。

斎藤慶典『「東洋」哲学の根本問題――あるいは井筒俊彦』講談社選書メチエ、二〇一八年。

坂本勉・松原秀一編『井筒俊彦とイスラーム――回想と書評』慶應義塾大学出版会、二〇一二年。

澤井真編『井筒俊彦の思想形成期における東洋思想とその学問的視座』（研究代表者：澤井真、二〇二〇年度―二〇二二年度科学研究費助成事業・基盤研究（B））、天理大学DPセンター、二〇二四年。

澤井義次「深層意識の『第四位』」『思想』七五九巻九号、一九八七年。

――（座談会　池内恵・若松英輔）「我々にとっての井筒俊彦はこれから始まる」『中央公論』一二九巻四号、二〇一四年。

――「井筒俊彦先生ご夫妻との思い出」『井筒俊彦全集』第九巻月報（第9号）、慶應義塾大学出版会、二〇一五年

――『シャンカラ派の思想と信仰』慶應義塾大学出版会、二〇一六年。

――「井筒俊彦とインド哲学」『井筒俊彦　言語の根源と哲学の発生』増補新版、安藤礼二・若松英輔責任編集、河出書房新社、二〇一七年。

――「東洋思想の共時的構造化へ」澤井義次・鎌田繁編『井筒俊彦の東洋哲学』慶應義塾大学出版会、二〇一八年。

――「解説　エラノス会議と井筒「東洋哲学」」井筒俊彦『東洋哲学の構造』。

――「エラノス会議と井筒哲学」若松英輔編『井筒俊彦ざんまい』。

――『ルードルフ・オットー　宗教学の原点』慶應義塾大学出版会、二〇一九年。

――「井筒俊彦のオットー解釈――宗教の深みへの探究」『中外日報』二〇二〇年二月二八日号。

――「シャンカラ派伝統における意識構造」『印度学佛教学研究』第六八巻第二号、日本印度学佛教学会、二〇二〇年。

――「井筒俊彦と「東洋哲学」構想」『宗教哲学研究』第三八号、宗教哲学会、二〇二一年。

――「宗教伝統における聖典の意味構造」（一回―十一回）『グローカル天理』第二一巻第七号―第二三巻第三号、二〇二〇年七月―二〇二二年三月、天理大学おやさと研究所。

――「井筒「東洋哲学」における意味論的視座とその特徴」『宗教研究』九五巻別冊、二〇二二年。

――「井筒俊彦のヴェーダーンタ哲学理解とその現代的意義」森本一夫他編『イスラームの内と外から』ナカニシヤ出版、二〇二三年。

――編『井筒・東洋哲学の構築とその思想構造に関する比較宗教学的検討』（研究代表者：澤井義次、二〇一四年度―二〇一六年度科学研究費助成事業・基盤研究（B））、天理大学DPセンター、二〇一七年。

――編『井筒・東洋哲学の展開に関する比較宗教学的検討』（研究代表者：澤井義次、二〇一七年度―二〇一九年度科学研究費助成事業・基盤研究（B））、天理大学DPセンター、二〇二〇年。

司馬遼太郎「アラベスク――井筒俊彦氏を悼む」『歴史のなかの邂逅　同時代篇』中央公論新社、二〇二三年。

島田勝巳「「神秘哲学」から「東洋哲学」へ」（澤井義次・鎌田繁編『井筒俊彦の東洋哲学』、慶應義塾大学出版会）、二〇一八年。

島薗進「井筒俊彦の「東洋哲学」観と宗教理解の特質」『宗教研究』九一巻別冊、二〇一八年。

――『宗教学の名著30』ちくま新書、二〇〇八年。

下田正弘「井筒俊彦の仏教思想理解の特質」『宗教研究』八九巻別冊、二〇一六年。

――「井筒俊彦が開顕する仏教思想――比較宗教思想的地平から如来蔵思想をみる」（澤井義次・鎌田繁編『井筒俊彦の東洋哲学』慶應義塾大学出版会）、二〇一八年。

末木文美士『仏教――言葉の思想史』岩波書店、一九九六年。

――「禅から井筒哲学を考える」『井筒俊彦　言語の根源と哲学の発生』増補新版。

――「井筒／仏教／神智学」『理想』第七〇六号、二〇二一年。

鈴木大拙『日本的霊性　完全版』角川文庫、二〇一〇年。

関根正雄「井筒俊彦氏のこと」若松英輔編『井筒俊彦ざんまい』／『井筒俊彦著作集』第一巻付録、中央公論社、一九九一年。

高木訷元『空海の座標――存在とコトバの深秘学』慶應義塾大学出版会、二〇一六年。

竹村牧男『空海の言語哲学――『声字実相義』を読む』春秋社、二〇二一年。

東長　靖「スーフィズム研究と井筒俊彦」『宗教哲学研究』第三八号、宗教哲学会、二〇二一年。

永井　晋「イマジナルの現象学」『思想』十二月号、岩波書店、二〇〇四年。

――『〈精神的〉東洋哲学――顕現しないものの現象学』知泉書館、二〇一八年。

――「元型イマージュの構造と発生――井筒の発生的現象学」『理想』第七〇六号、二〇二一年。

長岡徹郎「西谷啓治と井筒俊彦における「意識」に関する比較」『宗教研究』九一巻別冊、二〇一八年。

――「井筒俊彦における「東洋哲学」の哲学的意義――西田哲学との比較から」『理想』第七〇六号、二〇二一年。

中島隆博「世界哲学としての日本哲学」『世界哲学史 別巻』ちくま新書、二〇二〇年。

中村元『シャンカラの思想』岩波書店、一九八九年。

――『龍樹』講談社学術文庫、二〇〇二年。

仁子寿晴「解説」（井筒俊彦『スーフィズムと老荘思想――比較哲学試論（下）』慶應義塾大学出版会、二〇一九年。

――「井筒「東洋哲学」構想とイブン・アラビー解釈に潜む問題点」『宗教研究』第九三巻別冊、二〇二〇年。

西谷啓治『宗教とは何か』『西谷啓治著作集』第十巻、創文社、一九八七年。

――（上田閑照編）「私の哲学的発足点」『宗教と非宗教の間』岩波書店、一九九六年。

西平直『東洋哲学序説　井筒俊彦と二重の見』未来哲学研究所（ぷねうま舎）、二〇二一年。

新田義弘「知の自証性と世界の開現性――西田幾多郎と井筒俊彦」『思惟の道としての現象学』以文社、二〇〇九年。

納富信留「ギリシア神秘哲学の可能性――井筒俊彦『神秘哲学』のプラトン論」『慶應義塾大 言語文化研究所紀要』第四六号、二〇一五年。

――『世界哲学のすすめ』ちくま新書、二〇二四年。

野元晋「イスマーイール・シーア派思想と井筒俊彦」（澤井義次・鎌田繁編『井筒俊彦の東洋哲学』慶應義塾大学出版会）、二〇一八年。

――「イスラームの言語哲学」『世界哲学史 別巻』ちくま新書、二〇二〇年。

バフマン、ザキプール『井筒俊彦の比較哲学――神的なものと社会的なものの争い』知泉書館、二〇一九年。

バルトリハリ（赤松明彦訳注）『古典インドの言語哲学 1・2』平凡社、一九九八年。

前田専学『ヴェーダーンタの哲学』平楽寺書店、一九八〇年。

前田毅『聖の大地――旅するオットー』国書刊行会、二〇一六年。

マスペロ、アンリ（川勝義雄訳）『道教』平凡社、一九七八年。

松原秀一・坂本勉編『井筒俊彦とイスラーム――回想と書評』慶應義塾大学出版会、二〇一二年。

松原秀一・澤井義次「井筒俊彦『老子』（英訳）の出版――「井筒ライブラリー・東洋哲学」第一巻の刊行に寄せて」『三田評論』（第一〇四八号、七月号）慶應義塾大学出版会、二〇〇二年。

丸山圭三郎『ソシュールの思想』岩波書店、一九八一年。

――『ソシュールを読む』岩波書店、一九八三年。

――『言葉とは何か』ちくま学芸文庫、二〇〇八年。

密教文化研究所弘法大師著作研究会編『定本弘法大師全集』第三巻、高野山大学密教文化研究所、一九九四年。

村上博子「朝《あした》にも夕《ゆうべ》にも感謝を」『井筒俊彦著作集』第四巻月報、中央公論社、一九九二年。

山内志朗「井筒俊彦と中世スコラ哲学」『慶應義塾大学言語文化研究所紀要』第四六号、二〇一五年。

ロペス・パソス、ファン・ホセ「井筒「東洋哲学」における言語とその意味」『宗教研究』八八巻別冊、二〇一五年。

――「東洋における言語の形而上学」（澤井義次・鎌田繁編『井筒俊彦の東洋哲学』慶應義塾大学出版会）、二〇一八年。

――「井筒「東洋哲学」とハイデガーの言語哲学」『宗教研究』第九三巻別冊、二〇二〇年。

若松英輔『井筒俊彦　叡知の哲学』慶應義塾大学出版会、二〇一一年。

――「解説「読む」という秘儀――内的テクストの顕現」（井筒俊彦『「コーラン」を読む』岩波現代文庫、二〇一三年。

――『叡知の詩学　小林秀雄と井筒俊彦』慶應義塾大学出版会、二〇一五年。

――「井筒俊彦とカトリックの霊性」（澤井義次・鎌田繁編『井筒俊彦の東洋哲学』慶應義塾大学出版会）、二〇一八年。
――――編『井筒俊彦ざんまい』慶應義塾大学出版会、二〇一九年。

Corbin, Henry. *Creative Imagination in Ṣūfism of Ibn ʻArabī*. Translated from the French by Ralph Manheim. Bollingen Series XCI. Princeton: Princeton University Press, 1969.

Graham, William A. *Beyond the Written Word: Oral Aspects of Scripture in the History of Religion*. Cambridge: Cambridge University Press, 1987.

Hacker, Paul. "Eigentümlichkeiten der Lehre und Terminologie Śaṅkaras: Avidyā, Nāmarūpa, Māyā, Īśvara," *Kleine Schriften*. Wiesbaden: Franz Steiner Verlag, 1978.

Humboldt, Wilhelm von. Gesammelte Werke, sechster Band. Berlin: Verlag von G. Reimer; Photomechanischer Nachdruck, Berlin: Walter de Gruyter, 1988.

Ingalls, Daniel H.H. "The Study of Śaṁkarācārya," *Annals of the Bhandarkar Oriental Research Institute*, vol. XXXIII, parts I-IV, 1952.

Otto, Rudolf. *Das Heilige*. 1917; München: Verlag C.H. Beck, 1963.

――――. *The Idea of the Holy*. Translated by John W. Harvey. London: Oxford University Press, 1923.

――――. *West-östliche Mystik*. Gotha: L.Klotz, 1926; München: Verlag C.H.Beck, Dritte Auflage, 1971. R・オットー（華園聰麿他訳）『西と東の神秘主義』人文書院、一九九三年。

Ritsema, Rudolf. "The Origins and Opus of Eranos: Reflections at the 55th Conference." *Eranos Jahrbuch*. Frankfurt am Main: Insel Verlag. vol. 56 (1987).

Sawai, Yoshitsugu. "Rāmānuja's Hermeneutics of the *Upanisads* in Comparison with Śankara's Interpretation." *Journal of Indian*

Philosophy. no.19 (1991).

———. "The Structure of Reality in Izutsu's Oriental Philosophy." *Japanese Contribution to Islamic Studies: the Legacy of Toshihiko Izutsu Interpreted*, edited by Anis Malik Thoha, Kuala Lumpur: IIUM Press, 2010.

———. "Izutsu's Creative 'Reading' of Oriental Thought and Its Development," in Toshihiko Izutsu, *The Structure of Oriental Philosophy: Collected Papers of the Eranos Conference*, Tokyo: Keio University Press, vol. 2, 2008.

———. "Izutsu's Semantic Perspectives of Indian Philosophy," *Tenri Journal of Religion*, No. 45, Tenri University Press, 2017.

———. *Rudolf Otto and the Foundation of the History of Religions.* London: Bloomsbury Academic, 2022; paperback edition, 2023.

Smith, Wilfred C. *The Meaning and End of Religion: A New Approach to the Religious Tradition of Mankind* (New York: Harper & Row, Publishers, 1978). ウィルフレッド・キャントウェル・スミス（保呂篤彦・山田庄太郎訳）『宗教の意味と終極』国書刊行会、二〇二一年。

———. "Comparative Religion: Whither — and Why?" in: *The History of Religions: Essays in Methodology*, edited by Mircea Eliade and Joseph M. Kitagawa (Chicago: The University of Chicago Press, 1959). ウィルフレッド・スミス「これからの比較宗教学のあり方」（M・エリアーデ、J・M・キタガワ編、岸本英夫監訳『宗教学入門』東京大学出版会、一九六二年。

Wasserstrom, Steven M. *Religion After Religion: Gershom Scholem, Mircea Eliade, and Henry Corbin at Eranos.* Princeton: Princeton University Press, 1999.

Weisgerber, Leo. *Das Menschheitsgesetz der Sprache.* Heiderberg: Quelle & Meyer, 1964. レオ・ヴァイスゲルバー（福田幸夫訳）『母語の言語学』三元社、一九九四年。

インド哲学文献

Bhartṛharis Vākyapadīya: Die Mūlakārikās nach den Handschriften Herausgegeben und mit einen Pāda-Index versehen, von Wilhelm Rau. Wiesbaden: Kommissionsverlag Franz Steiner, 1977.

Bṛhadāṇyakopaniṣad. Works of Śaṅkarācārya in Original Sanskrit, vol. I, Īśadidaśopaniṣadaḥ Śāṁkarabhāṣyasametāḥ, Delhi: Motilal Banarsidass, 1964; reprint ed., 1978.

Chāndogyopaniṣad. Works of Śaṅkarācārya in Original Sanskrit, vol. I, Īśadidaśopaniṣadaḥ Śāṁkarabhāṣyasametāḥ, Delhi: Motilal Banarsidass, 1964; reprint ed., 1978.

Taittirīyopaniṣad. Works of Śaṅkarācārya in Original Sanskrit, vol. I, Īśadidaśopaniṣadaḥ Śāṁkarabhāṣyasametāḥ, Delhi: Motilal Banarsidass, 1964; reprint ed., 1978.

Śaṅkara, *Brahmasūtrabhāṣya*, Delhi: Motilal Banarsidass, 1980.

*　　*　　*

初出一覧

本書収録に際して、各章ともに大幅に加筆修正した。

序　章　書き下ろし

第一章　書き下ろし

第二章　「東洋哲学」の構築と展開

「井筒俊彦と『東洋哲学』構想」『宗教哲学研究』第三八号、宗教哲学会、二〇二一年。

第三章　エラノス会議と「東洋哲学」

「解説　エラノス会議と井筒「東洋哲学」」（井筒俊彦『東洋哲学の構造』慶應義塾大学出版会、二〇一九年）。

第四章　東洋思想の創造的な〈読み〉

「東洋思想の共時的構造化へ」（澤井義次・鎌田繁編『井筒俊彦の東洋哲学』慶應義塾大学出版会、二〇一八年）。

第五章　「東洋哲学」のコスモロジーとその構造

"The Structure of Reality in Izutsu's Oriental Philosophy," *Intellectual Discourse*, vol. 17, no. 2, 2009.

第六章　ヴェーダーンタ哲学の意味論的〈読み〉

「井筒俊彦のヴェーダーンタ哲学理解とその現代的意義」（森本一夫・井上貴恵・小野純一・澤井真編『イスラームの内と外から——鎌田繁先生古稀記念論文集』ナカニシヤ出版、二〇二三年）。

結　論　書き下ろし

あとがき

本書の執筆を終えるに当たり、私が井筒「東洋哲学」を研究するようになった経緯について少し言及しておきたい。私の井筒哲学との出合いは、ちょうど四十年前に遡る。それは井筒俊彦先生と長年、親しくしておられたハーバード大学名誉教授（宗教学）のウィルフレッド・キャントウェル・スミス先生のご紹介によるものであった。スミス先生は私がハーバード大学大学院に留学していたとき、大学院の宗教学部門（博士課程）の基幹セミナーを担当され、私がヴェーダーンタ哲学研究やシャンカラ派の宗教伝統に関する宗教現象学研究に関心をもっていることをよくご存じであった。留学を終えて帰国する直前の一九八四年八月、家内と生後五か月の長男と一緒にご挨拶に上がったところ、スミス先生は「日本に帰国したら、井筒さんのところへ会いに行きなさい」とアドバイスしてくださった。

一九八四年九月初旬、私と家族はアメリカ留学を終えて帰国した。その後、北鎌倉のご自宅に井筒先生を訪問したのは、同年の晩秋十一月であった。スミス先生は事前に、私を紹介する手紙を送ってくださっていたようで、井筒先生ご夫妻は私の訪問を心待ちにしてくださっていた。当日の夕食には、豊子夫人が心のこもった手料理を用意してくださった。井筒先生ご夫妻とは、私の学位論文の内容をはじめ、スミス先生の近況やアメリカ宗教学の研究動向など、いろいろとお話をした。井筒先生ご夫妻は私の話に頷きながら、ニコニコして聞いてくださった。夜遅くになって、お礼を申し上げて、ご自宅を後にするとき、「また上京するときは、ぜひ来てください」と言われた。

それ以後、上京するたびに、時間を作ってご自宅を訪問するようになった。井筒先生とご一緒に、シャンカラの哲学文献を読む機会もあった。私と家族が天理市から五條市へ引っ越したとき、わざわざ拙宅を訪問してくださったこともある。井筒先生にお会いするたびに、意味論や宗教学などの話をするなかで、いろいろとご教導くださった。ところで、井筒先生の生前中、習得された言語の数をお尋ねしたことがある。そのとき、私は三五の指を折った。横におられた豊子夫人は、井筒先生が毎日、三つの言語テクストをそれぞれ少なくとも一時間ずつ読むことを日課にしておられると付言された。語学力を維持するために、日々、異なる言語テクストを読む努力を続けておられることに感銘を受けた。

私にとって井筒「東洋哲学」論を纏めることとは、井筒先生ご夫妻からの学恩にお応えするという大きな意味をもっている。本書は、長年にわたり取り組んできた井筒研究のいわば集大成に当たる。甚だ不十分な内容ではあるが、ここに本書を上梓させていただけることは光栄であり無上の喜びである。長年、公私にわたり、ご教導いただいた井筒先生ご夫妻に心よりお礼を申し上げたい。また、井筒俊彦全集や井筒俊彦英文著作翻訳コレクションなどに編集委員の一人として、井筒哲学を深く理解する機会を与えていただけたことも、大変貴重な経験であった。二〇一四年から六年間、科研費・基盤研究（B）において、井筒「東洋哲学」に関する共同研究をさせていただいたが、その折、共同研究者のみなさんに大変お世話になった。心よりお礼を申し述べたい。その研究成果は、親友の鎌田繁さん（東京大学名誉教授）と共編で『井筒俊彦の東洋哲学』（慶應義塾大学出版会、二〇一八年）として出版させていただいた。また今日まで、私が宗教研究を続けることができたのは、恩師や先輩の先生がた、さらに友人のみなさんのおかげである。ここにお一人ずつ、お名前を記すことはできないが、心よりお礼を申し上げげたい。

さらに、井筒俊彦論を纏めるように強く勧めてくださった慶應義塾大学出版会の元会長で作家の故・坂上弘さんにも、心よりお礼を申し上げたい。拙著を纏めることができたことで、坂上さんとの約束を曲がりなりにも果たすことができて、少し肩の荷が下りた思いでいる。また、本書の出版のうえで、今回も慶應義塾大学出版会の片原良子さんに大変お世話になった。これまでも井筒俊彦全集などで、仕事をご一緒させていただいてきたが、あらためて心よりお礼を申し上げたい。最後に、これまでの研究を支えてくれた家族のみんなにも、心から感謝したい。

なお、本書の刊行に際して、日本学術振興会の令和六年度科学研究費補助金（研究成果公開促進費「学術図書」課題番号 24HP5020）の助成を受けたことを付記させていただく。

二〇二四年一〇月二〇日

澤井義次

索　引

ア行

アーラヤ識　54-55 →言語アラヤ識

アルケー（全存在界の窮極の始点）　97

アンチコスモス　34-36, 72, 162-163, 197, 211, 242-244, 247, 249, 253-254

意識と存在（の重層構造，多層的構造）　44, 91-92, 96, 135, 140, 156-157, 198-199, 244

意識のゼロ・ポイント　52, 73, 97-98, 102, 136-137, 156-160, 173, 178, 187-189, 207, 212, 239, 242, 244, 248, 254 →存在のゼロ・ポイント

一者　45, 129, 152-153, 193-194, 206, 236-237
　無名無相の一者　178 / 絶対（的）一者　174, 230, 247 / 形而上（学）的「一者」　87, 129, 152, 218, 231 / 究極的「一者」　153 / 超越的「一者」　47, 71 / 根源的一者　222-223, 228

イデオグラム　42, 50, 52

イブン・アラビー　77, 89, 95, 97-98, 153-154, 165, 171, 174, 190-195, 206, 247

イマジナル（想像的）　99-100, 112-113, 124, 171, 173

イマージュ　10, 54, 95, 99-100, 112-113, 118, 121-122, 124, 131-132, 134-135, 170-171, 173, 187, 189, 200, 205, 225, 253

意味のカルマ　56, 248-249

意味分節　25-27, 42-44, 50-51, 53-54, 57-59, 61-64, 73, 75, 85-86, 88, 96, 102-103, 123, 130, 146, 150-155, 161-162, 168, 171, 173, 178, 182-183, 195-196, 198, 206-209, 212, 220-221, 228-230, 233-235, 237, 239-240, 242, 245, 248, 251-252, 254-255

意味分節・即・存在分節　44, 86, 88, 123, 130, 150, 153, 162, 195-207, 220, 230

意味論的解釈学　25-26, 62-63, 69, 78-80, 151, 243

意味論的世界観　128, 167-169, 173, 176-178, 199, 208, 215, 221, 253, 255-256

ヴァイスゲルバー，レオ　15, 18-19, 24-27, 61-63, 67, 78

ヴェーダーンタ哲学　84, 87, 97, 118, 129, 151, 175, 197, 206, 215-249

ウジュード（存在）　97, 153, 194

ウパニシャッド　90, 175, 216-218, 228-233, 236-238, 243, 245-246

易の六十四卦　95, 171. 176

エラノス会議　ii-iv, 3, 27-28, 30-31, 42, 49, 63, 69, 75, 77-84, 87, 105-142, 144, 150-151, 159, 168, 186, 205, 252, 255

エリアーデ，ミルチャ　16, 28, 79, 108, 144, 162, 211

縁起　134, 175, 201-202, 204-206, 224-225

オットー，ルードルフ　iii, 7, 42, 48-50, 52-54, 71-73, 106-107, 110-111, 142, 161, 189, 211, 253-254

カ行

外延　43 →内包

廓然無聖　133, 155, 179

格物窮理　95, 136, 158, 170-171, 176

語られる聖典　13-14

カッバーラー　95, 171, 174

果分可説　147

観照的生　5-7, 32-33

索引

完全な人間（＝聖人・真人） 116, 130-133, 191
共感的理解 18, 76
共時的構造化 37, 41, 85, 103, 122-124, 139, 141, 144-146, 165, 167, 169, 173, 178, 190-191, 195-196, 247, 256
空 34-36, 72, 97, 102, 133, 138, 155, 157, 160, 163, 175, 181, 197, 199, 201, 207, 211, 219, 224-226, 233, 238, 245, 253-255
グノーシス主義 107, 110
クルアーン（『コーラン』） 9, 12-15, 17-21, 25, 38, 41, 62-63, 75-76, 78, 98-101, 128, 177, 247, 252
形而上的実在体験（形而上的体験） 33, 35, 42, 46-48, 54, 70-72, 89, 91-92, 98, 129-130, 136, 157, 213, 217, 225
華厳的（の）存在論 85, 115, 121, 135, 165, 199-207, 200-204
元型 95, 111-113, 171-173, 186-188, 206, 229
「元型」イマージュ 172-173, 186-188
言語アラヤ識 54-56, 67, 84, 89, 129, 173, 183, 187, 189, 253 →アーラヤ識
言語的符丁（＝名前） 43, 88, 130, 150, 153
言語的不二論 175, 218, 221-223
コスモス 34, 36, 72, 103, 162-163, 168, 196-197, 211, 233-234, 242-245, 247, 255 →アンチコスモス
個体的「本質」 94, 170, 173-174 →フウィーヤ
コトバ 10-11, 42-45, 50-52, 54-57, 59, 66-67, 85, 88-89, 99, 123, 145, 147-150, 161, 173, 177-178, 196, 208-210, 217, 219-220, 222-225, 229-234, 237, 239-241, 244, 248, 251, 253-255
コルバン, アンリ 28-30, 99, 108, 112-113, 115, 124, 191
渾沌（カオス） 58-59, 102, 132-133, 154, 161-162, 176, 195, 206

サ行

事事無礙 85, 121, 154, 165, 175, 201-206, 212 →華厳的存在論
自性 182, 201-202, 212, 224
シッル（秘密） 90
シャブダ 43
シャマン的詩人 122
シャンカラ 13, 36, 87, 97, 102, 129, 151, 197, 206, 215-249, 254 →不二一元論ヴェーダーンタ哲学
集合的無意識 55, 110-113
種子 31, 54-56, 175, 183, 187, 253
性起 134, 201, 204-206
畛（荘子） 130, 154, 156, 220
真空妙有 175, 225
信仰 8, 13, 17-18, 20, 50, 76-77, 87, 129, 152, 249
真言 38, 146-149, 171, 175
真如 31, 97, 138, 160, 209-210, 225, 239, 248
真如の双面性（二重性） 209-210, 239
神秘主義 4, 32, 45-50, 71, 77, 89-90, 92, 95-96, 98, 108, 112, 131, 139, 152, 154, 157, 171, 173-174
真理 31, 191-192, 195, 210, 223, 238-239, 242
鈴木大拙 27-31, 48-49, 81-83, 108, 119, 141-142, 144, 181-182, 199-200
スーフィズム 77, 90, 92-93, 97, 152, 190-194, 217-218, 247
スーフィー的意識構造 90
スフラワルディー, シハーブッディーン・ヤフヤー 86, 89, 97, 112, 124-126, 171
スミス, ウィルフレッド 14-23, 75-76, 252
精神的東洋 7, 33-34, 41, 86, 124, 126-127, 207

聖典　13-14, 17-18, 20-22, 25, 78, 174, 216-217, 246, 252
世界／限りない開け　35
世界観　17, 25, 62-64, 76, 101, 128, 131, 167-213, 238, 248 →意味論的世界観
絶対無　34, 91, 97, 159, 227
絶対無分節　44, 53, 58, 61, 73, 88, 97-98, 102, 114, 130, 136-137, 156-157, 159-162, 168, 173, 178, 181, 183, 188, 206, 209, 221, 223, 225, 227, 229-230, 232-233, 236-237, 239-240, 242, 244-245, 247, 252, 254
禅思想　4, 27-28, 30-31, 34, 49, 73, 81-84, 108, 118, 120-122, 141-144, 154, 165, 172, 182-184, 198, 237, 251
禅問答　51
荘周胡蝶の夢　36, 163-164, 254
創造的想像力　99
即非の論理　181-182
ソシュール, フェルディナン　9, 15, 27, 61, 63-67, 88
存在の絶対究極的境位　220-221, 233
存在のゼロ・ポイント　52, 73, 97-98, 102, 136-137, 156-162, 173, 178-179, 188, 207, 239, 242, 244, 248, 254
「存在はコトバである」　52, 57, 145-149
「存在＝空名」の立場　151-155, 219-221

タ行

太極　97, 137, 160, 176, 187
第四位　241-242
タタール人　9-14
哲学的意味論　10, 20, 38, 41-45, 57-67, 73-74, 77, 80-83, 88, 101, 103, 128, 151, 168-169, 177-178, 194, 196, 215-216, 222-223, 227-228, 230, 232, 236, 243-245, 248, 252-255
デリダ, ジャック　36, 197
天理国際シンポジウム '86　22, 35, 72, 234
東洋的現象学　iv, 213, 253
東洋的無　3-9, 32
東洋の哲人　130, 133, 135, 154, 156, 170, 188-189, 198-199, 219, 243

ナ行

名　55-56, 60, 87, 96-97, 114, 129, 148-149, 151-152, 160-161, 175, 178, 194, 206, 219-221, 226, 228-230, 233, 237, 239-240, 248, 254-255
内観法　4-5, 71
内包　43 →外延
ナーガールジュナ　87, 129, 219, 233, 238
「汝はそれなり」　217, 246
二重の見　44, 156-157, 162, 208-209, 212
人間意識の四層構造論（覚醒位、夢眠位、熟睡位、第四位）　241-242
ヌミノーゼ　7, 48, 52-54, 72-73, 111, 161, 189, 255

ハ行

バクティ（信愛）　248
　——頌（讃詩）　248
ハック（真実在、真理）　97, 191-192, 195
ハディース　12
「光」のメタファー　165
非有　193, 232-233
ヒルマン, ジェイムズ　28, 108, 111-113, 142, 186, 253
封（荘子）　130, 154, 220
フウィーヤ　94-95, 170, 174 →マーヒーヤ
付託　240-241
不二一元論ヴェーダーンタ哲学　197, 215-249
普遍的「本質」　94-96, 170-174 →マーヒーヤ

ブラフマン　90, 102, 217-223, 226, 228-231, 235-240, 242, 244, 247
ブラフマンとアートマンとの一体性　217
プロティノス　32, 71, 87-88, 129-130, 153-154, 165
分別　43, 85, 130, 133, 154-155, 164, 175, 197-198, 208, 212, 220
フンボルト, ヴィルヘルム・フォン　15, 23-24, 26-27, 52, 64
フンボルト学派　23-27, 61, 64, 252
変容　226, 229-230

マ行

マシュリック　86, 125 →東洋
マーヒーヤ　94-96, 170, 174 →フウィーヤ
マーヤー（幻妄）　36, 215, 220, 226, 230-231, 233-242, 244-246, 254
マンダラ　95, 117, 121, 171
道（タオ）　97, 131-132, 137, 160, 190-193, 195, 199, 228-229, 248, 254
未発・已発　136-137, 158, 179, 212, 254
「無自性」　175, 224
無心　175, 182, 198
無「本質」的分節　96, 180
無名　55, 59-60, 102, 160-161, 176, 178, 206-207, 221, 228, 255 →有名
名称　229-230
メタヒストリーにおける対話　191

ヤ行

ヤコブソン, ローマン　14, 27, 75
唯識的意識構造　90-91
有　36, 53, 59-60, 130, 137, 154, 157, 160-161, 164, 199, 201, 221, 227, 231-233, 254-255
有意味的存在単位　43-44, 86, 88, 123, 130, 150, 153, 209
有名　59-60, 102, 161, 177, 206, 221, 228, 255 →無名
夢　36, 163-164, 197, 211, 241, 244, 254
ユング, カール・グスタフ　49, 55, 79, 107-108, 110-111, 113, 115, 117, 142, 144, 186-187
ユング派心理学　28, 69, 106, 110-115, 171, 185-190, 253
四つの存在領域（四法界）　200-203

ラ・ワ行

リアリティの「因陀羅網」構造　134-135, 205-206
理事無礙　133, 155, 200-201, 206, 209-210 →華厳的存在論
「理」の「事」的顕現　155
流出論　87-88, 129, 153
累積的伝統　20
霊性　28-30, 49, 181-182
老子　87, 102, 114-115, 129, 131-132, 160, 193-195, 221, 228
老荘思想　77, 84, 113, 118, 130-131, 137, 140, 151, 160, 190-195, 206, 228, 254
「われこそは神」　90-91
「我はブラフマンなり」「われこそは梵（ブラフマン）」　90, 217

著者
澤井 義次（さわい・よしつぐ）
1951年生まれ。天理大学名誉教授。『井筒俊彦全集』編集委員。専門分野は宗教学・インド哲学・天理教学。
天理大学宗教学科を卒業後、東北大学大学院を経て、ハーバード大学大学院（宗教学）へ留学。Ph.D.（ハーバード大学）、博士（文学）（東北大学）。現在、東京大学先端科学技術研究センター・プロジェクト研究員、宗教倫理学会顧問、印度学宗教学会理事、日本宗教学会評議員などを務める。日本宗教学会賞や東方学会賞を受賞。
主要著作に、*The Faith of Ascetics and Lay Smārtas* (Wien, Sammlung De Nobili, Universität Wien, 1992)、*Rudolf Otto and the Foundation of the History of Religions* (London: Bloomsbury Academic, 2022)、『シャンカラ派の思想と信仰』（慶應義塾大学出版会、2016年）、『宗教學的省思』（増補版、台灣宗教與社會協會、2017年）、『井筒俊彦の東洋哲学』（鎌田繁と共編、慶應義塾大学出版会、2018年）、『天理教教義学研究』（天理教道友社、2011年）、監訳に井筒俊彦『東洋哲学の構造』（金子奈央・古勝隆一・西村玲訳、慶應義塾大学出版会、2019年）など。

井筒俊彦——東洋哲学の深層構造

2024年11月25日　初版第１刷発行

著　者————澤井義次
発行者————大野友寛
発行所————慶應義塾大学出版会株式会社
〒108-8346　東京都港区三田2-19-30
TEL〔編集部〕03-3451-0931
〔営業部〕03-3451-3584〈ご注文〉
〔　〃　〕03-3451-6926
FAX〔営業部〕03-3451-3122
振替　00190-8-155497
https://www.keio-up.co.jp/
装　丁————Boogie Design
印刷・製本——中央精版印刷株式会社
カバー印刷——株式会社太平印刷社

Printed in Japan ISBN978-4-7664-2997-8